LE
CAFFÉ POLITIQUE
D'AMSTERDAM.

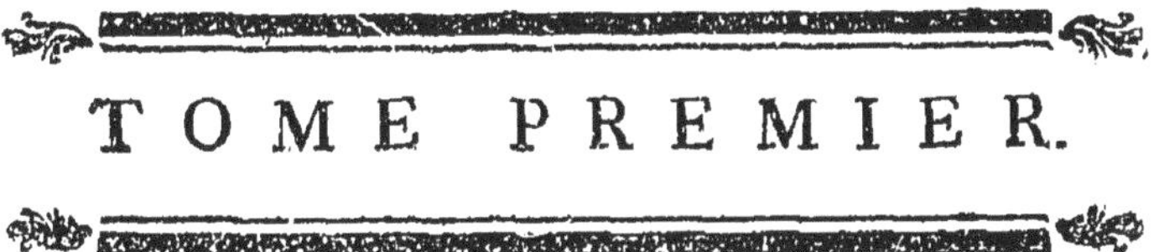

TOME PREMIER.

LE CAFFÉ POLITIQUE

D'AMSTERDAM,

OU

ENTRETIENS FAMILIERS

D'UN FRANÇOIS,
D'UN ANGLOIS, D'UN HOLLANDOIS,
ET D'UN COSMOPOLITE,

Sur les divers intérêts économiques & politiques
de la FRANCE, de l'ESPAGNE,
& de l'ANGLETERRE.

Par CHARLE, ELIE, DENIS ROONPTSŸ,
maître du Caffé.

TOME PREMIER.

A AMSTERDAM,

1776.

ANGLETERRE.

DIALOGUE PREMIER.

St. ALBIN, MILORD SPITEAL, VAN MAGDEBOURG.

VAN MAGDEBOURG.

JE vous attendois, milord, pour vous deman-der si vous aviez reçu vos lettres de Londres.

MILORD SPITEAL.

Oui, je les ai reçues :... l'on ne me mande rien de bien particulier, sinon de fortes mésin-telligences entre notre cour & celle de Madrid.

VAN MAGDEBOURG.

Vous marqueroit-on pas par hazard le prix de vos effets publics? .... j'ai cent mille florins à placer, & je voudrois bien les convertir en annuités ou en action de votre compagnie des Indes.

MILORD SPITEAL.

Dans ce moment nos effets publics font un peu en discrédit ; & même depuis deux couriers l'on me marque qu'ils ont beaucoup baissé : — il faut voir ce que deviendront nos différends avec l'Espagne, pour pouvoir porter sur ces objets une opinion de confiance.

VAN MAGDEBOURG.

Bon ! l'opinion de confiance en est toute simple.......... Si vous veniez à avoir guerre avec l'Espagne, vos effets publics baisseroient dans leur crédit ; & si tout se passe en rodomontades (comme je le présume), ils reprendront faveur.— Les contracts de la Grande-Bretagne seront toujours de très - bons contracts ; c'est moi qui vous en assure.

MILORD SPITEAL.

Je suis bien de votre sentiment : — cependant, avant d'y spéculer aujourd'hui, la prudence sembleroit exiger d'attendre quel sera le dénouement des grands préparatifs en guerre de l'Espagne, & de savoir quelles seront les suites de son usurpation de notre Isle Falkland ; — cette question ne peut être bien reculée. La Grande-Bretagne, en sollicitant une réparation complette, de même qu'une réponse cathégorique sur tous ses grands préparatifs de guerre, — elle veut également, que l'Espagne lui paye sans délai les 1,800,000 piastres qu'elle lui doit pour la capitulation de Manille, de même que les 800,000 piastres (arrêtées par le traité de paix de 1763) pour toutes les artilleries & munitions de guerre laissées à la Havane à sa restitution. — Toutes ses prétentions ne peuvent traîner longtems en négociation ; & puisque vous me demandez mon avis ..... gardez vos cent mille florins en caisse jusques à leur dénouement.

VAN MAGDEBOURG.

Que je garde mes cent mille florins en caisse ! & que j'attende, pour les placer, le dénouement de vos différends avec l'Espagne ! .... y pensez-vous milord ! — ignorez - vous que nous autres Hollandois nous agiotons sans cesse, & que nous ne laissons jamais notre argent oisif ? — considérez, que si vos différends avec la Cour

de Madrid traînent en difcuffion pendant plufieurs années, comme il y a lieu de le croire,
(cette puiffance, de même que celle de Verfailles, ne cherchant qu'à reculer le payement
des fommes qu'elles font redevables à la Grande-
Bretagne,) que mon argent ne me rapporteroit
rien ; — au-lieu que, placé folidement dans vos
annuités (au prix où elles font aujourd'hui,) mes
fonds me gagneroient de 7 à 8 pour 100 l'année.

MILORD SPITEAL.

Puifque vous comptez d'auffi près avec votre
coffre fort, & que vous êtes plus intéreffé que
prudent, je n'ai aucun confeil à vous donner ; —
pouffez votre pointe ; .... fpéculez fur nos effets
publics fi le cœur vous en dit : & fi vous ambi-
tionnez de plus grands bénéfices, retournez-vous
fur ceux de la France, qui perdent dans ce
moment depuis 60 jufques à 80 pour 100.

VAN MAGDEBOURG.

Sur ceux de la France ! .... Dieu me damne
fi j'en ai jamais la penfée.

ST. ALBIN.

Quel eft, van Magdebourg, le fujet de ce
grand éloignement ? — croyez-vous que nos
effets publics ne foient pas auffi bons que ceux
de l'Angleterre ?

VAN MAGDEBOURG.

Si je le crois ! ..... belle demande ! ..... oui,
fans doute, je le crois.

ST. ALBIN.

Sur quoi vous fondez-vous pour penfer de la
forte ?

VAN MAGDEBOURG.

Sur quoi je me fonde ? .... plaifante queftion !...
hé morbleu, je me fonde fur la raifon ....
fur le pofitif ..... fur la réalité du fait..

S t. A l b i n.

Sur la raison ..... fur le pofitif ..... fur la réalité du fait ; voilà bien des mots.

V a n M a g d e b o u r g.

Des mots ! ...... des mots pour un François, mon ami ! .... mais de très-bonnes raifons pour un Hollandois qui fait compter & qui réfléchit. — Si vous connoiffiez bien le Hollandois, vous feriez moins interdit de ma façon de penfer.

S t. A l b i n.

Je crois le connoître. ......

V a n M a g d e b o u r g.

Et moi je crois que non. ...... Pour vous en convaincre, écoutez-moi un petit moment. .... Je fuis Hollandois, & je dois mieux connoître que qui que ce foit le caractère de ma nation.— Le Hollandois, froid, & réfléchi (par caractère) ne donne jamais fa confiance au hazard ;..... fon flegme étudie les hommes, & il les éprouve afin de les mieux connoître. — Sage dans fes fpéculations, prudent dans fes commerces ..... il calcule avec la même équité les avantages & les défavantages des nations avec qui il fe lie.— Au-fait de leurs intérêts refpectifs, il obferve fans ceffe l'efprit de leurs gouvernemens, l'objet de leurs fpéculations, la marche de leurs fyftêmes ;... il fuit les variations de leurs intérêts utiles & politiques ;... il aprécie à chaque événement les avantages par les défavantages, les engagemens par les reffources, la richeffe du travail par celle de la confommation ; — celle du crédit par celle du commerce.— Dans cette étude fuivie, le Hollandois dans fon comptoir, eft tout-à-la-fois un roi, un légiflateur, un miniftre, un citoyen, ... apréciant fans partialité le dégré de confiance qu'il peut accorder à la fituation de toutes les nations .... à celle de leur crédit .... de leurs propriétés .... de leurs commerces & de leur induftrie ; — c'eft par toutes ces obfervations continuelles & fûres ... qu'il voit fans ceffe par fols & deniers ..... la profpérité des finances d'une monarchie, par la nature de fes impofitions ; ..... le phyfique de fes moyens, par l'ordre de fes dépenfes ; ..... les aifances publiques, par les befoins domefti-ques des fujets. — Par la folution de toutes ces combinaifons, analogues aux tems & aux cir-conftances, au plus ou au moins de néceffités .... je vois l'Angleterre, depuis la paix de 1763, dans une fituation plus heureufe, plus riche & plus floriffante que celle de la France ; — je la vois tous les jours multiplier fes propriétés & fes commerces, augmenter fes débouchés, ceux de fa confommation & de fon induftrie ; ..... tandis que la France, déchue de fa confidéra-tion, de fa puiffance, de fes propriétés, depuis la guerre dernière .... fe dégrade tous les jours d'avantage, par les opérations forcées, de fon crédit, de fes engagemens, de fes reffources ; ..... réduite pour conferver les reftes languiffans de la grandeur où l'avoit élevée Louis XIV, d'an-nuller tous fes concordats avec fes fujets, de manquer à tous fes engagemens, de tenir en fufpend les dépenfes les plus abfolues ; en un mot, entraînée par néceffité, de faire ignomi-nieufement une feconde banqueroute dans le courant de ce fiécle.

St. Albin.

Quei perfiflage ! .... la paffion, bien plus que l'équité, vous fait tenir tous ces propos.

Van Magdebourg.

Point du tout, mon ami : ... la paffion n'entre

en rien dans mon opinion ; c'eſt la pure vérité.—
Dites-moi un peu , comment eſt-il poſſible
dans votre ſituation actuelle, de pouvoir perſuader
à des perſonnes un tant ſoit peu éclairées.... que
vos effets royaux ſont auſſi ſolvables que ceux
de l'Angleterre..... quand je vois de mes propres yeux, depuis huit ans que vous êtes en
paix..... qu'il ne vous a pas été poſſible encore
de pouvoir entrer pour un denier en liquidation
avec vous-mêmes ?... Je dis plus : ... loin d'être
ſur le courant de vos dépenſes ; loin d'avoir éteint
les arrérages de la dernière guerre, loin d'avoir
ſupprimé vos dépenſes extraordinaires.... que la
France , malgré ſon énorme dette , eſt forcée
tous les jours d'augmenter ſes engagemens , de
renchérir ſans ceſſe toutes ſes impoſitions , d'en
établir ſans meſure de nouvelles.... tandis que
l'Angleterre, moins riche & moins puiſſante que
la France, eſt auſſi fort endettée qu'elle : ....
depuis la paix de 1763, non contente d'avoir
diminué ſes taxes publiques de 4 millions de
liv. ſterl.... non contente d'avoir rembourſé
juſques à ce jour 28 millions de liv. ſterl. de ſa
dette nationale.... qu'elle s'efforce encore de
pouvoir ſe liquider entièrement , ayant appliqué
un fonds annuel d'amortiſſement de 4 millions de
liv. ſterl. au payement de cette même dette. —
Votre miniſtère peut-il s'applaudir d'une égale
conduite ?

St. Albin.

Votre confiance, van Magdebourg , pour la
nation angloiſe, vous fait enviſager les avantages
de cette puiſſance avec plus de partialité &
d'indulgence que vous n'enviſagez les nôtres. —
Il eſt conſtant dans ce moment, que la Grande-
Bretagne jouit d'une poſition un peu plus favo-

rable que ne l'eſt celle de la France ; — mais on ne peut ſe nier auſſi , malgré cet avantage , que ſa dette nationale ne paſſe ſes forces , & qu'un royaume , au plus le tiers de la France , en domaine & en population .... auſſi fort endetté que celui de cette monarchie .... ne pourra jamais inſpirer à aucun homme ſage une confiance auſſi privilégiée , que celle que vous avez la bonté de lui accorder.

VAN MAGDEBOURG.

Pardonnez - moi , mon ami , pardonnez-moi : ma confiance eſt très - juſte & très - réfléchie. — Premièrement , la dette de l'Angleterre eſt d'un bon tiers moins conſidérable que celle de la France , ... cette puiſſance ne devant plus que 130 (*a*) millions de liv. ſterl. des 160 qu'elle devoit à la paix de 1763 , — ce qui ne feroit guères plus (à 22 liv. pour une liv. ſterl.) de liv. 2,904,000,000 ; — tandis que la France doit 3,200,000,000 en engagemens actifs .... 5 à 600,000,000 en conſtitutifs , & 3 à 400,000,000 en rentes viagères ; ce qui établit 170 ou 180 millions de dépenſes extraordinaires. — Secondement , c'eſt que l'Angleterre , depuis la paix de 1763 , a augmenté tous ſes commerces, toutes ſes fréquentations , toutes ſes colonies ; ce qui lui a fourni les moyens certains de pouvoir diminuer ſes impoſitions , de ſoulager ſes dépenſes , & d'appliquer toutes les années 4 millions de liv. ſterl. au rembourſement de ſa dette nationale ; ce que n'a point encore pu faire la France , & ce qu'elle *ne pourra jamais* , *ſes commerces utiles & politiques étant diminués en 1770 de plus d'un tiers de ce qu'ils étoient*

(*a*) En 1770.

A 4

en 1755, & fes impofitions étant rencheries aujourd'hui de plus de 25 pour cent de ce qu'elles étoient à cette dite époque. — Troifièmement, c'eft que tous les effets publics de l'Angleterre font contractés au nom de la nation, du confentement de la nation, & garantis par toutes les propriétés de la nation. ... En France, il n'en eft pas de même : — c'eft votre roi qui, de fa pleine puiffance, a le droit feul de créer tous les effets royaux ; ... c'eft la déprédation des miniftres qui en fait multiplier les repréfentans dans la circulation publique ; — c'eft la bonne foi du fucceffeur au trône qui les garantit : — de ce libre arbitre, dans vos effets royaux .... l'on a vu fe pratiquer impunément en France, les infidélités fur les contracts de l'hôtel-de-ville de Paris, — fous Mrs. de Colbert & de Chamillard ; ... celles des billets de banque en 1722 ; les augmentations réïtérées, & les fucceffives diminutions des monnoies, fous Mr. le Duc & fous Mr. de Fleury ; enfin, toutes les opérations ruineufes & indécentes de Mrs. de Sillouhet, de Moras, de Boulogne, de Laverdy & de l'abbé Terray : en un mot, ce bouleverfement général de création, de fufpenfion & de réduction dans les effets publics en 1768, 1770 & 1771, où toutes les conftitutions, tant actives que viagères, fur la majeure partie de tous fes effets, ont été réduites à la demi, ou furchargées d'une retenue flétriffante, contraire à leurs inftitutions.

S T. A L B I N.

Je conviens avec vous, que la néceffité & les malheurs des tems ont forcé le miniftère de la France de fe porter à quelques opérations un peu fufceptibles d'opinion ; — mais cette opinion ne dénature point, que tous les engagemens

de cette monarchie ne foient point perfonnels.
à la nation ; — en conféquence, ils font garantis
chez nous par toutes les propriétés des fujets,
comme ils le font en Angleterre.

VAN MAGDEBOURG.

Comme ils le font en Angleterre ! quelle prévention ! — Comment pouvez-vous affirmer que
la dette de l'état foit garantie en France par
toutes les propriétés des fujets, fi la nation n'eft
jamais confultée dans ces fortes d'engagemens ? —
vos effets publics font-ils approuvés par des
affemblées nationales ? ... font-ils autorifés par
vos parlemens ? ... font-ils hypothéqués fur des
parties privilégiées de votre adminiftration ? ....

ST. ALBIN.

Sans doute , ils le font..... Voyez nos contracts fur les aides , fur les gabelles, fur les
cuirs &c.

VAN MAGDEBOURG.

Oui , avec tes cuirs, tes aides & tes gabelles !...
hé, vos billets fans fin de nouettes , par quoi
font - ils garantis ? vos annuités , vos billets au
porteurs, vos refcriptions , vos effets du Canada ,
des Colonies , vos coupons , — les contracts de
l'hôtel - de - ville , des fécretaires du roi , des
communautés municipales , qui eft - ce qui les
garantit ? ....

ST. ALBIN.

Cent trente - deux millions de recettes aux
fermes générales :... cent vingt - deux millions
aux rentes générales : ... cent vingt à cent trente
millions en régies particuliéres , pays d'état, ou
dons gratuits du Clergé.

VAN MAGDEBOURG.

Cette garantie eft bien avanturée .... puifqu'il
eft dû fur la conftitution de cette même garantie,

cinq ans d'arrérages à tous vos effets royaux. —
Convenez de bonne foi , que tous vos effets
publics font créés du libre arbitre de votre roi…
au gré de vos adminiftrateurs ; — qu'il eft au
pouvoir des uns & des autres d'en abufer, d'en
multiplier les êtres, & de finir par les annuller :…
de là , la fource de la ruine de vos finances :
de là , l'anarchie du défordre où vous vivez,
où vous avez toujours vécu ;… l'hiftoire de votre
nation , ne manifeftant aucun de ces principes
économiques qui publient la fageffe d'un bon
gouvernement, qui affurent la profpérité des peuples , qui préviennent la ruine des empires : ….
en Angleterre on ne voit aucun de ces abus ,
aucun de ces défordres…. Premièrement , le
roi ne peut en aucun tems contracter aucun
engagement au nom de la nation : — comme
roi, il n'eft que l'économe de l'état , que le dépo-
fitaire de fes intérêts politiques….. Secondement,
les parlemens font feuls les légiflateurs & les
adminiftrateurs de la patrie ; — ce font eux qui
réglent feuls les recettes & les dépenfes, qui
multiplient ou reftreignent les impofitions , qui
libérent ou renouvellent les effets publics ; —
ce font eux, en un mot , qui redreffent toutes
les loix , toutes les ordonnances, qui publient
toutes les nouvelles , & qui déterminent toutes
les opérations des finances : — alors tous les
engagemens d'un tel gouvernement font perfonnels à la nation….. Mais en France !….

St. Albin.

Mais en France, il en eft de même pour les
effets publics. — Si la marche de notre adminiftration tient à des principes différens de ceux
de la conftitution de l'Angleterre , c'eft la nature
du gouvernement qui en eft la caufe ; les gou-

vernemens monarchiques ne pouvant se conduire par les mêmes systêmes que les démocratiques : — cette différence de l'une à l'autre constitution, ne dénature point les droits de convention, établis chez tous les peuples policés, qui font..... que par-tout où la conservation est la même, que les obligations sont les mêmes ; — en conséquence, tous les engagemens contractés pour le bien public, pour la conservation d'un corps politique, sont des engagemens personnels à ce corps politique, garantis par toutes les propriétés des sujets : — ce seroit renverser l'ordre des choses les plus sacrées, de croire que les intérêts de la France, dans ses objets, sont différens de ceux de l'Angleterre & de la Hollande.

MILORD SPITEAL.

Pensez-vous bien sincèrement ce que vous avancez, St. Albin ?

ST. ALBIN.

Certainement je le pense.

MILORD SPITEAL.

Si vous le pensez bien sincèrement, comment pourrez-vous justifier les opérations de votre ministère des finances depuis 1770 ? — trouvez-vous bien équitable cette réduction à la demi, des intérêts de la majeure partie de vos effets royaux ?.... ses retenues de dixièmes & de quatorzièmes sur toutes les constitutions, gages & pensions de vos finances ? — le bouleversement de vos tontines & de toutes vos rentes en viager, est-il bien sage ?.... vos appels de finances sur tous les citoyens en place, sur toute la noblesse moderne, sur le clergé, les sécretaires du roi, &c. sont-ils bien justes ? — peut-on approuver les cassations & les recréations, tout de suite qu'ils se font faites de certaines charges de votre adminiſtration, pour toucher une nouvelle finance, ſans rembourſer une obole de celle des charges ſupprimées ? — les recherches ſur les domaines aliénés, ſur les récompenſes des rois prédéceſſeurs, ſur les appanages militaires, ſont-elles prudentes & de bonne politique ?....

VAN MAGDEBOURG.

Ho parbleu, mon ami, vous voilà pris !.... voyons comment vous vous tirerez de toutes ces interrogations ?

ST. ALBIN.

Très-bien..... Le milord a raiſon dans ſes obſervations ; & le miniſtère de la France a eu raiſon dans les ſiennes.

VAN MAGDEBOURG.

Quelles ſont-elles, s'il vous plaît, les raiſons de votre miniſtère ?.... car je vous avouerois que nous ſommes très-curieux de les connoître.

ST. ALBIN.

Il ſera très-aiſé de vous ſatisfaire, & de vous convaincre qu'il ne faut jamais ſe livrer au préjugé au préjudice de la raiſon.— Les effets royaux de la France ont été de tous les tems des objets de ſpéculation & d'économie politique de la part du gouvernement :..... tantôt en crédit, tantôt en diſcrédit, ils ont toujours autant occupé le cabinet de l'état, que l'opinion particulière des citoyens qui en étoient porteurs : à cet effet, ſuivant la convenance ou les beſoins d'un chacun, ces effets ſont entrés dans la circulation publique pour la valeur que l'on a voulu leur donner ; — en conſéquence, l'eſprit de la finance, pour ne point errer ſes ſpéculations, leur a attaché un cours ; — ce cours, tantôt pour, tantôt contre, les a rendus repréſentans dans la circulation générale, ſans autre inconvénient pour eux que celui de leur plus ou moins de crédit : — de ce libre arbitre, après un laps de tems, il en eſt ſuccédé des moins values & des détériorations perſonnelles, que les malheurs de la dernière guerre avoient rendus encore plus conſidérables. — Cette décadence, depuis la paix de 1763, ayant mérité l'attention du gouvernement, le miniſtère a conſidéré, que la majeure partie de ces effets royaux n'avoient plus qu'une valeur précaire chez tous ſes ſujets, aucun de ceux-ci n'exiſtant plus au pouvoir des citoyens, au nom de qui ils avoient été remplis ; tous ayant été négociés & renégociés à 50, 60, 70 & 80 pour 100 de perte. — Dans cette poſition.... l'état étant néceſſité d'uſer plus que jamais d'une économie rigoureuſe, le gouvernement a jugé plus avantageux à ſes peuples de revenir ſur ſes effets royaux déſacrédités, que d'établir de nouvelles impoſitions ; & puiſque ſes dits effets royaux n'exiſtoient plus pour le compte des particuliers, au nom de qui ils avoient été remplis, & qu'ils n'étoient poſſédés en 1770 que par des citoyens qui les avoient acquis ſur eux à 50, 60, 70 ou 80 pour 100 de bénéfice, — le miniſtère jugeat à propos de ranger la conſtitution de ſes mêmes effets aux juſtes intérêts des deniers des ſommes débourſées, (évitant par-là, de payer ſur iceux un intérêt uſuraire de plus de 12 pour 100 ;) — à cet effet, on a réduit à 2 $\frac{1}{2}$ pour 100 la conſtitution de tous les effets royaux qui étoient ſans hypotéques, ce qui a toujours procuré aux poſſeſſeurs actuels de 5 à 6 pour 100 d'intérêt ſur leurs juſtes debours.

VAN MAGDEBOURG.

Voilà, mon cher ami, ce que l'on appelle chiffrer à la françoiſe. — Dites-moi un peu, je vous prie, fi je vous faifois un billet de mille écus, & que vous le négociaffiez à 50 pour 100 de perte, ferois-je moins obligé pour cela de payer mille écus à fon échéance ?

ST. ALBIN.

Non, fans doute.

VAN MAGDEBOURG.

Si je fuis tenu à la lettre de la valeur de mon engagement ? pourquoi votre miniftère s'en défend-il ? .... eft-il moins créancier du citoyen qui en eft porteur que de celui qui lui a donné fon argent ? — mais voyons, quelle raifon me donnerez-vous pour juftifier les retenues des dixièmes & quatorzièmes fur les intérêts des effets royaux qui n'ont pas été réduits ?

ST. ALBIN.

De très-bonnes raifons.— Depuis la création des vingtièmes, toutes les propriétés de la nation, toutes les rentes particulières des citoyens, avoient été foumifes à cette impofition ; — par une inadvertance groffière, toutes les conftitutions fur les finances de l'état, avoient été oubliées.— Le miniftère s'étant apperçu de cette partialité, les y a foumifes en 1770. Je ne vois rien que de jufte dans cette égalité.

VAN MAGDEBOUBG.

Hé, trouvez-vous bien jufte cette égalité dans les retenues fur les gages & penfions civiles & militaires ?

ST. ALBIN.

Sans doute ; parce que toutes ces affignations deviennent rentes particulières ; & que tout particulier, renté par l'état, doit contribuer aux dépenfes de l'état.

VAN MAGDEBOURG.

Sans doute eft vîte dit ; — mais avec ces fans

doutes , les léfines de votre miniftère n'encou-
rageront pas vos citoyens de fe faire caffer la
tête pour le fervice de l'état ; & un jour, votre
miniftère pourroit bien être la dupe de fa mauvaife foi. — Approuvez - vous auffi tous fes
appels de finances fur les citoyens conftitués en
charges , fur le clergé , fur la nobleffe moderne , &c. ?

St. Albin.

Oui , fans doute...... Dans un état bien gou-
verné , tout doit être citoyen.

Van Magdebourg.

Vous nous vendez des mots pour des raifons,
mon cher ami.

St. Albin.

En voulez - vous des meilleures ? .... aimez-
vous les comparaifons ?

Van Magdebourg.

Voyons.

St. Albin.

En 1755 , l'Angleterre avoit - elle le droit de
nous prendre nos vaiffeaux marchands en pleine
paix , & de s'en approprier les cargaifons , fans
une déclaration de guerre ?

Van Magdebourg.

Oui , & non.....

St. Albin.

Oui , & non ! .... la France a jugé convenable en 1770 d'annuller tous fes concordats avec
fes créanciers ; & elle a fait contribuer tous les
particuliers , & tous les citoyens qui avoient fpé-
culé fur les effets royaux ou fur les charges du
gouvernement.

Van Magdebourg.

Vous avez raifon , mon ami, vous avez raifon :
les particuliers feuls font des fots. — Un gou-

vernement qui se conduit avec le mépris du droit
des gens, ne doit trouver que des duppes. .....
Vous êtes coutumiers du fait, Messieurs les François, & vos opérations des finances de 1683,
1687, 1715, 1722, 1726, 1727, 1728, 1729,
1756, 1757, 1758, 1767 & 1768, auroient dû
préparer la postérité à celles de 1770 & 1771 : —
pour moi, je m'en lave les mains ; ... je n'y ai
point été pris, comme cent dupes de ma nation
que je connois, & vous ne m'y prendrez jamais.

MILORD SPITEAL.

La comparaison que vous venez de faire, notre
ami de St. Albin, n'est pas juste. — Qu'ont de
commun les derniers différends de la Grande-
Bretagne & de la France, avec les discussions de
vos intérêts de finances?

ST. ALBIN.

Beaucoup....... Quelles raisons avez - vous
donné à l'Europe en 1756, après nous avoir pris
nos vaisseaux marchands en pleine paix ? — Le
droit du plus fort & du plus audacieux : — il
en est de même des opérations en finance de la
France.

MILORD SPITEAL.

L'on diroit presque que vous seriez tenté de
donner une explication de pirate, à un acte de
nécessité que la France a provoqué elle-même. —
Sachez que la raison d'état, qui a obligé la
Grande - Bretagne de se faire justice par elle-même en 1756, sans déclaration de guerre, ...n'a
été de sa part qu'une représaille forcée, pour
arrêter les hostilités que vous commettiez depuis
longtems sur les lizières septentrionales de nos
colonies du Canada.

ST. ALBIN.

Où avez-vous puisé cette extravagance ? &
comment

comment pouvez - vous accufer la cour de Verfailles , d'avoir commencé les premières hoftilités contre la Grande-Bretagne ?... puifque c'eft
elle-même fur terre & fur mer , qui les a com-
mifes , & qui en a agi contre les François avec la
même indécence que vous en ufâtes avec les
Hollandois en 1660.

Milord Spiteal.

Vous êtes dans l'erreur mon cher de St. Albin , ... Prenons fans paffion les chofes de
plus loin , & vous conviendrez avec moi , que
vous vous méprenez mal à propos. — Pour donner toute la clarté néceffaire aux juftes raifons
qui ont porté la Grande - Bretagne en 1756 de
faire main baffe fur vos vaiffeaux de toute efpèce
fans déclaration de guerre, confidérons attentive-
ment la pofition des limites refpectives en Canada,
des colonies de la France , & de la Grande-Bretagne ; & prenons après pour garant de nos
difcuffions le traité de paix d'Aix-la-Chapelle en
1748 :... puifque ce font ces limites qui ont
donné motif à la guerre de 1756.

Van Magdebourg.

Le milord a raifon. — Dès que ce font les
limites de vos Colonies refpectives dans le Canada , qui ont donné motif à la guerre de 1756,...
il faut partir du dernier traité , en remontant à
celui de 1714 , qui a réuni aux Colonies angloifes , l'Acadie proprement dite , avec toutes fes
dépendances en terre - ferme.

Milord Spiteal.

Par le traité d'Utrecht , la France cède en
toute fouveraineté à l'Angleterre l'Ifle de Terre-
Neuve , la Baye de Hudfon , & l'Acadie aujour-
d'hui la Nouvelle Ecoffe. — Les limites de cette
dernière ceffion , devoient être réglées (fuivant

l'article 12 de ce même traité ,) par des commiffaires refpeĉtifs , qui devoient fe tranfporter
fur les lieux : — cette opération fage & défini-
tive , qui devoit être une des premières , après
la fignature du dit traité , fut malheureufement
négligée de la part des deux cours ; & quand la
Grande - Bretagne en 1749 , a voulu y engager
la cour de Verfailles , celle - ci en a toujours re-
culé la propofition.

St. Albin.

Vous êtes dans l'erreur milord , la France ne
s'eft jamais refufée à cette opération : — fi elle
a paru la renvoyer en 1749 , c'eft qu'elle avoit
demandé à Mr. de la Galifonniere , fon gouverneur en Canada , des informations fur cet objet ,
relatives à cette opération. — Ces informations
ayant tardé d'arriver en Europe , & étant néceffaires à la marche des inftruĉtions qui devoient
être remifes aux commiffaires refpeĉtifs , la cour
de Verfailles ne voulut point s'expofer à une dépenfe inutile . . . . . Voilà quelle a été la véritable
caufe de ce délai. — Quel autre motif pouvoit
avoir la France , pour fe refufer à une opération
qui affuroit fi fort fa tranquillité dans l'Amérique
feptentrionale.

Milord Spiteal.

Quel autre motif ! le voici : — la fin du règne
de Louis XIV a été une fuite de malheur & d'humiliation pour la France. . . . Il en a coûté à
votre miniftère de fe voir forcé de recevoir des
conditions de la part d'une puiffance qui lui étoit
fi fort inférieure que la Grande - Bretagne ; &
d'être contrainte de lui céder en propriété des
domaines très-confidérables. , fur lefquels on avoit
fondé des objets de commerce très-lucratifs.

ST. ALBIN.

Quelle idée !... quel étalage pompeux, pour
fi peu de chofe.

MILORD SPITEAL.

Pas fi peu de chofe, & tout le prouve : — le
commerce de la pêche & de la pelleterie en Canada, depuis la ceffion de l'Acadie, a procuré
à l'Angleterre au-delà de deux millions de liv.
fterl. de bénéfice toutes les années.....

VAN MAGDEBOURG.

Depuis 1714 jufqu'en 1771 .... 57 ans, ...
cela fait bien 114 millions de liv. fterl. ou
2,500,000,000 de liv. tourn.

ST. ALBIN.

Quel compte !

MILORD SPITEAL.

Ce n'eft pas un compte, & ce qui *vous prouve*
que ce n'eft pas un compte, c'eft la conftance &
les efforts de la Grande-Bretagne, pour vous
expulfer de tous fes commerces.

ST ALBIN.

Eft-ce que les objets du commerce de l'Amérique feptentrionale, n'étoient pas les mêmes
pour la France, qu'ils fuffent traités à Quebec,
à Montréal, à Louisbourg comme dans les ports
de l'Acadie ?

MILORD SPITEAL.

Non, ce n'étoit pas la même chofe.

ST. ALBIN.

Ce qui prouve que c'étoit la même chofe, ...
c'eft que la France maîtreffe de l'Acadie, comme
elle l'étoit de tout le refte du Canada depuis la
baye de Hudfon, jufqu'aux lacs Erie, Onctario,
&c. a préféré d'établir la métropole de toutes fes
Colonies du Nord, à Quebec éloignée de plus
de 300 lieues des rives méridionales de la nouvelle-Ecoffe.   B 2

MILORD SPITEAL.

Doucement, ne nous égarons point par des raisonnemens inutiles : — à la paix de 1748, les limites de la nouvelle-Ecosse étoient encore aussi incertaines que lors de sa cession en 1714 : — cet état de chicanne, & d'instabilité ne convenant point à la Grande-Bretagne, elle pressa la France de terminer cet arrangement.... En conséquence, elles convinrent de nouveau d'envoyer des commissaires ; & ces commissaires n'étoient jamais nommés.— La Grande-Bretagne, ennuyée de tant de délais, envoya ses instructions à Mr. Obbs, son gouverneur à la nouvelle-Ecosse : — les démarches de ce gouverneur ayant mérité les attentions de Mr. de la Galisonniere, celui-ci en rendit compte à la cour de Versailles ; & la France se vit forcée d'entrer en négociation. — En conséquence, elle envoya à Mr. de la Galisonniere le plan qu'elle s'étoit proposée pour terminer cette affaire : — ce plan n'étoit pas équitable.

ST. ALBIN.

Ce plan n'étoit pas équitable !.... vous avez une idée bien peu favorable de la cour de Versailles.

MILORD SPITEAL.

Je ne l'ai pas meilleure de la mienne, en fait d'intérêts politiques..... sur ce chapitre, tous les gouvernemens font les mêmes : c'est-à-dire, faux, avantageux & trompeurs.... J'aurai occasion de vous en convaincre :.... continuons notre discussion :.... dans le laps de temps qui s'étoit écoulé depuis 1714 jusqu'en 1749, — la France, un peu revenue de l'épuisement où l'avoit plongée la guerre de la succession, avoit eu le loisir de mieux connoître toute l'importance de la ces-

ſion de la nouvelle - Ecoſſe , pour en reſtreindre
les avantages pour la Grande - Bretagne ; & pour
établir aux épaules de celle-ci les mêmes entraves , qu'elle s'efforçoit depuis longtemps de mettre à celles de nos Colonies de la nouvelle-Yorck ,
de la Nouvelle-Angleterre , de la Virginie , de la
Penſylvanie ; en nous coupant tous nos derrières
depuis la baye de Fundy , juſqu'au fleuve du
Miſſiſſipi : elle voulut réduire l'étendue de cette
ceſſion dans une peninſule de rien , & démembrer
à ſon profit , un terrain immenſe de ſa dépen-
dance , depuis la baye de Fundy & la rivière
Chigneƈto , juſqu'aux rives méridionales du fleuve
S. Laurent.

St. Albin.

Vous me permettrez bien de porter ſur le miniſtère de la Grande-Bretagne , des idées auſſi peu
équitables que celles que vous avez ſuppoſées à la
cour de Verſailles , & de vous demander , ſur
quel principe la cour Britannique fondoit ſes prétentions pour établir : ... que la portion de terre
qui forme aujourd'hui la nouvelle - Ecoſſe , lors
de ſa ceſſion par la France , étoit celle qu'occupe
l'Amérique ſeptentrionale , depuis les rives méridionales de l'Océan , juſqu'aux rives méridionales du fleuve St. Laurent : — ne voit-on pas tous
les jours , dans un court eſpace de terre , s'y
établir diverſes nations , diverſes provinces , diverſes juriſdiƈtions ? .... Pourquoi la France ne
l'auroit-elle pas arrêté de même dans ce grand
eſpace de ſes domaines ? — La Grande-Bretagne
eſt-elle fondée de dire , que parce que les terres
au nord de la baye de Fundy , & rivière Chigneƈto , ſont contiguës à celles de la nouvelle-
Ecoſſe , doivent appartenir à la nouvelle - Ecoſſe ? — ne voyons-nous pas dans toutes les hiſtoi-

res, depuis la découverte de l'Acadie par les François fous François I, ... que cette partie de l'Amérique feptentrionale n'étoit qu'une peninfule de forme triangulaire , occupée par la petite nation fauvage des Abenaquis, ... bornée à l'Oueft par la nouvelle-Yorck , au Septentrion par la riviere Chignecto & la baye de Fundy , à l'Eft par l'Ifle royale, & au midi par l'Océan ?— Difons vrai , les intérêts du commerce , qui ont toujours porté l'Angleterre à ufurper fur toutes les nations , lui a fait ambitionner la propriété entière de cette vafte peninfule , afin de fe rendre maîtreffe de tout le commerce de la pêche de ce continent , & de celui de toutes les pelleteries des Algonquins , des Illinois , des Hurons , des Sions &c. — Voilà les juftes raifons des prétentions outrées de la Grande - Bretagne fur cet objet , & fur celui de l'étendue dans le Nord , de toutes les Colonies feptentrionales.

M I L O R D S P I T E A L.

Je ne difconviens point que les intérêts du commerce ne foient très-propres à éblouir une nation , & que la cour britannique n'ait bien pu s'en laiffer féduire ; — mais il eft toujours une forte d'équité , un certain droit des gens , que ni l'ambition , ni la force ne peuvent ufurper : telle eft la pofition de la Grande-Bretagne vis-à-vis de la France , telle eft celle de la France vis-à-vis de la Grande - Bretagne : — dans cette fituation reçue , & refpectée , & quant aux propriétés ; ... qui eft-ce qui a dit à la France , quand elle a abordé pour la première fois les pays fauvages de l'Amérique feptentrionale , que l'Acadie étoit une portion de terre de forme triangulaire , bornée par telle ou telle autre portion ? — N'eft-il pas plus naturel de croire ,

puifque ces pays étoient fans maître, fans légiflateurs, occupés par des peuples errans, que la
France, qui a été la première à prendre pof-
feſſion des terres que nous difcutons,.... qui a
été la première à y établir une Colonie fous
le nom d'Acadie, a compris dans cette feule &
unique dénomination toute la péninfule de cette
partie de l'Amérique,... bornée auſſi heureufe-
ment qu'elle l'eſt, au Nord par le fleuve St. Laurent, à l'Eſt par l'Iſle de Terre - Neuve, au Midi
par l'Océan, & au Septentrion par la nouvelle-
Yorck. — C'eſt fur des limites auſſi déterminées
que celles-là, que la Grande - Bretagne a fondé
toutes fes prétentions : ..... elles lui ont paru ſi
juſtes, qu'elle a été forcée, de l'avis de fon Confeil, de mander à Mr. Obbs, fon gouverneur
dans la Nouvelle - Ecoſſe, d'oppofer la force à
la force, la réfiſtance à la réfiſtance ; & d'empêcher que les François continuaſſent d'élever l'immenfité, & la chaîne de forts qu'ils avoient commencé à établir fur tous les derrières de nos Colonies feptentrionales, depuis le traité d'Utrecht.

V A N M A G D E B O U R G.

Avouez, mes chers amis, que vous m'avez une
grande obligation ! — fans mes cent mille florins
à placer, notre converfation n'auroit pas été auſſi
intéreſſante, & vous n'auriez pas eu le plaifir de
vous reprocher mutuellement les furprifes, les
rufes .... difons tout, — le peu de bonne foi de
vos deux miniſtères : .... car fans partialité, convenez qu'ils ne fe doivent rien — l'un & l'autre,
étant autant dominé par l'orgueil, l'ambition &
la jaloufie, que par la foif des richeſſes, des
propriétés, des intérêts politiques,... rapportant
tout à ces objets depuis un fiécle, & ne fe con-
duifant dans la carrière des honneurs, que com-

me des ufurpateurs ou des pirates ; — pillant en plaine paix des vaiſſeaux amis ;.... infultant fans motif à tous les droits des gens ; — bouſē-verſant fans refpect, le repos des nations, des fociétés, des quatre parties du monde ; — entaſſant, fans ſe laſſer, haine ſur haine, crime ſur crime, vengeance ſur vengeance ; — verſant de toute part, tant ſur terre que ſur mer, l'horreur, l'épouvante, l'effroi !.... ne refpirant, depuis un ſiécle, que deſtruction, que ſang & que miſere ;... fans plan utile à l'humanité, fans avantage pour vos citoyens ! — ſachant vaincre, ſachant périr, fans ſavoir profiter des fruits précieux de la victoire :.... malheureux hommes, voilà quels ſont vos triomphes depuis 1670 ..... voilà les hauts faits, qui groſſiſſent les tomes de votre hiſtoire !...

M I L O R D S P I T E A L.

Van Magdebourg, d'où vous vient cette chaleur ?...vous nous traitez bien rudement.

S T. A L B I N.

Il faut que Van Magdebourg ait fait quelque perte confidérable avec nous, dans nos guerres dernières, pour nous chapitrer auſſi durement qu'il le fait.

V A N M A G D E B O U R G.

L'intérêt ne m'aveugle point : — je ſuis ami des hommes, & je ne confulte que la raifon. — A quoi bon toutes ces guerres d'ambition, qui dévaſtent la terre, fans jamais donner la paix aux humains ! — N'eſt-il pas affreux depuis plus d'un ſiècle, de voir deux nations puiſſantes ſe déchirer fans ceſſe pour des pouces de terre ?..... bouleverſer, fans pitié, tous les intérêts des nations dans les quatre parties du monde ; & ne ſavoir jamais profiter de ſes avantages, pour perpétuer une paix ſalutaire : — qu'ont produit tou-

tes vos guerres depuis 1660 ,... des forfaits &
des crimes ? — L'Anglois brave , courageux , appliqué , ami des arts & des sciences , cultivant
les connoissances utiles , a sçu vaincre par - tout ;
& par-tout il a laissé échapper les avantages de
la victoire. — Le François , guerrier , intrepide ,
vaillant , terrible dans les combats , doux & humain après la victoire ; fou , braque & volage
jusqu'à 40 ans ;... réfléchi , conséquent , homme
sage jusque dans la vieillesse , a sçu par-tout faire
respecter sa puissance , sans avoir jamais sçu profiter de ses avantages.

MILORD SPITEAL.

Je ne vois pas trop que la Grande - Bretagne
ait fait aucune faute dans toutes ses guerres contre
la France & l'Espagne.

VAN MAGDEBOURG.

Elle a fait celle de ne pas avoir écrasé ses ennemis, quand elle le pouvoit. — Si à la guerre de la
succession , vous aviez su conserver vos avantages ;
& que votre Reine Anne ne se fût pas laissée
enjôler par les propos doucereux d'un chevalier
françois , la France & l'Espagne ne se seroient
jamais relevées de leurs pertes ; & leur état d'é-
puisement & de misère assuroit votre puissance.

ST. ALBIN.

Notre épuisement & notre misère , n'étoient pas
si extrêmes , que la France ne pût encore faire
un effort.

VAN MAGDEBOURG.

Pour faire un effort, il faut des moyens.....
Que vous restoit-il en 1713 ? des troupes braves ,
mais découragées par des malheurs réitérés ,...
des finances épuisées , sans argent & sans credit ,...
des peuples fatigués , souffrans , gênés dans leurs
besoins ,... des familles en deuil , gémissantes ,

éplorées , ... la disette & la famine dans l'intérieur de l'Etat , ... des ennemis puissans, victorieux sur toutes vos lizières ; en un mot, l'Europe entière sur les bras : .... voilà ce que vous
aviez. — Remerciez la Divine providence de vous
avoir tiré de ce mauvais pas , ... remerciez votre
destinée ; & sur-tout, remerciez l'inconstance des
femmes , — si par leur légéreté, elles ont causé
plusieurs fois tous les malheurs de la France , ...
en beaucoup d'autres occasions, elles ont fait celui
de l'Angleterre : .... témoin le traité d'Utrecht.

MILORD SPITEAL.

Je ne vois pas en quoi le traité d'Utrecht nous
est si désavantageux : — nous avons démembré
de la France l'Isle de Terre-Neuve, la Baye de
Hudson, toute l'Acadie ; comblé le port de Dunkerque , augmenté nos privilèges de commerce
avec elle.... Je ne vois pas que ce soit si peu
de chose.

VAN MAGDEBOURG.

Très-peu de chose, en comparaison de ce
que vous avez dépensé, & de ce que vous pouviez exiger. — Pourquoi laisser à une puissance
rivale une branche de commerce très-considérable, comme celle de la pêche, quand on peut
se l'approprier ! — Pourquoi lui laisser des propriétés, (dans la carrière de ce même commerce)
qui peuvent renouveller des guerres de jalousie,
telles que celles que vous avez eues avec la France
& l'Espagne en 1738, 1744, 1756 & 1762 ! —
Pourquoi ne pas mettre fin tout d'un coup à
toutes ces guerres (puisque vous le pouviez) , &
pourquoi ne pas faire jouir ses citoyens d'une
paix durable !

MILORD SPITEAL.

Votre façon de penser, Van Magdebourg, est

certainement très - juste & très - louable ; mais quand on a des alliés, on n'est pas maître seul de ses avantages ; & nous n'avons pas été les maîtres à la paix d'Utrecht de faire ce que nous aurions pû faire : .... vous le savez ! Il falloit de l'argent pour continuer la guerre ; & la Grande-Bretagne en manquoit.

S T. A L B I N.

Hé ! les Hollandois en manquoient aussi !

V A N M A G D E B O U R G.

Hé oui morbleu ! nous en manquions, par la bêtise & l'insatiable ambition de votre Louis XIV. — Qu'avoit-il besoin de vouloir faire un Roi d'Espagne ? — L'Europe le lui demandoit-elle ?

S T. A L B I N.

Non, — mais la France y trouvoit ses avantages.

V A N M A G D E B O U R G.

Beaux avantages !

S T. A L B I N.

De très - beaux, — quand ce ne seroit que celui de multiplier sa race sur un des premiers trônes du monde ; & de donner un Roi de son sang à une nation, qui a été de tous les temps, l'ennemie implacable de la sienne. — Comptez-vous cela pour rien ?

V A N M A G D E B O U R G.

Oui pour rien, quand on peut mieux faire.

S T. A L B I N.

Hé ! que pouvoit faire de mieux Louis XIV ! ...

V A N M A G D E B O U R G.

Ne point faire à Riswick une paix de vaincu quand il y étoit vainqueur ; — ne point démolir les fortifications de plus de trente villes de guerre, qu'il a restituées à cette paix ; & conferver conftamment toutes fes conquêtes acquifes par les traités des Pyrénées, d'Aix-la-Chapelle, de Munfter & de Weftphalie : — voilà ce qu'il devoit faire.

ST. ALBIN.

— Avec cet arrangement, il auroit indifpofé la cour d'Efpagne ; & il auroit perdu la fucceffion de cette Couronne.

VAN MAGDEBOURG.

Tant mieux ! ... tant mieux pour l'Europe ! ... L'on y compteroit deux millions d'hommes de plus aujourd'hui.

ST. ALBIN.
Van Magdebourg voit les chofes en Hollandois.

VAN MAGDEBOURG.
Si je les voyois en Hollandois, je penferois comme vous ; & j'approuverois la conduite de Louis XIV, . . . parce qu'elle a affoibli la puif-fance d'une Monarchie adoffée à nos lizières ; & dont les fujets nous rivalifent dans tous nos commerces. — Mais je penfe en homme impar-tial, en père de famille, en citoyen qui fe met à la place des autres ; & dans la pofition de ceux qui font nés pour gouverner. — Si Louis XIV. avoit confervé fes avantages à Rifwick, . . . fes conquêtes acquifes par les traités des Pyrénées, d'Aix-la-Chapelle, de Munfter & de Weftphalie, la France auroit eu bien plus de fupériorité fur la maifon d'Autriche, qu'elle n'en eût à la mort de Charles II. & par conféquent elle en auroit impofé davantage à l'Angleterre, à la Hollande, à la Savoye & au Portugal. — La fucceffion de l'Efpagne appartenant de droit à un petit fils de France, Louis XIV. devoit conftamment té-moigner la defirer ; — mais du fait au prendre, il ne devoit jamais l'accepter. — L'état d'épui-

fement, où fe trouvoit cette Monarchie, l'envie & la jaloufie de toutes les puiffances de l'Europe contre la France, devoit faire craindre à Louis XIV. la confédération qui fe forma contre lui en 1701 ; & prévoir la fuite de malheurs & d'humiliations qui lui font arrivés à la fin de fon règne. — A cet effet, fa feule ambition devoit être, ... de favoir adroitement endoffer de nouveau cette Monarchie à la maifon d'Autriche, afin de ne point relever un ennemi abattu, (mais toujours puiffant quand il eft logé à notre porte) & en forme de négociation, ... démembrer des domaines de cette puiffance aux profits de la France, ... tous les états de Flandre au-delà du Rhin jufqu'à l'Océan, l'Ifle de Puertorico & fes dépendances, la portion efpagnole de St. Domingue, la Floride ; & renouveller avec cette Couronne tous fes traités de commerce : — voilà ce que devoit faire Louis XIV. ce qu'auroit fait un vrai politique. — Par cet arrangement, fans effufion de fang, fans dévaftations, fans ruine publique, ... ce Monarque augmentoit confidérablement la puiffance de la France ; & l'Europe en filence auroit été forcée de l'approuver..... La maifon d'Autriche étant alliée de la France, jamais la guerre de la fucceffion n'auroit pu avoir lieu .... l'Angleterre, la Hollande, la Savoye, & le Portugal unis enfemble, n'étant pas affez forts pour réfifter à l'Empire, à la France & à l'Efpagne. — Par raport à cette malheureufe ambition, ou pour mieux dire, par cette fotte bêtife, il ne nous en a pas moins coûté 1500 millions de florins de dépenfes extraordinaires, & 500 mille hommes ; — à la Grande - Bretagne 80 millions de liv. fterl. & 500 mille hommes ; — à la Savoye & au Portugal, 4 ou 500 millions de liv. tourn. & 2 à 300 mille hommes.

MILORD SPITEAL.

Ma foi, malgré notre dépenfe de 80 millions de liv. fterl. & la perte de nos 500 mille hommes, les Anglois ne font pas fâché que Louis XIV. n'ait pas penfé auffi folidement que vous. — Grace à fon ambition, nous dominons fur l'empire des Mers ; — nous poffédons Port-Mahon, Gibraltar, Jerfey & Quernefay en Europe.; — Terre-Neuve, l'Ifle Royale, tout le Canada dans l'Amérique Septentrionale ; — la Jamaïque, la Floride & partie du Miffiffipi dans l'Amérique occidentale ; .... prefque tout le commerce de la pêche de la morue ; & nous avons joui pendant vingt ans du riche traité de l'Affiento & de l'immenfe commerce clandeftin qu'il nous a facilité avec le Mexique, Honduras, Campech & Carthagène. — Tout cela vaut bien cent fois nos 80 millions de liv. fterl. & la Grande-Bretagne, certainement, n'eft point fâchée de les avoir dépenfé.

VAN MAGDEBOURG.

Je le crois bien. — Mais la Hollande qu'a-t-elle gagné pour fes 1500 millions de florins ? — qu'a gagné la France avec fes trois milliards de dépenfes extraordinaires, & la perte de fept à huit cent mille hommes ? — des coups, ... des humiliations.

ST. ALBIN.

Mais elle a fait un Roi d'Efpagne.

VAN MAGDEBOURG.

Voilà mes François ! .... ils donnent tout à la vaine gloire, & rien au vrai bonheur.

ST. ALBIN.

Le bonheur eft dans la façon de penfer. — Pourrois-je vous demander ce que vous entendez vous-même par cette expreffion, le vrai bonheur.

Van Magdebourg.

La paix, la confidération, la jouiffance tranquille des chofes utiles : voilà le vrai bonheur, ... voilà la jufte ambition que devroient avoir tous les Rois, tous les amis des hommes. — Si Louis XIV. avoit été pénétré de cette fageffe, ... s'il avoit réellement poffédé la politique d'un vrai Monarque, ... cette modération & ce flegme qui prépare les grandes révolutions, fans en précipiter les événemens; — après tout ce qu'il avoit fait de grand, de glorieux jufqu'à la paix de Rifwick, ... il fe feroit arrêté en 1697, afin de donner toute la confiftance néceffaire à la puiffance de la France, élevée trop rapidement au degré de profpérité & d'opulence où elle étoit parvenue, pour ne pas en craindre les revers. — Avec cette prudence, Louis XIV. n'auroit point ambitionné de donner à l'Efpagne un Prince de fon fang ; .... loin delà, ... il auroit mis toute fa gloire à rejetter cette fucceffion, à ménager le fang de fes peuples, à conferver les avantages de la France ; & maître de la paix ou de la guerre, ... auffi refpecté fur terre que fur mer, il auroit protégé toutes les nations, plutôt que de les effaroucher. — Le commerce auroit enrichi fes fujets : ... la navigation auroit publié jufques dans les lieux les plus reculés la majefté de fa puiffance : ... l'induftrie & l'agriculture auroient affuré le bonheur de fes peuples : ... les arts & les fciences auroient profpéré fous fon gouvernement ; .... par-tout heureux, par-tout victorieux & par-tout triomphant, il auroit régné dans le cœur des hommes en vrai Monarque ; ... au lieu que le defir contraire a renverfé dans un feul jour les fuccès de plus de trente années, ayant tout faccagé, tout ruiné, tout dévafté ;

& pendant plus de quatorze ans , le sang des
hommes ayant toujours inondé les plaines fertiles de l'Europe , l'humanité n'a plus eu en spec-
tacle que des terres incultes , que des villes détruites , que des peuples dispersés , réduits à lutter
sans cesse contre le besoin , la disette & la misère. — Voilà quelles ont été pour la France &
pour *les trois quarts de l'Europe , les suites fu-
nestes de la malheureuse ambition de Louis XIV.

ST. ALBIN.

Quelque vrai & fâcheux , que soit le tableau
que vous venez de tracer , je ne vois pas que
l'ambition de Louis XIV. soit si fort répréhensible.

VAN MAGDEBOURG.

Très-répréhensible. — Jugez-en par la chaîne
de malheurs & de disgraces qu'a essuyé la France
sur la fin de son règne , — par toutes les infor-
tunes qui vous ont assiégé jusqu'en 1730 , ...
par les pertes réitérées de vos guerres de 1744
& 1756 , ... pertes qui prennent toutes leurs
origines dans les suites de cette malheureuse ambition. — Sans elle le traité d'Utrecht de 1714
n'auroit jamais existé ; & jamais l'Europe n'auroit eu à gémir des embrasemens que vous y aviez
allumé en 1744 & 1756.

ST. ALBIN.

Van Magdebourg a quelque raison. — Pour
ne point le chagriner , quittons des objets si reculés pour reprendre le fil de ceux que nous
discutions : — nous en étions au sujet des limites
de l'Acadie.

MILORD SPITEAL.

Tout justement.— Dans le même temps que la
cour de Versailles portoit des plaintes à celle de
la Grande-Bretagne sur les dispositions de Mr.
Obbs dans la nouvelle - Ecosse , ... la Grande-

Bretagne

Bretagne en faifoit faire à celle de la France fur celles de Mr. de la Galifonniere aux environs de l'Ohio ou la belle rivière. — Ce général voulant reftreindre la profondeur des Colonies angloifes dans le nord, des rives méridionales de l'Océan, aux montagnes des Apalaches, appropriant à la France toutes les terres au nord de ces monta-gnes jufqu'à la baye de Hudfon, fous le prétexte que ces vaftes pays, depuis les côtes orientales de l'Acadie, jufqu'au lac Machignan; & du lac Ma-chignan jufqu'aux rives occidentales du fleuve Miffiffipi, avoient été découvertes pour compte de la France en 1673 par Joliet habitant de Quebec, par le P. Marquette Jéfuite; & deux ans après par un Normand appellé la Sale qui defcendit une partie du fleuve Miffiffipi. — Cette façon plaifante d'aggrandir des domaines d'outre mer, aux dépens de ceux d'une puiffance limi-trophe, ne fatisfaifant point la Grande-Bretagne, celle-ci en témoigna fa jufte indignation à celle de Verfailles; & les deux cours, pour terminer leurs différends, convinrent de rappeller leurs Gouverneurs refpectifs. En conféquence, la France envoya Mr. de la Jonquiere pour remplacer Mr. de la Galifonniere, & la Grande - Bretagne fit remplacer Mr. Obbs par Mr. de Cornouvallis.— Soit fatalité .... foit du deftin de la chofe en elle-même, les nouveaux gouverneurs ne furent pas plus d'accord que les anciens. — Mr. de la Jon-quiere adopta le fyftême violent de Mr. de la Galifonniere, & Mr. de Cornouvallis fut forcé d'époufer la fermeté de Mr. Obbs. Par cette ré-fiftance, les limites de la nouvelle-Ecoffe reftèrent toujours incertaines; & la cour de Verfailles, pour les rendre encore plus incertaines, fit élever (dans cet intervalle) les forts de Beau-Séjour &

de Gaſpareau, pour reſtreindre la ceſſion de l'A-
cadie dans la juſte médiocrité qu'elle s'étoit pro-
poſée.... Les choſes en étoient dans cet état
de méſintelligence & de diſpute dans la nouvelle-Ecoſſe, quand des motifs plus graves du
côté de l'Ohio ou la belle rivière des Apalaches,
du lac Ontario & de celui du Saint-Sacrement,
acheverent de déſunir nos deux cours, & enta-
merent une guerre ſourde en Canada, qui devint
publique entre les deux nations en 1756.

Van Magdebourg.

Je ne crois pas, mon cher milord, que la
Grande - Bretagne doive avoir le cœur bien net
de cette guerre.— Il y a bien des avant-coureurs
qui répugnent.

Milord Spiteal.

Point du tout ! .*. la France a été le premier
agreſſeur.

St. Albin.

En quoi la France a - t - elle été le premier
agreſſeur ?

Milord Spiteal.

Dans la conſtruction des forts de Beau - Séjour
& de Gaſpareau en Acadie, dans un temps où
ſes limites n'étoient point encore déterminées,
& dans tous ceux aux environs des Apalaches,
du lac Ontario, de Fontenac &c.

St. Albin.

Pour pouvoir vous répondre conſéquemment
ſur la conduite que vous ſuppoſez que la France
a eu tort de tenir en Canada, depuis la paix de
1748 vis-à-vis des Colonies angloiſes .... pourrois-
je vous demander, ... dans un pays déſert, in-
connu, pour ainſi dire deshabité ; qui eſt-ce qui
en a conſtitué la propriété aux diverſes nations
d'Europe qui s'y ſont établies ?

Milord Spiteal.

Belle demande ! ce font ceux qui y ont abordé les premiers, & qui s'y font domiciliés.

St. Albin.

Si ce font ceux qui les ont abordé les premiers & qui s'y font domiciliés, ... quel tort faifoit la France à la Grande-Bretagne, en faifant élever en Canada fes forts de fureté, foit à l'Oueft, foit au Midi du fleuve St. Laurent ! dès qu'il eft prouvé par toutes les hiftoires des nations de l'Europe, ... que Verazzani florentin, découvrit le premier en 1523 pour la France, fous François I. l'Ifle de Terre-Neuve ;... que Jacque Quartier en fit autant en 1534 fur les côtes de l'Eft du fleuve St. Laurent, & navigua fort avant dans fes eaux ; — que Jean Ribaud aborda le premier à la Floride en 1562, & y fonda une Colonie françoife ; — que le premier établiffement des François en Acadie fut en 1604 à Port-royal ; — & que Samuel Champlain jetta les premiers fondemens de la ville de Quebec en 1608.

Milord Spiteal.

Que prétendez-vous prouver par toutes ces époques ?

St. Albin.

Je prétends prouver que la Grande-Bretagne, plus ambitieufe qu'équitable avec tous fes voifins, n'a jamais eu aucune raifon de fe plaindre des difpofitions de la cour de Verfailles en Canada, ni de publier dans toute l'Europe que la France empiétoit journellement fur les domaines de fes Colonies feptentrionales, tandis que toutes les chartres & conceffions de cette Couronne (pour fes établiffemens du Nord) publient, ... que les premières découvertes que firent les Anglois dans l'Amérique feptentrionale furent en 1584, ...

61 ans après les François ; que ce fut Watter Raleigh qui forma une affociation à cet effet ; & que leur première découverte fut la baie Roenf-que dans la Caroline ; — que Gomolo ne découvrit qu'en 1602 la Nouvelle-Angleterre ; — que James Lowa en 1606, la Virginie ; — que les Suédois fe font établis en 1639 au Nouveau-Jerfey, & les Hollandois en 1610 dans la Nouvelle-Belge, aujourd'hui la nouvelle-Yorck. — Par conféquent, les établiffemens de la France , prenant leurs dates en 1523 & 1534 , & ceux de la Grande-Bretagne en 1584 & 1602 , ... il eft prouvé que la Cour Britannique fe plaint à tort de celle de Verfailles ; & que toutes les difpofitions de la France en Canada , avoient été fondées fur la propriété acquife par le droit de conquête.

Milord Spiteal.

La domination des Souverains , dans la propriété des objets de politique, tient plus à la force qu'à la raifon.

St. Albin.

Je le nie. — Elle tient au droit des gens , à l'équité. — Jamais la Grande-Bretagne n'a eu le droit de s'approprier le libre arbitre de pouffer les derrières de fes Colonies feptentrionales du Midi au Nord , auffi avant qu'elle a eu l'ambition de le faire, connoiffant la propriété de la France fur tous ces vaftes domaines ; — fes propres chartres lui en prouvent l'impoffibilité. — Celle de la Nouvelle - Angleterre n'accorde à cette Colonie que 300 milles de longitude fur les côtes de l'Océan , & 50 milles de profondeur du Midi au Nord. — Celle de la nouvelle - Yorck, (jadis la nouvelle-Belge , ne lui permet que 20 milles de largeur fur 145 milles de profondeur. — Celle de la Virginie n'accorde que 240 milles de côtes maritimes, fur 200 de largeur en tirant vers le Nord &c. — Par conféquent, toutes ces Colonies, y compris la nouvelle - Ecoffe, formant prefque tout le front de l'Amérique feptentrionale fur l'Océan, publient par leurs propres chartres, que toutes les terres au Nord de fes limites, depuis les côtes de l'Eft de la baie de Fundy, jufqu'aux rives de l'Oueft du fleuve Miffiffipi, appartenoient à la France; qu'elle a été fondée d'y établir fes forts de fureté; & que toutes les terres enclavées aujourd'hui dans les Colonies de la Grande - Bretagne hors de l'étendue de leurs chartres, font des terres ufurpées aux domaines de la France.

MILORD SPITEAL.

Suivant votre fyftême, la France feule auroit eu le droit de pouvoir s'aggrandir dans le Canada & de s'en approprier tout le commerce intérieur?

ST. ALBIN.

Sans - doute!....

MILORD SPITEAL.

Qui eft-ce qui lui avoit cédé ce droit-là?

ST. ALBIN.

Le droit de conquête, les traités refpectifs, les propres chartres des Colonies de la Grande-Bretagne; enfin la découverte en 1673 de l'intérieur du pays pour la France, par Joliet habitant de Quebec, par le P. Marquette Jéfuite & par le nommé la Sale. — Voilà qui la lui avoit cédée.

MILORD SPITEAL.

Quoi!... parce qu'il a plû à ces trois hommes hardis de traverfer une immenfité de pays déferts, aux épaules des Colonies feptentrionales de la Grande-Bretagne, vous voulez que la cour Britannique regarde comme un rempart le fentier par où ces gens-là ont paffé, & qu'il devienne la

lizière démonſtrative des domaines des deux nations ? — mais il y a de la folie à cela.

VAN MAGDEBOURG.

Vous avez raiſon, milord, — il n'y a pas du
bon ſens à ce que vous dites, mon cher de St.
Albin : .... vouloir s'approprier un pays déſert
parce que l'on le traverſe, ... c'eſt un peu fort.

ST. ALBIN.

Il eſt cependant certain, & les Européens n'ont
pas eu d'autres titres en abordant l'Amérique.

MILORD SPITEAL.

Il eſt vrai. — Mais depuis cette époque, tout
a changé ; & quoique ces propriétés doivent être
ſacrées pour ceux qui les poſſedent, ... il en eſt
d'une nature dans ce genre-là qui ne tiennent
qu'au droit du plus fort. — Celles que nous con-
teſtons ſont dans ce cas : — elles ſont déſertes, ...
ce ſont les intérêts du commerce qui les mettent
en conteſtation : c'eſt à la force à les décider.

ST. ALBIN.

Certainement.

MILORD SPITEAL.

Puiſque vous en convenez , ... avouez que la
Grande-Bretagne a eu raiſon de s'oppoſer comme elle l'a fait aux entraves que vous cherchiez
de mettre à ſon commerce avec les ſauvages de
l'Ohio, du lac Ontario, de la belle Rivière & du
lac du St. Sacrement.

ST. ALBIN.

Non, je n'en conviens pas. — La France avoit
ce droit & vous ne l'aviez point, toutes ſes peu-
plades vivant dans ſes domaines.

MILORD SPITEAL.

Si la France avoit ce droit, ... pourquoi ſe
cachoit-elle de la Grande-Bretagne ? & pourquoi faiſoit-elle élever furtivement cette échelle

de forts depuis Beau-Séjour dans la nouvelle-Ecoſſe, juſqu'à Niagara, Toronto & Frontenac qui coupoient tous les derrières de nos Colonies? — pourquoi encore faire paſſer furtivement d'Europe à Quebec, par tous les vaiſſeaux marchands, 30 & 40 hommes de troupes réglées, déguiſées en matelots?...

St. Albin.

Cette prudence étoit néceſſaire pour arrêter, ſans éclat, les démarches répréhenſibles de tous vos gouverneurs de Philadelphie, de la Virginie & de la nouvelle-Angleterre, qui s'aviſoient de donner des permiſſions par écrit à leurs colons pour aller trafiquer avec les ſauvages alliés de la France; & ſous le prétexte de protéger ces facteurs ambulans, ils les faiſoient accompagner par des troupes, qui acheverent de ſe former en corps d'armée en 1751, & de camper impérativement ſur les terres de la France aux environs de l'Ohio, du lac Ontario & de la belle-Rivière, où elles éleverent pluſieurs forts, de même qu'à Redſtone, aux environs de Monongehele, de Williambourg, de Chouvagen &c.

Milord Spiteal.

Quel mal faiſoient en cela les gouverneurs de la Grande - Bretagne? — ils mettoient à couvert ces pays, comme vous cherchiez d'y mettre les vôtres.....

St. Albin.

Le mal qu'ils faiſoient, étoit celui d'enfreindre tous les traités, & d'attiſer ſourdement une petite guerre, toute à l'avantage de la Grande-Bretagne.

Milord Spiteal.

Elle l'étoit bien plus à celui de la France; puiſque c'eſt elle qui l'entretenoit par des délais

& des irréfolutions fur les limites de l'Acadie. —
Si votre cour s'étoit expliquée fur ces limites ,
comme elle le devoit en 1749 , & qu'elle n'eût
point, dans cet intervalle, fait élever furtivement
cette échelle de forts depuis Beau-Séjour jufques
au lac Machignan, qui coupoient tous les derrières de nos colonies , jamais *les gouverneurs*
de la Grande - Bretagne ne fe feroient portés,
à mains armées , fur les lizières des colonies
refpectives ; ... jamais ils ne fe feroient réunis
en corps d'armée , pour vous arrêter ; & jamais
les hoftilités du fort Duquerne fur la belle Rivière
n'auroient donné lieu à la guerre de 1756 ; —
c'eft votre ambition : ce fera la nôtre fi vous
voulez , en vous réfiftant qui y aura donné lieu,
je vous l'accorde. — Mais il eft de fait, que la
Grande-Bretagne ne cherchoit point la guerre : ...
qu'elle ne la vouloit point ; ... & que c'eft vous
autres qui l'avez provoquée par les forces & les
troupes déguifées, que vous faifiez paffer conftamment (depuis quatre ans) en Canada ; &
par les hoftilités fourdes, que vous ne ceffiez
de commettte vis - à - vis des fauvages alliés de
la Grande - Bretagne.

ST. ALBIN.

Direz - vous auffi , que c'eft pour écarter
les horreurs de la guerre en 1755 , que la
Grande - Bretagne fit infulter dans les mers du
Canada la marine royale de la France ?

VAN MAGDEBOURG.

Dites tout : & qu'elle vous prit 7 à 800 vaiffeaux marchands fans déclaration de guerre ,
comme elle eut la politeffe de le faire vis-à-vis
de la Hollande en 1660.

ST. ALBIN.

Ce fera encore par un effet de cette modération ; qu'elle fit maſſacrer en 1754, vers la belle Rivière, Mr. de Jumonville, revêtu du caractère d'envoyé de la part de la France vis-à-vis de l'armée angloiſe, pour ſommer Mr. George Waſingthon, commendant de ladite armée, qu'il eût à ſe retirer de deſſus les terres du roi ſon maître ?

VAN MAGDEBOURG.

Doucement, mes amis, doucement :..... il nous arrive du renfort...... Voici notre brave Coſmopolite.

DIALOGUE SECOND.

St. ALBIN, MILORD SPITEAL, VAN MAGDEBOURG, LE COSMOPOLITE.

LE COSMOPOLITE.

DITES - MOI un peu, van Magdebourg, est - ce que la tête tourne à vos Hollandois ? .... sont-ils devenus fous ? — quel tapage ! ... quel bouleversement ! ..... quelle confusion dans votre bourse !

VAN MAGDEBOURG.

Qu'est - il arrivé ? .... à vous entendre, l'on croiroit que la banque a fait banqueroute.

LE COSMOPOLITE.

Ce qu'il est arrivé ? ..... Rien. — Mais vos Hollandois veulent qu'il arrive des nouveautés dans le monde politique, (qui ne seront jamais, c'est moi qui vous en assure) ; — ils veulent que l'Espagne déclare la guerre à la Grande - Bretagne. — Quelle bêtise ! ....

VAN MAGDEBOURG.

Quoi ! ils ont pris feu sur les nouvelles arrivées de Londres , & ils regardent les grands préparatifs de guerre de l'Espagne comme une guerre certaine ? — ils sont bien fous.

LE COSMOPOLITE.

Ils le sont tellement..... que c'est à qui fera les plus fortes spéculations, les plus gros achats ou les plus petites ventes. — Les uns veulent enlever toutes les cochenilles, les autres tous les indigos guatimales ; ceux-ci tous les bois de campech ; ceux-là tous les cuirs en poil, tous les cacaos, toutes les vanilles. — Il ne reste plus à acheter, dans ce moment, une livre de sucre ou de café, une bouteille de vin d'Espagne, d'huile ou d'eau-de-vie ; en un mot, un morceau de savon : — tout est resserré, ... tout est à des prix fous. — On ne voit que des gens qui veulent acheter, pas un qui veuille vendre : les courtiers ne savent plus ou donner de la tête.— Quel galimatias ! quelle confusion ! — Croiriez-vous, dans tout ce tumulte qu'il y a déja des associations pour armer des corsaires, pour s'intéresser sur ceux de la Grande-Bretagne & sur ceux de la France ?..... car, disent-ils, la Grande-Bretagne forcera la France de se déclarer ;.... & par les dispositions de nos associations, nous ferons prendre les vaisseaux françois & espagnols par les corsaires anglois, & les vaisseaux anglois par les corsaires françois ou espagnols. — Dans le désordre de tous ces propos, on entend des Quidams se vanter, qu'ils ont des correspondans de probité à Marseille, à Barcelone, à Alicante, à Malaga, à Cadix, à la Corogne, à Bilbao, à St. Sébastien, à Bayonne, à Bordeaux, à la Rochelle, à Nantes, à Morlaie, à St. Malo, à l'Orient, à Dieppe, au Havre, à Rouen, à Calais, à Dunkerque ; & que par un alphabet mercantil (de convention) où tout y sera prix, au nom de marchandises, ils pourront savoir par tous les courriers le jour du départ des vaisseaux, qui seront en charge dans tous ces ports, leurs destinations, & la valeur de leurs cargaisons,..... sans que ame qui vive puisse les pénétrer. — D'autres en disent autant pour tous ceux de l'Angleterre : & tous ensemble convenoient, qu'il étoit de l'intérêt des affociés, d'ordonner de très - gros achats de marchandifes dans toutes ces places de commerce ; de les faire charger fur les vaiffeaux de la nation, en les y faifant affurer fur le pays même (pour ne rien rifquer), afin de procurer à leurs corfaires refpectifs (placés à deffein dans les parages de leurs départs) des prifes riches qui donnaffent cent pour un à chaque intéreffé. — Ils alloient même plus loin encore : — ils vouloient fe charger d'alimenter Mahon & Gibraltar, des propres ports de France & d'Efpagne, en leur faifant arriver (comme expédié pour le Havre) des vins, des huiles, des eaux - de - vie, par des vaiffeaux neutres qu'ils auroient fait arrêter au détroit de Gibraltar.

Van Magdebourg.

Mais fi on eft découvert dans toutes ces belles manœuvres, l'on vous fait paffer le goût du pain ?

Le Cosmopolite.

Bon !.... des gens qui penfent de cette façon-là, malheureufement ne le perdent jamais ; — ils favent fi bien prendre leurs mefures, qu'ils font toujours foupçonnés & jamais découverts.— Que je vous plains, van Magdebourg, d'avoir des citoyens qui penfent fi vilainement !

Van Magdebourg.

Ma foi tant pis pour eux ; pourvû que je ne fois pas en défaut, je me ris des fottifes des autres. — Il eft du fort de ma chére patrie d'être, pour ainfi dire, le cloaque de tous les vices de l'efpèce humaine : .... tous les brigands, tous les fcélerats, tous les hommes déshonorés dans leur pays, perdus de réputation, par leurs débauches ou par des crimes, venant y chercher leur fûreté.— O ! liberté !.... n'es - tu établie que pour pro-

téger l'infamie ! — c'eſt un des grands malheurs
de notre gouvernement. — Mais tous ces ſcéle-
rats feront punis , car nous n'aurons point de
guerre ; c'eſt moi qui vous en aſſure.

Milord Spiteal.

Il feroit à le deſirer..... Sur quoi vous fondez - vous , Van Magdebourg ?

Van Magdebourg.

Sur quoi je me fonde ? ſur de très - bonnes
raiſons. 1°. L'Angleterre n'a point d'argent.
2°. La France n'a point d'argent. 3°. Et l'Eſpagne ne peut la faire ſeule.

St. Albin.

Pourquoi l'Eſpagne ne pourroit - elle pas la
faire ſeule ? — Dans un temps, où elle n'étoit
pas en force & en moyen , le tiers de ce qu'elle
eſt aujourd'hui ,.... elle a bien continué ſix ans
de plus celle de la ſucceſſion, ſans le ſecours de
perſonne. — N'a - t - elle pas également, en 1738 ,
attaqué la Grande - Bretagne, ſans allié , juſques
en 1744 ? — pourquoi ne feroit - elle pas aujour-
d'hui les mêmes efforts ?

Van Magdebourg.

Parce qu'elle ne peut plus les faire ; l'Angleterre n'étant plus , en 1772, ce qu'elle étoit en
1714 & 1738.

St. Albin.

Ni l'Eſpagne non plus. — A la mort de Charles
II, cette puiſſance ne comptoit dans ſes finances
que 40 millions de liv. tournois de recettes , &
40,000 hommes de troupes dans ſes armées ;
aujourd'hui elle compte 150 millions au moins
dans ſes revenus , & 150,000 hommes , tant
infanterie que cavalerie , ſans les troupes de la
marine & celles de ſes colonies. — A la guerre
de 1738 , elle n'avoit que 20 vaiſſeaux de ligne en

très - mauvais état : .... dans ce moment, elle en étale dans fes ports 70 du premier rang , & 30 frégates ; — tout cela ne fait pas, de l'Efpagne, une puiffance tant à méprifer.

MILORD SPITEAL.

Non , fi vous avez compté fes 70 vaiffeaux, & fes 150,000 hommes; .... mais fi vous ne les avez pas compté, je nie le tout , ... l'Efpagne étalant beaucoup & fignifiant très - peu.

ST. ALBIN.

Je ne fais fi c'eft fignifier très - peu, que d'avoir en Europe trois fois plus de domaines que la Grande - Bretagne ; un tiers plus de popu- lation ; le double de troupes bien difciplinées, & prefque autant de forces maritimes ; ..... fans compter des finances en bon état , bien adminif- trées, & des fonds dans la caiffe des épargnes ; — ce que ne pourra point dire l'Angleterre.

MILORD SPITEAL.

Où font ces finances en bon état , je vous prie ? .... eft-ce parce que l'Efpagne a un fixième moins de revenus en temps de guerre qu'en temps de paix, que vous appellez cela des finances en bon état ? .... eft - ce parce qu'elle ne paye ni capital ni intérêts des dettes de Philippe V , que vous prétendez qu'elle a des fonds dans fa caiffe des épargnes? — il ne tiendroit à ce prix-là qu'à la Grande - Bretagne , de rendre les fiennes bien plus confidérables.

ST. ALBIN.

Je ne dis pas cela : — je prétends dire feu- lement, que l'Efpagne (dans ce moment) eft dans une fituation plus heureufe que la Grande- Bretagne, ... n'ayant point fes Colonies en combuftion fur les bras, ni une dette exorbitante qui la dévore.

MILORD SPITEAL.

Chanfon ! — La dette exorbitante de la Grande-Bretagne ne dévore point fa profpérité ;.... au contraire, c'eft elle qui l'a enrichie, lui ayant facilité tous les moyens de multiplier tous fes commerces politiques ; ceux de fa navigation & de fes voyages en long cours ; — d'augmenter toutes fes fréquentations avec les nations confommatrices de fon induftrie ;.... de s'en ouvrir des nouvelles avec l'Afie , l'Afrique & l'Amérique ; & de compter dans fes domaines des propriétés, qui formoient une des grandes richeffes de fes ennemis. — Quelle eft la pofition de l'Efpagne dans cette carrière ? — 80 ou 100 vaiffeaux au plus qui trafiquent annuellement avec fes Colonies ?.... 100 à 150 dans les divers ports de l'Europe ?.... eft-ce là une rivalité ?

ST. ALBIN.

Mais ils rapporteront plus de richeffes que les vôtres.

MILORD SPITEAL.

Dites des cargaifons plus riches. — Mais dans la balance générale des affaires ,... l'Efpagne , avec trois fois plus de domaines en Europe que la Grande-Bretagne , ... avec trente fois plus de Colonies fertiles que la nation angloife ,.... avec plus de population , & la propriété de toutes les matières premières de l'induftrie ;.... l'Efpagne , dis-je, ne fait pas la centième partie du commerce que font les fujets de la Grande-Bretagne.

VAN MAGDEBOURG.

Je fuis bien de votre fentiment, milord..... Sans les vins d'Efpagne , & fans la belle couleur de fes cochenilles , qui la font appercevoir dans la fociété des diverfes nations , je crois qu'il ne

feroit parlé de l'Efpagne que dans notre hiftoire ; ...
mais point du tout fur les mers, ni dans les
villes de commerce. — Je paricrai prefque mille
contre un, qu'il n'y a pas, dans ce moment,
dix négocians efpagnols dans toute la Hollande,
& qu'il n'arrive peut-être pas, année commune,
dans tous nos ports fix ou huit vaiffeaux de
cent tonneaux de cette nation.

MILORD SPITEAL.

Il n'en arrive pas d'avantage à Londres & à
Briftol.

ST. ALBIN.

Nous en voyons d'avantage en France : ....
toute fois je conviens avec vous, que l'Efpagne
s'eft très - fort négligée dans cette partie.

LE COSMOPOLITE.

Et dans bien d'autres auffi : ..... car cette
monarchie poffède dans fa métropole tous les
objets, les moyens, les propriétés qui fondent
les grands empires.

MILORD SPITEAL.

· Mais elle n'en a ni le gouvernement, ni les
hommes..... Qu'ont fait vos Efpagnols depuis
Philippe II ? .... des fottifes !

ST. ALBIN.

Qu'ont - ils fait depuis Philippe V ? .... des
merveilles !

MILORD SPITEAL.

Je ne vois pas trop où brillent ces merveilles.

ST. ALBIN.

J'en fuis fâché ; .... mais nous, nous ne les
voyons que trop : auffi ne ferois - je point éloigné
de croire, fi cette nation avance encore un
fiècle dans les progrès qu'elle a fait depuis la
mort de Charles II, que l'Efpagne ne donne
une autre fois à la France & à l'Europe entière,

les

les mêmes inquiétudes qu'elle leur a données
sous Charles V & Philippe II.

Le Cosmopolite.

Cela pourroit être, si la France continuoit
toujours de se négliger, & qu'elle voulût constamment (comme elle le fait depuis 1701)
sacrifier ses véritables intérêts à cette monarchie; —
mais pour peu qu'elle se réveille, qu'elle veuille
faire valoir ses avantages sur toutes les nations
de l'Europe, ... l'Espagne restera toujours une
puissance du second ordre ; & la France sera
toujours la prépondérante.

Milord Spiteal.

Vous avez une idée bien pompeuse de la
France.

Le Cosmopolite.

Oui je l'ai , & je crois avoir raison. — Depuis
que j'étudie les hommes, & que je cherche à
connoître impartialement les intérêts des nations ; ..... depuis que je voyage dans des pays
habités , & que je ne cesse de réfléchir sur ce
qu'on appelle la politique ou l'art de gouverner
les hommes, je n'ai point trouvé de situation &
de législation plus favorable à l'humanité que
celle de la France. — Cette monarchie est placée
au centre de la partie du monde la plus illustrée
par les arts & les sciences , sous un ciel pur &
serein , ... favorisée d'une très-nombreuse population, d'un caractère doux, guerrier & appliqué , ... possédant dans ses domaines des ports
bien situés, des Colonies puissantes & fertiles ; ...
une métropole bien pourvue de toutes les denrées de première nécessité, arrosée dans toute
sa surface par nombre de rivières navigables,
jusques dans le centre de ses provinces les plus
reculées ; .... comptant dans ses commerces

des branches privilégiées, perſonnelles à la nation,.... accréditées par le goût & les beſoins des hommes; — des voiſins du ſecond ordre dans tous ſes alentours. — Ma foi, c'eſt la poſition la plus flatteuſe pour un mortel, que celle d'un roi de France.

MILORD SPITEAL.

En quoi la trouvez-vous plus flatteuſe que celle de l'Empereur, du Roi d'Eſpagne ou du Roi d'Angleterre?

LE COSMOPOLITE.

En ce qu'il règne ſur des hommes belliqueux, civiliſés, appliqués, & qu'il eſt maître chez lui, ce que les autres ne peuvent pas dire;... en ce qu'il emporte lui ſeul la balance dans les intérêts politiques, qu'il la fait toujours pencher en faveur de ceux pour qui il ſe déclare; & qu'il peut ou il le pourra quand il le voudra, conſerver l'Europe en paix de très-longues années.

MILORD SPITEAL.

Si la France a tous ces avantages, pourquoi ſon hiſtoire n'eſt-elle remplie que du récit de ſes guerres? & pourquoi depuis un ſiècle, s'eſt-elle ſi fort laiſſée arriérer par des voiſins du ſecond ordre?

LE COSMOPOLITE.

Depuis un ſiècle! c'eſt un peu fort:... vous ſavez bien le contraire; — mais je conviens avec vous depuis ce ſiècle-ci, que la France ne s'eſt pas conduite à ſon avantage. — Quel eſt l'homme! quelle eſt la nation qui ne fait jamais de faux pas! — Si la France n'avoit pas de temps en temps ces momens d'engourdiſſement & d'erreur, elle ſeroit trop puiſſante. — Il en eſt de ces viciſſitudes de paſſage, ce qu'il en eſt des accidens du jeu;... ce que l'on perd aujourd'hui, on le ratrape demain.

VAN MAGDEBOURG.

Pas toujours, mon ami , ... quelquefois l'on double la doze.

LE COSMOPOLITE.

Il ne faut que savoir jouer ; ... ne pas s'entêter quand le jeu nous est contraire , (comme l'a fait la France pour la guerre de 1756) & attendre un meilleur moment pour se récupérer. — La fortune est une femme.

MILORD SPITEAL.

Oui , ... mais les femmes ne signifient rien dans le monde politique.

LE COSMOPOLITE.

Beaucoup. — Qui est-ce qui a procuré à l'Angleterre la propriété de l'Isle de Terre-Neuve, de la Baie de Hudson, de la nouvelle-Ecosse, de l'Isle de la Jamaïque, de celle de Minorque & de Gibraltar ? n'est-ce pas une femme ? ... qui est-ce qui vous a facilité encore toute la conquête de la nouvelle - France, dans la dernière guerre, de l'Isle royale en Canada, de Grenade & Grenadille, de Pontichéri, de Manille, du Sénégal, de la Floride, d'une partie du Mississipi & la majeure partie du commerce de la pêche ? n'est-ce pas une femme ? .... Hé milord ! remerciez donc les femmes ; — sans elles l'Angleterre ne signifieroit pas davantage dans le monde politique , que l'Isle d'Autahiti dans les terres australes.

MILORD SPITEAL.

Vous nous dépréciez bien fort, Cosmopolite !

LE COSMOPOLITE.

Je ne déprécie personne : — nous parlons nations, gouvernemens politiques ; & nous nous entretenons impartialement de leurs avantages & de leurs défavantages. C'est par l'étude suivie

que j'ai fait des uns & des autres, de leurs divers
ſyſtêmes d'état, & de leurs divers intérêts politiques, que je regarde la France dans l'heureuſe
ſituation de ſe maintenir, ſans beaucoup de
peine, la puiſſance dominante de l'Europe ; —
que l'Eſpagne a tous les moyens de pouvoir y
arriver, & qu'elle n'y arrivera jamais ; — que
l'Empire, l'Autriche, l'Angleterre, toute l'Italie
& tout le Nord, ne ſeront jamais que des puiſſances du ſecond ordre vis-à-vis de ces deux nations, ſans pouvoir jamais s'en tirer : ... leurs
conſtitutions & leurs gouvernemens étant contre-
carrés d'une foule de reſtrictions & de dépendances, qui ſont aujourd'hui des liens indiſſolubles
entre les ſouverains & leurs ſujets. — Il n'en eſt
pas de même en France ; ... toute l'autorité réſide
dans la perſonne du Roi.

MILORD SPITEAL.

Il eſt donc bien glorieux pour la Grande-Bretagne, (malgré ces liens indiſſolubles de la nation avec ſon ſouverain) d'avoir pu réſiſter ſi
longtemps contre cette terrible puiſſance de la
France ; & de l'avoir fait deſcendre pas à pas
de ces avantages avec la fermeté & la conſtance
qu'elle s'y eſt portée depuis 1701 juſqu'en 1763.

LE COSMOPOLITE.

Très-glorieux ; & la choſe eſt preſque incom-
préhenſible : — cependant cela ne dit rien.

MILORD SPITEAL.

Comment ! cela ne dit rien ?

LE COSMOPOLITE.

Non. — Qu'avez-vous gagné ſur la France en
1714 ? — l'Iſle de Terre-Neuve, la Baie de
Hudſon, la nouvelle-Ecoſſe : regardez impartialement depuis cette époque juſqu'en 1748, ce
que vous ont procuré ces trois ceſſions : — rien,

ou très-peu de chofe ; ... le peu de commerce qu'y ont fait les fujets de la Grande-Bretagne ayant à peine rempli le gouvernement d'une partie de fes dépenfes de confervation. — Ce n'eft que depuis la paix de 1748, que l'Angleterre voulant fe récupérer de ce qu'elle avoit perdu avec l'Efpagne par le traité d'Aix-la-Chapelle de 1748, du côté de l'Affiento, & du commerce d'interlope avec fes Colonies, qu'elle s'eft retournée du côté de l'Amérique feptentrionale. — Jufqu'à cette époque les ceffions de la France de 1714 à la Grande-Bretagne, lui ont été onéreufes. ...

MILORD SPITEAL.

Cela eft vrai, ... mais nous avons toujours empêché cette monarchie d'en tirer avantage, & d'y perfectionner les branches de commerce dont elles étoient fufceptibles.

LE COSMOPOLITE.

Point du tout. ... La France n'avoit pas befoin de toutes ces poffeffions pour faire fon commerce de la pêche & de l'intérieur du Canada. — Libre fur le banc de Terre-Neuve & dans le détroit de Davis ; ... maîtreffe de Louisbourg & de toutes les Ifles adjacentes dans le golfe St. Laurent : — poffédant prefque toutes les côtes de l'Eft de l'Amérique feptentrionale, elle faifoit avec tout le fuccès poffible fon commerce de la pêche ; ... & la pofition de Quebec, de Montréal, de fes comptoirs vers l'Ohio & la Belle-Rivière, lui affuroient celui de tout l'intérieur du Canada.

MILORD SPITEAL.

En rivalité avec nos Colonies.

ST. ALBIN.

Oui en rivalité avec vos Colonies : ... mais par des ufurpations & des contraventions aux traités, la Grande-Bretagne n'ayant jamais eu aucun droit de pouvoir établir des factoreries, comme elle l'a fait à Chouvagen, à Ofwego, à Williamsbourg, fur le lac du St. Sacrement &c.

MILORD SPITEAL.

Pourquoi n'avoit-elle pas ce droit auffi bien que la France ? — dans des pays déferts, tout y eft libre.

LE COSMOPOLITE.

Quoique l'intérieur du Canada fût un pays défert aux yeux des nations, il ne devoit pas l'être pour la Grande-Bretagne. — Ce pays avoit un maître ; & votre cour favoit très-bien, ... que depuis 1673 la cour de Verfailles en avoit pris poffeffion, en le faifant découvrir par un habitant de Quebec qui s'enfonça dans les terres jufqu'aux rives occidentales du fleuve Miffiffipi.

MILORD SPITEAL.

Plaifante façon de s'approprier des poffeffions immenfes !

ST. ALBIN.

C'eft pourtant de cette façon que les diverfes nations d'Europe fe font établies en Amérique ; & toutes les ont refpectées, excepté la Grande-Bretagne.

MILORD SPITEAL.

Hé ! pourquoi la Grande-Bretagne les auroit-elle refpectée ? dès qu'elles détruifoient fes commerces avec les fauvages de l'intérieur du pays, & que les François s'en emparoient ?

LE COSMOPOLITE.

Voilà de quelle façon, depuis plus de deux fiècles, fe font toujours conduits les Anglois :... la convenance....

MILORD SPITEAL.

Dites plutôt la raifon. — Quoi ! vous voulez

que la Grande - Bretagne cede à une nation rivale une branche de commerce avantageuſe à ſes ſujets, — il y auroit de la folie à cela ; & ce ſeroit laiſſer cueillir des verges aux François pour nous en faire donner.

LE COSMOPOLITE.

Ho que non ! que vous ne vous en laiſſez pas donner, & vous avez raiſon. En politique il faut toujours frapper le premier ; … tant pis pour ceux qui ont la bêtiſe de ſouffrir des affronts. — L'on ſait très-bien que la Grande-Bretagne inſulte toutes les nations, … mais qu'elle n'en ſouffre aucune.

MILORD SPITEAL.

Fait-elle ſi mal ?

VAN MAGDEBOURG.

Non, … mais bien ceux qui ſe laiſſent inſulter. — Si la France & la Hollande, quand elles vous tenoient ſous Louis XIV. vous avoient bien ſaboulé, … jamais la Grande - Bretagne, n'auroit eu la hardieſſe de commettre auſſi ouvertement qu'elle l'a fait, toutes les inſolences qu'elle a pratiquées vis-à-vis de toutes les nations maritimes depuis 1701.

MILORD SPITEAL.

Comment ! Van Magdebourg traite d'inſolence les procédés d'une nation qui défend ſes droits & les lieux de ſes commeerces ? … hé ! qu'ont fait vos Hollandois à Batavia, à Borneo, à Ceylan, dans toutes les Moluques, au golfe perſique, à Siam, au Japon, à la Chine & généralement dans toutes les mers des Indes orientales ? n'ont-ils pas commis des horreurs, des abominations ?

VAN MAGDEBOURG.

Jamais d'auſſi graves & d'auſſi indécentes, que celles de la Grande - Bretagne dans la guerre de

1744, vis-à-vis le Roi de Naples; en 1660 & 1755, vis-à-vis de la Hollande & de l'Espagne jusqu'en 1762 ; — vis-à-vis de la France en Canada & dans les mers de l'Océan, depuis 1749 jusqu'en 1756 : — fi !... fi j'étois de la France !...

MILORD SPITEAL.

Si la cour de Versailles ne s'étoit pas jouée aussi constamment de la Grande-Bretagne, comme elle l'a fait depuis 1714 au sujet des limites de la nouvelle-Ecosse, & qu'elle eut été plus modérée dans ses projets, jamais l'Angleterre n'auroit commis aucune hostilité contre les possessions du Canada & la marine marchande de la France. — Mais quand on ne répond à des plaintes légitimes que par de faux - fuyards, & que l'on s'appuye des stratagêmes dangereux dont le cabinet de Versailles se servoit depuis trois ans , pour se rendre la plus forte dans l'Amérique septentrionale , on s'expose à des insultes ouvertes.... C'est à quoi a été forcée la Grande - Bretagne en 1754, pour sauver d'une ruine infaillible toutes ses Colonies du Canada , & rendre chou pour chou à cette monarchie.

LE COSMOPOLITE.

Je crois, mon cher milord, que vous nous prenez pour des ignorans. — Quoi ! vous voulez nous persuader que les hostilités de la Grande-Bretagne, antécédentes à la guerre de 1756 , n'ont eu d'autre objet de sa part , que de rendre à la France chou pour chou & vengeance pour vengeance ! ... mais! mais ! mais vous n'y pensez pas. — Lisez à ce sujet tous les divers mémoires remis par la cour de Versailles à toutes celles de l'Europe , sur les différends de la France & de la Grande - Bretagne en Canada , vous y verrez que dès 1750, l'Angleterre avoit commis des hoſtilités ouvertes contre les poſſeſſions de la France dans l'Amérique ſeptentrionale. Mr. de Cornouvallis, gouverneur de la nouvelle-Ecoſſe, ayant voulu forcer les habitans de Chipodie appartenans à la France, de lui envoyer des députés pour le féliciter ſur ſon arrivée & recevoir ſes ordres au nom de la Grande - Bretagne. — Au n°. 3. de ces mêmes mémoires, que dès 1751 vous aviez commencé à inſulter, dans le golfe St. Laurent, la marine françoiſe, deux de vos ſenaults gardes - côtes, ayant enlevé le bateau francois du capitaine Jacque Jalain, parti de Quebec pour Chedaïck, expédié par l'Intendant & qui fut conduit à Chiboucton où il fut confiſqué. — Dans le même temps, la frégate angloiſe l'Albanie, capitaine Roux, après un combat de trois heures contre le brigantin du Roi le St. François, capitaine Vergat, qui eſcortoit un autre brigantin chargé de proviſions pour Louisbourg, fut arrêté avec celui de ſon eſcorte & conduit à Chiboucton. — Au n°. 4. vous y verrez Mr. de Jumonville, revêtu du caractère d'envoyé de la part de la France vis-à-vis de l'armée angloiſe campée en 1754 ſur les terres de cette monarchie vers la Belle-Rivière, aſſaſſiné, lui & tous les officiers de ſa ſuite, par les propres ſoldats de cette même armée, dans le même moment qu'il recevoit ſon audience du Commandant anglois. — Ce fait & mille autres auſſi injurieux qu'atroces de votre part, . . . ont dévancé ceux commis en 1755 dans les mers générales de l'Océan; & prouvent aſſez clairement que la Grande-Bretagne (de quelle façon que ce fût,) vouloit en découdre avec la France; également que pour le faire avec tout l'avantage poſſible, elle avoit arrêté dans ſon conſeil d'état d'attaquer en guerre ouverte cette puissance, sans déclaration de guerre, afin de diminuer ses forces maritimes, & de faire servir les produits de ses prises marchandes aux dépenses immenses de cette même guerre. — Voilà, mon cher milord, quelle a été la conduite préméditée de la Grande-Bretagne, pour faire éclore la guerre malheureuse de 1756 & pour se procurer 3 ou 400 millions d'avance sans le secours de ses communes. — Expédiens qui ont tellement répugné à tous vos parlemens, qu'aucun de ceux-ci, (malgré leur antipathie pour la France) n'a voulu prononcer sur la confiscation des prises faites sur les François sans déclaration de guerre. — Cette tache est personnelle à votre ministère : la nation n'y trempe en rien.

Milord Spiteal.

En tout & par tout, je ne suis pas de votre sentiment.

Le Cosmopolite.

Pour achever de vous y mettre, suivez - moi bien. — Depuis la paix de 1748, la Grande-Bretagne très-attentive à tous ses intérêts, ne cessoit de combiner le vuide que faisoit à ses commerces politiques la suppression du traité de l'Assiento contre les moyens de le réparer. — Dans cette étude réfléchie & louable, la Grande - Bretagne apperçut que si elle pouvoit se rendre maîtresse absolue un jour, de celui de toute la pêche de l'Amérique septentrionale & de tout l'intérieur du Canada, qu'elle rempliroit avec usure sa balance ; & avec d'autant plus d'avantages, qu'elle se mettoit plus à même de préjudicier constamment une rivale telle que la France, rencontrée trop souvent sur ses pas. — Ce raisonnement juste & très-bien combiné, ne présente rien jusque - là que de très-fage ; & l'on doit eftimer une monarchie qui s'occupe auffi folidement du bonheur de fes peuples. — Seulement votre miniftère devoit fe reftreindre à cette jufte ambition qui ne dévance jamais les événemens, & qui attend toujours du temps des bénéfices fagement combinés : c'eft à quoi la Grande-Bretagne ne s'eft pas attachée. — L'ambition de jouir, la crainte de voir difparoître le fuccès & la gloire d'une combinaifon auffi riche que bien réfléchie, ... le plaifir de pouvoir nuire ou préjudicier à un voifin puiffant qui nous offufque, portèrent la Grande-Bretagne de faire naître des accidens qui puffent lui faciliter les moyens de mettre fon plan à exécution, & d'abréger le laps de temps que ce vafte projet demandoit pour être réalifé avec fuccès. — Le hafard fervit mieux cette monarchie, qu'elle n'auroit pu l'efpérer.... Les limites de l'Acadie reftées indécifes depuis le traité d'Utrecht jufqu'en 1748, furent le prétexte dont fe fervit cette couronne, pour amener les motifs plaufibles qui devoient entamer les opérations de fon ambitieux projet.— Après avoir bien pris toutes les mefures néceffaires à ce fujet :... après avoir bien arrêté avec elle-même fon plan d'attaque & de défenfe vis-à-vis de la France, elle fit demander impérativement à cette puiffance en 1751, que les limites de la nouvelle-Ecoffe fuffent à la fin réglées ; & elle donna à entendre qu'elles ne pouvoient l'être que des côtes méridionales de l'Océan, aux rives feptentrionales du fleuve St. Laurent. — De cette prétention outrée fur les limites de la nouvelle-Ecoffe, la Grande-Bretagne fuivit le cours du fleuve St. Laurent, en montant vers l'Oueft & rentrant dans les terres en tirant au Midi, au terme des limites qu'elle s'étoit propofées (pour la ceſſion de 1714) : elle ſe plaignit encore des divers forts que la France avoit élevés ſur les derrières de ſes colonies de la nouvelle-Yorck, de la nouvelle - Angleterre , de la Virginie , de Phyladelphie &c. juſqu'au lac du St. Sacrement, diſant que tous ces forts interceptoient tous les commerces de ſes ſujets avec les Illinois, les Hurons, les Sious &c. — Cette vérité réelle, (mais d'un prétexte faux,) fut le motif dont ſe ſervit la Grande - Bretagne pour entamer des hoſtilités ſourdes contre les poſſeſſions de la France en Canada ; & s'appliqua de les pouſſer à un tel degré d'indécence & de gravité, qu'elles puſſent donner lieu à la guerre à laquelle elle s'étoit préparée de longue main. — A cet effet, elle fit avancer divers détachemens de troupes ſur toutes les lizières de ſes colonies ſeptentrionales, ſous le ſpécieux prétexte d'y protéger le commerce de ſes ſujets avec les nations ſauvages. — Quand ſes troupes furent aſſez en nombre, pour en former une armée reſpectable, elles eurent ordre de ſe réunir vers la Belle-Rivière, où il leur fut enjoint d'y camper & d'y élever des forts pour y balancer ceux des François. — Toutes les terres de la Belle-Rivière à plus de 100 lieues au Sud de ſes rives ſeptentrionales appartenant à la France, la cour de Verſailles informée des uſurpations que l'on en avoit faites, donna ordre à ſon gouverneur de Quebec de faire attaquer & de détruire tous les forts que les Anglois pouvoient avoir élevés ſur ſes domaines, & de ſommer leur armée qu'elle eût à s'en retirer. — Ses ordres furent exécutés avec tout le ſuccès poſſible : ... tous les forts des Anglois, auſſitôt détruits qu'attaqués, Mr. de Jumonville officier françois, revêtu du caractère d'envoyé, intima de

la part du Roi fon maître au Commandant anglois, qu'il eût à fe retirer (fans délai) avec toute
fon armée de deffus les terres des domaines de la
France , & de ne point troubler , par une réfiftance déplacée , l'harmonie qui régnoit encore
entre la cour de Verfailles & celle de la Grande-
Bretagne. — Le Commandant anglois qui étoit
pourvu d'ordres tous différens & d'une nature qui
autorifent toutes les indécences , ufant de la liberté que l'on lui faifoit d'infulter gravement les
François , trouva à propos , pour toute réponfe
à Mr. de Jumonville , de le faire affaffiner lui &
tous les fiens. — Cette façon honnête de refpecter le droit des gens & la foi des traités , étant
parvenue en Europe , la Grande - Bretagne fen-
tit bien que le terme tant defiré alloit bientôt
arriver ; que la rupture alloit être immanquable
entr'elle & la France ; en conféquence qu'il ne
falloit plus fe diffimuler.... A cet effet , elle difperfa brufquement dans toutes les mers de l'O-
céan nombre de vaiffeaux de guerre , avec ordre
de courir indiftinctement fur toute la marine
de la France , quoique fans déclaration de guerre , afin de pouvoir ôter à celle-ci toutes les facilités de pouvoir armer fes efcadres & de voler
au fecours de fes colonies feptentrionales. — Tel
a été le plan révoltant de la Grande-Bretagne ,
pour faire éclater la guerre malheureufe de
1756 : ... tel a été fon lâche ftratagéme, pour
s'approprier tout le commerce de la pêche & de
l'intérieur du Canada ; ... & telle eft fon infa-
tiable ambition , pour envahir celui de toutes
les nations maritimes. — Si j'étois de la France,
je vendrois bien chèrement à la Grande-Bretagne
le fouvenir d'une guerre entreprife fur des principes auffi odieux , & par des antécédens auffi
révoltans &-auffi exécrables !

MILORD SPITEAL.

Depuis quand, s'il vous plaît, les intérêts du commerce d'une nation font-ils fi peu de chofe, qu'il faille les plaider avec la même intégrité que ceux des particuliers ? — d'où naît la profpérité d'un état ?... qui eft-ce qui conftitue la vraie puiffance ?... que deviendroient les fujets fans le commerce ? — Si les reffources du commerce font fi abfolues pour une nation, eft-ce que vous ne comptez pour rien d'être feuls poffeffeurs de celui de tous les vaftes domaines de l'Amérique feptentrionale ?

LE COSMOPOLITE.

Pardonnez-moi. Je fais tout ce que cela vaut, & combien tous les gouvernemens doivent être jaloux de ces fortes de propriétés. — Mais je voudrois, (au lieu de chercher à ufurper de fes voifins des objets qui ne nous appartiennent pas) que l'on attendît du temps, ou des occafions légitimes, ces fortes d'appropriations ; & que l'on ne s'écartât jamais de ces règles immuables de nation à nation, qui font la fureté publique. — En conféquence, un gouvernement équitable refpectera toujours les repréfentans d'une nation , les poffeffions de fes voifins ; & fi fes intérêts demandent qu'il les contrarie, il le fera toujours avec ces démonftrations d'égard & de néceffité qui juftifient toutes fes demarches. — Mais fans déclaration de guerre, envahir les vaiffeaux, les domaines de fes voifins, faire maffacrer fes envoyés, déployer à la face de l'Univers l'étendard du defpotifme le plus féroce, comme l'a fait l'Angleterre avant la dernière guerre, c'eft la dernière des abominations....

VAN MAGDEBOURG.

Ma foi, Cofmopolite, vous écorchez une playe

qui faigne encore dans le cœur du milord & de
St. Albin ; ... car quand vous êtes arrivé, ils
étoient encore à fe difputer, pour favoir lequel
des deux avoit réellement tort, de la France ou
de la Grande-Bretagne dans les antécédens de la
guerre de 1756.

LE COSMOPOLITE.

Ma foi, fans les avoir entendu, ils ont tort
tous les deux : cette guerre ne fait honneur ni
à la France ni à la Grande-Bretagne.

MILORD SPITEAL.

En quoi, s'il vous plait, cette guerre ne fait-
elle pas honneur à la Grande - Bretagne ? ... elle
a battu fes ennemis fur terre & fur mer, dans
les quatre parties du monde ; ... que pouvoit-
elle defirer de plus ?

LE COSMOPOLITE.

Tout ce qu'elle n'a pas fait. — La Grande-Bretagne a commencé cette guerre en pirate, en
habitant des bois, en fauvage de l'Amérique ; &
aveuglée par fes avantages, elle l'a finie en infenfé, en mauvais politique. — Quand on commence
par des crimes, il faut s'accréditer par des plus
grands crimes, & faire fervir la raifon d'état pour
notre juftification. Voyez, lifez l'hiftoire Romaine.

MILORD SPITEAL.

Je ne vous comprend pas.

LE COSMOPOLITE.

Je vais me faire comprendre. — L'intérêt feul
& l'ambition d'envahir tout le commerce politique d'une nation rivale, a armé la Grande - Bretagne en 1755. — Cette ambition ne pouvant
être accréditée par des forces puiffantes ; & la
Grande - Bretagne connoiffant fon infériorité &
la médiocrité de fes reffources vis-à-vis celles de
la France, ... elle imagina de fubftituer la rufe

& le stratagême à l'insuffisance de ses moyens. En conséquence, foible en argent, foible en troupes réglées, balancée dans ses forces maritimes par celles de la nation qu'elle vouloit attaquer, ... elle arrêta dans son conseil d'état, ... que pour déconcerter cette monarchie, & pour se rendre la maîtresse des mers de l'Océan, il falloit surprendre sa rivale, s'emparer sans déclaration de guerre de la majeure partie de ses forces maritimes, afin de la mettre hors d'état de faire sortir ses escadres, & de pouvoir cingler au secours de ses colonies occidentales & septentrionales de l'Amérique.— Cette combinaison téméraire a réussi à la Grande-Bretagne. —La France, prise au dépourvu par une nation jalouse de sa puissance, ... sans armemens maritimes, sans fonds d'amortissement, sans systême de guerre, privée subitement de 30 à 40,000 de ses meilleurs matelots,... se vit forcée de dissimuler une injure cruelle, (pour pouvoir se mettre en devoir de résister à des insolences) qu'elle auroit dû prévoir, plutôt que de les essuyer. — Cet état d'humiliation disparut pour la France à l'expédition de Port-Mahon. — Six mois après les hostilités de la Grande - Bretagne sur la marine royale & marchande de la France, la cour de Versailles fit sortir de Toulon un armement formidable, qui tomba à l'imprévue sur l'Isle de Minorque & l'enleva à l'Angleterre, après avoir dispersé l'escadre de l'amiral Being envoyée à son secours. — L'activité & le secret qui avoit régné dans tous ces préparatifs, 14 vaisseaux du premier rang, 5 à 6 frégates, plusieurs chebecs armés en trois mois de temps, 500 bâtimens de transport sortis en 15 jours tous équippés de la seule ville de Marseille, 15,000 hommes d'embarqués & de débarqués en

pays

pays ennemi, fans que l'on eût avis de leurs marches, commencerent à donner de l'inquiétude au miniftère de la Grande-Bretagne, lequel craignant le jufte reffentiment de fes fujets, pour prévenir leur mécontentement & leurs murmures, déclara formellement la guerre à la France en 1756.

Van Magdebourg.

Jamais guerre n'a été fondée fur des principes plus faux, plus odieux & plus indécens que ceux de celle - là ; & jamais les nations neutres n'ont été fi fort moleftées dans leurs commerces maritimes par les puiffances en guerre: la Grande-Bretagne feule nous a confifqué plus de 200 vaiffeaux marchands, & pour plus de cent millions de florins d'effets appartenans aux Hollandois.

Milord Spiteal.

Si ce malheur vous eft arrivé, vous ne devez vous en prendre qu'à vous - mêmes: — pourquoi portiez - vous des denrées & des munitions de guerre dans les Colonies de nos ennemis ?

St. Albin.

Par la conduite qu'a tenu la Grande-Bretagne vis-à-vis de la France, avant la guerre de 1756, & par le defpotifme tyrannique qu'elle a exercé pendant toute cette dernière guerre fur le commerce de toutes les nations maritimes, j'ai calculé que le miniftère anglois avoit piraté fur fes voifins pour plus de 600 millions de livres de notre monnoie. — Cette façon honnête de fe procurer des fonds pour faire face aux dépenfes extraordinaires d'une guerre, eft des plus heureufe : ... fi elle s'accrédite dans le monde politique, ... adieu l'honneur, ... adieu la bonne foi, ... adieu le droit des gens !

Van Magdebourg.

Ma foi vous avez raifon. — Si toutes les nations

civilisées de l'Europe adoptoient les syſtêmes de l'Angleterre , l'homme vertueux feroit obligé de déſerter de la ſociété, & de fuir ſon ſemblable :— rien ne feroit ſtable.

ST. ALBIN.

Non - feulement rien ne feroit ſtable; .... mais c'eſt que l'homme ne vivroit plus que le poignard à la main.

MILORD SPITEAL.

Meſſieurs, ſi la guerre a ſes horreurs, ſes calamités , elle a auſſi nombre d'avantages qui indemnifent bien une nation victorieuſe des maux qu'elle peut lui avoir cauſé ; jugez - en par les accroiſſemens du commerce de la Grande - Bretagne depuis 1714 : — depuis cette époque, tout reſpire l'aiſance en Angleterre, au - lieu que tout languit chez nos voiſins. — Mais voyons un peu, comment notre ami le Coſmopolite nous prouvera que la Grande - Bretagne a commencé la dernière guerre en inſenſé, & qu'elle l'a finie en mauvais politique ? — malgré qu'il ne nous aime pas autant que les François, j'aime à l'entendre; il raiſonne aſſez généralement juſte, & ſur de très - bons principes.

LE COSMOPOLITE.

Mon cher milord , je ſuis l'ami de tous les hommes , & je n'évite que les méchans. — Les Anglois honnêtes gens , ont autant de part dans mes affections que les François, les Hollandois, les Eſpagnols &c. ; — mais cette affection ne doit point m'aveugler ſur les avantages & les déſavantages que je puis avoir apperçu dans les diverſes conſtitutions des gouvernemens qui ſont tombés à ma connoiſſance , de même que ſur les bienfaits qui peuvent en revenir à ceux de mes ſemblables qui en ſont citoyens. — Depuis

que vous me connoiſſez, vous devez être fait à
ma franchiſe;…. je ne veux invectiver perſonne,
à Dieu ne plaiſe;…. je dis naïvement ma pen-
ſée comme je la ſens, comme je l'éprouve; &
puiſque c'eſt la vertu, les mœurs, l'honnêteté
qui ont formé notre amitié, ne nous formali-
ſons point dans nos entretiens, de ces petits
riens qui ſont perſonnels aux opinions des hommes, & ſoyons conſtamment vrais & de bonne
foi. — Amuſons-nous toujours, auſſi innocem-
ment que nous le faiſons, des erreurs & des
viciſſitudes journalières que le monde politique
offre à notre jugement;…. tout ce que nous
en dirons, ne fera égorger perſonne.

V A N   M A G D E B O U R G.

Vous avez raiſon, mon cher ami:…. l'homme
doit s'occuper ſans ceſſe de ſon ſemblable,
coopérer à ſon bonheur, & rire de ſes foi-
bleſſes. — Achevez-nous vos obſervations, ſur
les erreurs & les fautes des puiſſances en guerre
à la paix de 1763, & après nous irons tous
dîner chez le milord.

M I L O R D   S P I T E A L.

Vous ſavez combien j'en aurai du plaiſir.

L E   C O S M O P O L I T E.

La France, priſe au dépourvu par la Grande-
Bretagne, ayant eu le temps de ſe reconnoître
& de former ſon plan d'attaque & de défenſe,
ne pouvant ſecourir auſſi efficacement qu'elle
l'auroit ſouhaité, ſes Colonies occidentales &
ſeptentrionales de l'Amérique, ni y moleſter
celles de ſon ennemi, porta ſes vues ſur ſes
poſſeſſions d'Europe, détachées de la métropole: — à cet effet, avec des forces plus que
ſuffiſantes, elle fit bruſquement diverſion dans
l'Iſle de Minorque & dans l'électorat d'Hanovre.—

Les fuccès rapides, qu'eurent pour la France ces deux expéditions, tournant plutôt à l'avantage qu'au défavantage de la Grande - Bretagne, la cour de Verfailles apperçut, qu'en foulageant la nation angloife de la dépenfe de l'entretien de Minorque, & de la défenfe de l'électorat d'Hanovre, elle favorifoit l'ambition démefurée de fon ennemi, en lui facilitant les moyens certains de pouvoir fe porter avec des plus grandes forces fur fes Colonies occidentales & feptentrionales de l'Amérique. — Pour arrêter cet inconvénient, & mettre toujours plus d'obftacles aux infatiables defirs de cette nation; au - lieu de confirmer la capitulation de l'armée angloife, paffée à Glofterfeven entre le maréchal de Richelieu pour la France, & le duc de Cumberland pour la Grande - Bretagne, ... la cour de Verfailles jugea à propos de traîner en longueur, de laiffer même expirer le terme de ladite capitulation avant que de la ratifier, afin de mettre la cour Britannique dans l'heureufe liberté de la contefter, & de faire reprendre les armes à fon armée, pour continuer par terre une guerre (en apparence défavantageufe à la France) mais dans le fond des plus onéreufe & des plus inutile pour la nation angloife. — Cette adreffe réuffit à la France. — La Grande-Bretagne, informée de l'expiration du terme prefcrit par la capitulation de Glofterfeven, & de la liberté où rentroit fon armée de continuer la guerre, époufa avec plus de chaleur que jamais la querelle de l'électorat d'Hanovre; — en conféquence, il fut arrêté dans le confeil d'état, qui fe tint à ce fujet, que ledit électorat d'Hanovre feroit défendu à l'avenir par la Grande-Bretagne, avec la même chaleur & la même activité que les vraies pof-

feffions de l'Angleterre ; c'eft ce que la France
defiroit. — Les chofes en étoient dans cet excès
d'ardeur & de fatisfaction chez les ennemis de
la France, quand la cour de Verfailles (pour
réalifer tous les avantages de fon projet) fe déterminoit en fecret de ne plus faire, à Hanovre,
qu'une guerre de cabinet, afin de miner fourde-
ment (fans action décifive) la puiffance de la
Grande-Bretagne, & la réduire, par fes propres
dépenfes, à un tel période d'épuifement, que ne
pouvant plus réfifter à une feconde guerre contre
l'Efpagne, elle auroit été forcée elle - même de
demander la paix aux deux maifons des Bourbons, & de la recevoir aux conditions qu'il auroit
plû à ces deux puiffances de la lui accorder. —
Tel étoit le plan de la France & de l'Efpagne ; —
plan qui fe feroit pleinement exécuté fans la prife
de la Havane. — C'eft la reddition de cette place
qui a ruiné le fyftême bien conçu de la France,
& qui a couronné tout le fuccès de celui de
l'Angleterre.

Van Magdebourg.

Cet arrangement n'étoit pas des plus mal imaginé : voilà comme j'aime que les hommes fe
faffent la guerre. — Seulement pour que la France
eût pu tranquillement voir fe réalifer d'auffi heureufes efpérances, il falloit ne pas laiffer fans
défenfes des Colonies riches & trop éloignées
de leur métropole.

Le Cosmopolite.

Les Colonies de la France n'étoient point
fans défenfes ; ... elles étoient même fuffifamment pourvues de forces & de moyens pour
réfifter à leurs ennemis, fi ceux qui y comman-
doient avoient été plus prudens & moins avides
de gloire ; .... mais foit fatalité, foit malheur,

tous les hafards de la guerre, toutes les incer-
titudes des combinaifons, tous les contre-temps
de la navigation, foit fur mer, foit vis-à-vis de
la terre, ayant toujours tourné à l'avantage de
la Grande-Bretagne & au défavantage de fes
ennemis, la France fe vit forcée de fe laiffer
dépouiller en Amérique, & d'abandonner à la
merci de fes rivaux, des poffeffions qu'il n'étoit
prefque plus en fon pouvoir de les défendre. —
Cette extrêmité fut un acte de prudence de la
part de la cour de Verfailles : .... je dirai plus,
elle étoit même néceffaire, afin de pouvoir conferver le peu de forces maritimes qui lui reftoient
encore après la prife de Louisbourg, la perte des
efcadres de Mr. de la Clue & de Mr. de Conflans ;
& pour pouvoir encore, pour ainfi dire, ménacer
fes ennemis. — Heureufe fi elle avoit fçu s'en
fervir ! & fi, d'accord avec l'Efpagne, elle les
avoit employées à des expéditions bien concertées ; — mais l'efprit de parti & de jaloufie s'é-
tant emparé des deux miniftères, l'orgueil & la
méfintelligence ayant régné dans tous les projets ; —
toutes les difpofitions d'attaque & de confervà-
tion furent mal conçues, les ordres furent mal
donnés ou mal exécutés ; & la France & l'Efpagne perdirent la majeure partie de leurs Colonies : ..... peut-être que les guinées de l'Angleterre (fuivant l'opinion publique) ont autant
fait la guerre à ces deux couronnes, que le fer
de fes ennemis ; .... je ne garantis pas cette
vérité : — feulement je dirai avec franchife, que
la Grande-Bretagne a été très-heureufe de pouvoir faire fuccéder une guerre glorieufe à une
guerre injufte, commencée fur des principes
révoltans, odieux ; & qu'elle eft parvenue, en
fix ans de temps, d'écrafer la marine royale de

la France & de l'Efpagne, ayant enlevé, en dix
mois de rupture à cette dernière, la Havane,
l'Ifle de Manille, 12 vaiffeaux de guerre, 20 vaiffeaux marchands, riches à plus de 30 millions
de piaftres, & de lui en avoir caufé pour plus
de *80 millions de dégats dans fes chantiers,
magafins, arcenaux & fortifications de l'Amérique.* — A tous ces fuccès d'une rapidité fans
exemple, la Grande-Bretagne joignoit encore
la gloire d'avoir conquis fur la France, en fix
ans de temps, toutes fes Colonies feptentrionales
du Canada & Ifles adjacentes; .... la Martinique, les Guadaloupes, Grenades & Grenadilles,
dans l'Amérique occidentale; ... Gorée & le
Senegal en Afrique; .... Pondichery, & tous
fes comptoirs du Bengale en Afie; 6 à 700 vaiffeaux marchands, riches à plus de 6 à 700 millions, dans les mers de l'Océan & de la Médi-
terannée.— Dans le comble de tous ces avantages, ... du fein d'une profpérité auffi heureufe & auffi éclatante; .... qui le croiroit,
que la cour Britannique auroit été affez mal
avifée que de donner la paix à fes ennemis, &
de leur reftituer toutes leurs Colonies les plus
fertiles, pour ne garder par-devers elle, par droit
de conquêtes, que celles qui étoient les plus
arriérées! — Cette erreur groffière, juftifie ce
que j'ai déja avancé: que la Grande-Bretagne
avoit commencée la dernière guerre en pirate, &
qu'elle l'avoit finie en infenfé, en mauvais politique.

MILORD SPITEAL.

Que vouliez-vous que fît la Grande-Bretagne?....
furchargée d'impofitions & de dettes, écrafée
par fes dépenfes extraordinaires, elle avoit autant
de befoin de la paix que fes ennemis; — elle
n'étoit plus en état de fournir à fes armemens.

E 4

LE COSMOPOLITE.

Chanfon ! — il falloit abandonner les dépenfes inutiles, pour ne s'attacher qu'aux lucratives. — Puifque ce n'étoit que les intérêts du commerce qui vous avoient fait entreprendre cette guerre, il ne falloit attaquer que les objets du commerce..... Qu'importoit Hanovre à l'Angleterre?... Rien. — Il étoit donc dans l'ordre des chofes de l'abandonner , & de fe dédier plus que jamais à la guerre utile.

MILORD SPITEAL.

Je conviens avec vous, que cela auroit été plus avantageux à la nation angloife.— Mais, de bonne foi, pouvoit-elle abandonner au fer de fes ennemis, les domaines appartenans à la famille de fon roi?

LE COSMOPOLITE.

Que lui importoient ces domaines ! ..... ç'auroit été un très-grand bien pour vous qu'ils n'euffent jamais été connus de la nation angloife.

MILORD SPITEAL.

S'ils nous ont été à charge en certains temps , ils nous ont été utiles dans bien d'autres..... Voyez comme ils nous ont fervi dans la dernière guerre.

LE COSMOPOLITE.

Joliment! .... En quoi vous ont-ils fervi ? pour vous ruiner : vous y avez réuffi ; je n'y vois pas d'autre avantage pour vous. — Pour vous en convaincre, ... additionnez impartialement ce qu'Hanovre vous a coûté dans cette dernière guerre, & vous verrez, fi la Grande-Bretagne avoit tourné toutes fes dépenfes fur l'Amérique, que la nation angloife feroit maîtreffe aujourd'hui de tout le vafte commerce de ce continent. — Hanovre a coûté certainement plus de 30 millions de livres sterlins de dépenses à l'Angleterre dans cette seule guerre.

MILORD SPITEAL.

Vous avez raison. — Mais voilà à quoi l'on s'expose, quand les guerres sont trop longues & trop distantes d'une métropole : — dans ces malheureuses situations, rarement peut-on user d'économie ; & persister dans une plus grande étendue de conquêtes en Amérique, ç'auroit été vouloir se ruiner infailliblement. — D'ailleurs, l'Espagne achevoit de nous déclarer la guerre ; & ses forces maritimes, unies à celles qui restoient encore à la France, pouvoient fort-bien renverser tous nos succès.....

LE COSMOPOLITE.

Bêtise ! .... Cette nouvelle guerre vous les assuroit plus que jamais ; — vous n'en faisiez pas plus de dépenses pour l'une que pour l'autre, & vous étiez déja assez forts sur les Colonies de cette dernière, pour les attaquer avec avantage ; .... témoin la prise de la Havane. — Si, après la prise de ce seul boulevard des Colonies Espagnoles en terre-ferme, vous aviez sçu profiter de votre position,.... la France & l'Espagne étoient ruinées sans ressources, & la Grande-Bretagne se rendoit seule maîtresse de l'immense commerce de toute l'Amérique.

MILORD SPITEAL.

Comment cela ?

LE COSMOPOLITE.

En faisant tout ce que vous n'avez pas fait ; .... en continuant la guerre, & en faisant soulever le Mexique.

MILORD SPITEAL.

Faire soulever le Mexique ! ......

LE COSMOPOLITE.

Oui, faire foulever le Mexique.

MILORD SPITEAL.

Envifagez, notre ami, les forces prodigieufes qu'il auroit fallu raffembler pour une telle expédition, & la dépenfe horrible qu'elle auroit exigée.

LE COSMOPOLITE.

Beaucoup moins que vous ne penfez.

MILORD SPITEAL.

Je ne vous conçois pas. — D'ailleurs, les pourparlers de paix étoient fi avancés avant l'expédition de la Havane, qu'il auroit été difficile de pouvoir recommencer.

LE COSMOPOLITE.

Chanfon encore une fois! — Je vous ai déja dit qu'en matière d'état, quand on fe met au-deffus des formalités ordinaires, ... que l'on commence des ruptures (pour ainfi dire) par des crimes envers la fociété, (tels que ceux qu'a commis la Grande - Bretagne vis - à - vis de la France,) il faut favoir fe juftifier par de plus grands crimes ; .... prouver aux nations qui vous obfervent & qui vous jugent, ... que la raifon d'état feule a prefcrit à un gouvernement, la dure néceffité de fe porter aux extrêmités où s'eft portée la Grande - Bretagne en 1754, afin d'arrêter les progrès d'un voifin trop puiffant qui dévoroit fa profpérité. — En conféquence, la Grande - Bretagne, pour foutenir le fyftême violent qu'elle s'étoit forgée, devoit y attacher des dehors de probabilités, & agir en tout & par - tout comme les Romains : — *pafcere humiles debellare fuperbos*; .... & n'abandonner fes ennemis qu'après les avoir mis hors d'état de lui nuire.

St. Albin.

Cet argument, mon cher Cofmopolite, ...
dans un fiècle auffi éclairé que celui où nous
vivons, eft un peu téméraire.

Le Cosmopolite.

Il eft pourtant dans la raifon d'état, qui force
un gouvernement inférieur de fortir vis-à-vis
d'un trop fupérieur.... de ces bornes indifpenfables dans l'égalité, dès que celles-ci favorifent
plus le puiffant que le foible. — Tels ont été
les motifs de la Grande-Bretagne vis-à-vis de
la France, dans la gradation fuivie de fes hoftilités avant la guerre de 1756. — Telle devoit
être fa conduite pendant tout le cours du refte
de cette guerre.

St. Albin.

Avec de tels principes, il n'y a plus de fûreté
parmi les nations.

Le Cosmopolite.

Hé, y en a-t-il en politique! cette hydre,
pire que celle de l'herne, n'eft-elle pas toujours
aux aguets pour dévorer ceux qui fe laiffent
furprendre? — pourquoi s'endormir mal à propos?.... pourquoi vouloir être moins prudent
en temps de paix qu'en temps de guerre? la
politique eft-elle jamais en défaut? — C'eft aux
nations les plus favorifées à fe tenir conftamment fur leurs gardes, à obferver rigoureufement
leurs voifins, à expliquer fans ceffe leurs mouve-
mens & leurs opérations; — rien n'eft à négliger
en politique, ... tout a un intérêt particulier
en fyftême d'état. — Agéfilas, ce roi fi fage,
ne vous a-t-il pas dit, que l'injuftice particulière ceffoit d'être injuftice dès qu'elle tournoit
à l'avantage d'une nation. — Grotius & Puffen-
dorf, ne vous le donnent-ils pas également à

entendre ? . . . . Machiavel ne le dit - il pas très-précisément ?

ST. ALBIN.

Vous approuvez donc la conduite de la Grande-Bretagne vis - à - vis de la France, avant la guerre de 1756 ?

LE COSMOPOLITE.

Oui, jusques à un certain point, autant que je blâme la France. — Le maſſacre de Mr. de Jumonville ſera toujours une tache pour la Grande-Bretagne : . . . . la priſe de ſes vaiſſeaux de guerre en pleine paix, ſera toujours une tache pour la France. — A quoi ſert - il en temps de paix, de compter 90 vaiſſeaux du premier rang dans ſes ports & 40 frégates, ſi l'on ne fait point s'en ſervir, pour prévenir une guerre honteuſe ? — Pourquoi ſolder conſtamment 300,000 hommes de troupes réglées, comme les avoit la France en 1754, ſi on ſe laiſſe ſurprendre par un rival inférieur qui cherche à ſe procurer par la ruſe, ce qu'il ne peut pas s'approprier par la force ? — Peut - on faire un crime à la Grande - Bretagne, dans des objets d'intérêts qui favoriſent tous ſes peuples, d'avoir uſé de vîteſſe vis - à - vis de ſes compétiteurs ? . . . . non : dès qu'elle a ſçu conſtamment conſerver ſes avantages, elle a eu raiſon. — Mais toute l'Europe en fait un très-grave à la France, de s'être laiſſé ſurprendre par une nation auſſi inférieure à elle, que celle de la Grande-Bretagne.

ST. ALBIN.

Suivant votre ſyſtême, il faudroit que les nations ne vécuſſent jamais entr'elles que la mêche à la main.

LE COSMOPOLITE.

Qui eſt-ce qui en doute ? C'eſt la bonne contenance qui en impofe ; il n'y a que des fots qui puiffent dire le contraire : .... mais les hommes un tant foit peu éclairés, fentent parfaitement bien que les gouvernemens des nations doivent fe conduire par des principes tous différens de ceux des particuliers. — Si un particulier, en rentrant chez lui pour fe coucher, ferme fur lui fa porte à double tour, ... pourquoi un gouvernement, qui a de plus vaftes obligations à remplir, n'uferoit-il pas d'une plus grande prudence vis-à-vis de fes voifins ?

MILORD SPITEAL.

Notre ami a raifon.... En fyftême d'état, tous les gouvernemens doivent être conftamment fur la défenfive : .... je blâme ceux qui ne font avifés qu'en temps de guerre, & qui fe laiffent donner des nazardes en temps de paix, comme les a effuyées la France en 1754. — Mais à propos de nazardes & de guerre, vous ne nous avez pas fini votre differtation. — Nous en étions au foulévement du Mexique.

LE COSMOPOLITE.

Oui je l'ai dit, & je le répète, en fyftême d'état rien n'eft crime, dès que l'on peut fe juftifier par l'utilité publique (j'entends de nation à nation ;) & quand l'on fait autant que d'armer une guerre pour ce feul motif, ... telle que celle que la Grande-Bretagne a allumée en Europe en 1756, ... il faut favoir la finir par ce même motif, afin de prouver conftamment, par des fuccès éclatans, que c'eft la raifon d'état feule & les avantages perfonnels d'une nation, qui a forcé fon miniftère de l'entreprendre. — Carthage obfcurciffoit Rome : ..... Rome a attaqué Carthage. — Les Romains ont-ils laiffé Carthage tranquille après la première guerre punique?.... non. — Tel devoit être le thème de la Grande-Bretagne vis-à-vis de la France & vis-à-vis de l'Espagne en 1762.

MILORD SPITEAL.

Si vous aviez été à la place de Mr. Pitt, qu'auriez-vous donc fait de plus?

LE COSMOPOLITE.

J'aurois achevé glorieusement, ce qu'il avoit aussi heureusement commencé. — Après la prise de la Havane, au-lieu de ne m'occuper que de la paix, je ne me ferois mis en devoir que de mieux faire la guerre.

MILORD SPITEAL.

Comment vouliez-vous que la Grande-Bretagne la continuât avec 150 millions de livres sterlins de dettes, qui dévoroient (par leurs constitutions) les deux cinquièmes de ses revenus?

LE COSMOPOLITE.

Avec ces mêmes deux cinquièmes, que j'aurois réalisés au profit de l'état ; parce qu'ils étoient en pure perte pour la nation.

MILORD SPITEAL.

En quoi étoient-ils en pure perte pour la nation? — est-ce qu'ils ne restoient pas toujours dans l'état?

LE COSMOPOLITE.

Non : ... en ce que les trois quarts de votre dette nationale appartenoient alors à des étrangers ; le bas prix de vos effets publics, & le succès de vos diverses expéditions ayant aveuglé les François, les Hollandois, les Suisses, les Italiens, les Allemands, les Hambourgeois, les Dantzicois, &c.— Toutes ces nations y avoient spéculé comme des fous : & si votre Mr. Pitt avoit possédé cette sagacité mâle qui met tout à profit, qui prépare dans les temps présens, les succès des temps futurs, ... d'un feul coup de billet, Mr. Pitt, faifoit folder à la Grande - Bretagne tous fes comptes avec fes voifins.

Milord Spiteal.

Quoi ! vous auriez voulu que la Grande - Bretagne eût fait banqueroute ?

Le Cosmopolite.

Sans doute. — Ne voyons - nous pas tous les jours un homme jetter par terre une charge qui eft trop forte ?

Van Magdebourg.

Quelle diable d'idée !

Le Cosmopolite.

Il n'y a point de diable d'idée..... Après la prife de la Havane, fi Mr. Pitt avoit confervé cette tête qui avoit fi bien lié le plan & les opérations du commencement de cette guerre, ... s'il avoit conftamment eu fous les yeux le phyfique de fes moyens par la folidité de fes reffources, ... s'il avoit balancé conftamment, en homme d'état, la pofition de la Grande - Bretagne contre celle de fes ennemis, ... s'il avoit ufé de la même adreffe & des mêmes rufes, pour continuer cette guerre, qu'il en ufa pour la faire déclarer ; — la France & l'Efpagne étoient éreintées pour plus de deux fiècles.

Milord Spiteal.

Vous donniez un furieux os à ronger à la Grande - Bretagne.

Le Cosmopolite.

Point du tout..... N'eft - il pas vrai, dès que la nouvelle de la prife de la Havane fut arrivée en Europe, que la France & l'Efpagne fignerent tout - de - fuite les préliminaires de la paix de 1763 ?

Milord Spiteal.

Oui.

Le Cosmopolite.

Que la navigation devoit être libre trois mois après ?

Milord Spiteal.

Oui.

Le Cosmopolite.

Que la reſtitution de Gorée, de la Martinique, des Guadaloupes & de la Havane, devoient ſe faire dans le même temps ?

Milord Spiteal.

. Après.

Le Cosmopolite.

Si votre Mr. Pitt avoit été un génie, un grand homme d'état, un vrai politique ; .... qu'il eût ſçu balancer les intérêts de la Grande - Bretagne avec ceux de ſes rivaux ; les avantages de ſa poſition avec celle de ſes ennemis ; les débouchés du commerce de la nation avec les beſoins des peuples ; l'occupation des ſujets avec les ſalaires de l'induſtrie : ..... dans cet examen, il auroit connu que l'Angleterre moins favoriſée que la France & que l'Eſpagne, du côté des domaines, de la population & des denrées premières, avoit beſoin de plus de liens de fréquentation que ces deux nations ; .... que le commerce utile de ſes ſujets, étoit moins à la convenance des nations conſommatrices que celui de ceux de la France ; & que les reſſources de la Grande - Bretagne étoient toutes fondées ſur la propriété paſſive de ſes commerces politiques. — Or, ſi le commerce politique eſt la ſeule reſſource de la nation angloiſe, & que cette reſſource ſoit plus aujourd'hui à la bienſéance & à la diſpoſition de ſes ennemis qu'aux ſiens perſonnels ; .... en entreprenant une guerre telle que celle de 1756, pour l'accroiſſement de cette ſeule & unique reſſource, ...

reſſource , ... la Grande - Bretagne ne devoit
jamais la finir , ſans s'être rendue la plus forte
dans cette carrière. — Le plan de l'Angleterre
dans la dernière guerre , étoit de ſe procurer
le plus de commerce politique qui lui ſeroit
poſſible , afin de ſe remplir du vuide qu'avoit cauſé
dans ſa circulation le traité de 1748. — Dès
que c'étoit là ſon plan , & que dans ſon exécution elle y avoit joui de tout le ſuccès poſſible , ...
pourquoi abandonner les rameaux fertiles de ſes
conquêtes ? & pourquoi ne pas ſoutenir ſes avantages par de plus grands avantages ?— Maîtreſſe
des mers & des meilleurs ports de l'Amérique ,
que craignoit la Grande - Bretagne après la priſe
de la Havane ? ..... rien ; — la France &
l'Eſpagne étant éreintées dans leurs forces maritimes par la perte de leurs eſcadres à Louisbourg ,
à la Havane , ſur les côtes de l'Andalouſie & de
Bretagne. — Donc , la France ni l'Eſpagne ne
pouvoient défendre efficacement le reſte de ces
Colonies occidentales , ni empêcher ſes ennemis
de les y faire révolter : .... en conſéquence ,
il étoit de l'intérêt de la Grande - Bretagne ,
de feindre de deſirer la paix que l'on lui pro-
poſoit en 1762 ; .,.. de la négocier avec la
même chaleur que ſi elle avoit dû réellement
ſe conclure , afin de profiter de ce moment de
calme pour réparer ſes armemens maritimes ,
& les diſpoſer de façon que les ports de la
France & de l'Eſpagne puſſent être bloqués
au moment de la ſéparation du congrès ; tandis
que d'un autre côté , par le ſecours des Colonies de la nouvelle Angleterre , on auroit raſ-
ſemblé en ſilence dans le port de la Havane
25 à 30,000 hommes de troupes réglées ; &

avec la même escadre qui avoit pris cette place, on auroit été investir la Vera-Crux.

Van Magdebourg.

Mais ce procédé auroit révolté toute l'Europe !

Le Cosmopolite.

Mon ami , en système d'état on ne révolte que ceux à qui on n'en impose pas, & qui font en état de nous résister ; — mais quand on est bien armé, & que l'on est le plus fort, on a toujours raison. — D'ailleurs, toutes les règles de bienséance auroient été gardées jusques à la définition du congrès ou des négociations, qui auroient été rompues décemment sous quelque prétexte plausible ; & ce même prétexte coloroit aux yeux de l'Europe entière, la banqueroute de spéculation qu'il convenoit alors de faire faire à la Grande-Bretagne. — Par les économies (en constitution) de cette banqueroute, & par l'abandon de la guerre d'Hanovre, votre ministère auroit réalisé au moins 7 à 8 millions de livres sterlins dans ces recettes, qui auroient fourni très-abondamment à tous les extraordinaires de cette nouvelle guerre.

Milord Spiteal.

Et si par malheur nous avions échoué au Mexique, que devenoient la Grande-Bretagne avec tous ses succès ?

Le Cosmopolite.

La Grande-Bretagne ne pouvoit échouer en s'y prenant comme je vais le dire. — Il auroit été absurde à l'Angleterre de vouloir entreprendre la conquête du Mexique, & ç'auroit été tout gâter que de s'y exposer. — Les seuls intérêts du commerce ayant armé la Grande-Bretagne contre ses voisins, celle-ci devoit mettre toute sa gloire ou son ambition à parvenir de se procurer la ma-

jeure partie de celui du Mexique , fans être tenue
des foins de fa confervation. — A cet effet, elle
devoit fe porter en force fur la Vera - Crux , . . .
faire fon débarquement à fon voifinage , fans
commettre aucune hoftilité, . . . envoyer un am-
baffadeur au Vice-Roi & à l'audience du Mexique , . . . pour leur fignifier que l'intention de la
Grande-Bretagne n'étoit point de faire la guerre
à la nation mexiquaine , ni de dévafter aucune
de leurs propriétés ; au contraire, — loin de chercher de les conquérir ni de les gouverner, que
l'Angleterre n'étoit venue en force dans leurs
états , que pour les rendre libres , & les délivrer
de l'oppreffion dans laquelle l'Efpagne les tenoit
en captivité ; . . . qu'il étoit en leurs mains d'afpi-
rer à vivre comme des hommes nés pour illuftrer
le monde , ou de continuer de fe voir gouvernés
comme des efclaves ; . . . que s'ils vouloient être
des hommes , la Grande - Bretagne offroit à la
nation mexiquaine fon alliance , fon amitié &
l'ufage de toutes fes forces maritimes , ne demandant de fa part que les liaifons réciproques du
commerce ; . . . que s'ils préféroient de vivre en
efclaves & de gémir continuellement fous le gouvernement defpotique des Efpagnols, la Grande-
Bretagne étant en guerre avec cette monarchie,
ils devoient s'attendre de fe voir attaqués par des
forces très-fupérieures , & de fe voir traités dans
toute la rigueur des loix de la guerre : . . . ce que
ne pouvant convenir à la nation mexiquaine , la
nation angloife l'exhortoit & l'engageoit même
de lui éviter une telle néceffité , la priant inftam-
ment de fe choifir un Roi parmi les fiens qu'elle
reconnoîtroit , qu'elle protégeroit , qu'elle dé-
fendroit avec toutes fes forces ; & avec lequel
elle étoit prête de contracter une alliance offen-

five & défensive, avec obligation réciproque de
ne quitter les armes, que quand toutes les puiffances de l'Europe auroient reconnu pour état
libre & fouverain le nouvel empire du Mexique.

St. Albin.

Hé ! penfez-vous que cet arrangement eut été
fi facile ?

Le Cosmopolite.

Plus que facile…. Les peuples de l'Amérique
foupirant après cette heureufe révolution, étant
tous révoltés intérieurement contre le gouvernement efpagnol. — D'ailleurs, comme chacun
cherche fes avantages, qu'il auroit été de l'intérêt
de la Grande-Bretagne que cette révolution fe
fit ; — s'il avoit dû en coûter quelques hoftilités
graves pour la déterminer, la Grande-Bretagne
étoit affez en force dans l'Amérique pour les entreprendre avec fuccès. — Mais elle n'auroit pas
été contrariée dans fon projet, elle n'y auroit
pas même trouvée la moindre réfiftance :….
les habitans créols de tous ces pays-là, quoique
d'origine efpagnole, étant tous ulcérés de fe voir
conftamment dépréciés par les propres Efpagnols
d'Europe, de ne pouvoir parvenir à aucune des
charges du gouvernement,. … à aucune de fes
dignités, . … à aucun de fes emplois civils ou
militaires ; enfin de n'être comptés pour rien dans
l'affociation politique de l'adminiftration ; — cette
tyrannie affreufe révoltant depuis longtemps les
hommes éclairés : … les peuples du Mexique
auroient été les premiers à accélérer cette révolution ; & foutenus par les troupes & les armées
navales de la Grande-Bretagne, ils auroient forcé
leur Vice-Roi de devenir leur fouverain, de les
gouverner feul fans le fecours de l'Europe ; d'être

lui & les fiens, les feuls & uniques héritiers de cette nouvelle monarchie. Enfin l'ambition, l'intérêt, l'amour de la patrie, dans les grands comme dans les petits, dans les riches comme dans les pauvres, fe joignant à cette douce fatisfaction d'exifter pour foi,... de fignifier quelque chofe dans la fociété,.... de pouvoir parvenir par fon mérite à toutes les dignités d'un gouvernement; — tous ces avantages foutenus par des titres d'honneur donnés à propos par le nouveau Roi, par des marques de décorations perfonnelles ou par des emplois militaires; toutes ces chofes, dis-je, auroient achevé de déterminer la nation mexiquaine de fe fouftraire de la domination de l'Europe. — Ce changement fe feroit certainement fait fans coup férir; & l'abondance des befoins des chofes utiles, cette liberté de commerce qui féconde tout, qui encourage tout, qui reproduit tout;... l'intérêt, la raifon, les jouiffances utiles, ce droit de l'homme fur le bonheur;... cette voie de la nature qui nous dit de le chercher fans ceffe;... cette aifance domeftique jufques là inconnue aux peuples du Mexique, tout cela confommoit la révolution. — L'Efpagne perdoit fans retour l'empire du Mexique, & la Grande-Bretagne s'enrichiffoit feule de fa dépouille, fans être tenue de fon adminiftration.

MILORD SPITEAL.

Notre ami, vous partagez mon ame & vous me rendez chagrin, en me perfuadant prefque que la Grande-Bretagne a eu réellement tort de s'être arrêtée en fi beau chemin. — Que d'or, que d'argent lui auroit procuré une telle révolution!... quel changement favorable cela n'auroit pas opéré dans fes affaires!

Van Magdebourg.

Ma foi, la Grande - Bretagne auroit été trop puiffante : — c'eft un très-grand bién que Mr. Pitt ait manqué de tête.

St. Albin.

Ou que la France la lui ait faite tourner, en l'éblouiffant par fes facrifices, & l'effrayant par fes reffources ; — car c'eft elle en s'exécutant qui a donné la paix à l'Europe. ....

Milord Spiteal.

Pour le malheur de la nation angloife.

Le Cosmopolite.

Il eft conftant que la Grande - Bretagne s'eft arrêtée dans le plus beau de fon chemin ; — qu'elle s'étoit formée un très-bon fyftême (dans fon plan de la guerre de 1756,) & qu'elle l'a mal foutenu ; — qu'elle a fait une guerre des plus heureufes, des plus lucratives, & qu'elle n'a pas fçu en profiter ; — qu'elle pouvoit ruiner fes ennemis, en héritant de fes dépouilles. .... D'où il faut conclure que la Grande - Bretagne a plutôt commencé la guerre dernière, pour fe donner la réputation des pirates, que celle d'un gouvernement politique, & qu'elle l'a finie par faire une paix en nation infenfée, plutôt qu'en nation conquérante.

St. Albin.

Que vouliez - vous qu'elle gagnât de plus ? — elle a réuni dans fes domaines la nouvelle-France, une partie du Mifliffipi & la Floride, Louisbourg, Grenade, Grenadille & plufiéurs Ifles neutres, le Sénégal &c. .... que diable vouliez-vous qu'elle envahît encore !

Le Cosmopolite.

Tout ce qu'elle a cédé, ... parce qu'elle auroit trouvé dix fois plus de commerce dans ces nou-

veaux pays , que dans tous les vastes domaines
de l'Amérique septentrionale qu'elle s'est réser-
vée. — La France fait cinquante fois plus de
commerce à la Martinique & aux Guadaloupes,
qu'elle n'en faisoit dans tout le Canada, le Mississipi , le Sénégal &c.

MILORD SPITEAL.

Notre Cosmopolite a raison : — mais pour
nous en consoler , savez - vous ce qu'il faut dire
à cela ?

LE COSMOPOLITE.

Quoi !

MILORD SPITEAL.

Que les hommes font des fautes, & qu'il est
de l'homme de savoir les réparer ; — ce que la
Grande-Bretagne n'a pas fait en 1762, elle le fera
dans une autre guerre.

LE COSMOPOLITE.

De la même façon que les hommes s'éclairent
par leurs fautes, la France & l'Espagne se font
éclairées par celles de l'Angleterre : — elles ont
connu ce qu'elles ont risqué, par le mal que l'on
pouvoit leur faire ; ce qui en est résulté, par ce
qu'il en pouvoit arriver. — En conséquence, ce
que la Grande-Bretagne n'a pas fait en 1762 ,
elle ne le fera jamais, c'est moi qui vous en assure. — Une monarchie telle que celle de la France,
essuye une leçon, . . . mais n'en reçoit jamais
deux. — Annibal perdit tous ses avantages sur
les Romains après la bataille de Canne, pour
s'être amusé à dépouiller des morts , plutôt que
de marcher brusquement droit à Rome. Tout
de même, la Grande-Bretagne a perdu tous les
siens , en restituant à ses ennemis tous les objets
de propriété qui pouvoient les remettre de leur
épuisement. — C'est à l'Angleterre à trembler à

son tour ; & la fière Albion , qui a eu l'audace d'insulter deux nations puissantes ;…qui a eu la noble ambition d'aspirer à l'empire des mers ;… qui a voulu mettre dans la servitude toutes les nations commerçantes , pourroit bien redevenir une autre fois une terre déserte. — Oui, la France & l'Espagne tireront raison un jour des insultes cruelles que leur a faites la Grande-Bretagne en 1754 , & de celles qu'elle pouvoit leur faire encore en 1762 : — c'est moi qui suis malheureusement votre prophète.

Milord Spiteal.

J'espére que vous ne serez qu'un mauvais prophète : — si toutefois les choses s'y disposoient, nous avons des vaisseaux qui nous ont bien servi, & qui nous serviront encore pour battre nos ennemis.

Le Cosmopolite.

Vous avez tort , milord , de dire pour battre nos ennemis : — dites plutôt pour surprendre ou pour écraser vos ennemis, … car à force égale vous n'avez jamais battu sur mer les François & les Hollandois. — Tous vos avantages sur eux , ont toujours été le fruit du plus grand nombre.

Milord Spiteal.

Comment ! n'avons - nous pas battu nos ennemis à Louisbourg, à Quebec, à la Martinique, à la Havane , à Hanovre &c. ?

Le Cosmopolite.

Non , ils vous ont facilité vos victoires par leur petit nombre & par les mauvaises dispositions de leurs commandans. — Voyez la faute que commirent les François à Louisbourg , en quittant leurs retranchemens du Cormoran pour aller à votre rencontre quand vous faisiez votre débarquement. — Etoient - ils assez en nombre pour vous réfister ? non, … mais ils étoient affez forts, retranchés comme ils l'étoient, pour vous écrafer par leurs batteries mafquées. — La même faute leur eft arrivée à la Martinique, à la Guadaloupe, à Grenade &c. … eft-ce là dire battre fes ennemis ? … non. — Quand on eft dix contre un, on ne gagne que des avantages. — Egalement, fi les Efpagnols avoient tenu ferme dans le pofte imprenable de Las-Cavainas à la Havane, qu'auriez-vous fait dans cette Ifle ? qu'auriez-vous fait au fort du Morro, fi le fentinelle ne s'étoit point endormi fur la tranchée ; & fi Mr. de Prado, au lieu de fe baftinguer dans la ville de la Havane, avoit battu la campagne pour vous couper les eaux & les vivres ? … rien. — Par tout la Grande - Bretagne auroit échoué ; & au lieu de conquêtes utiles, elle n'auroit effuyé que des pertes réelles. — Mais le hafard qui préfide toujours aux grandes entreprifes dans les climats lointains : … ce je ne fais quoi qui fait réuffir les uns plutôt que les autres : … le choc des événemens & des circonftances qui expliquent toujours celui des fuccès, toutes ces viciffitudes ont favorifé la Grande - Bretagne. — Mais je n'appelle pas cela vaincre fes ennemis ; … c'eft feulement hériter de leurs défaites.

MILORD SPITEAL.

A vous entendre, on diroit que les Anglois ne favent pas fe battre.

LE COSMOPOLITE.

Pardonnez - moi, mais jamais à force égale, ils n'auront d'avantage avec de certains ennemis; — leur opiniâtreté ne pouvant réfifter à la promptitude, à l'activité & à l'adreffe des François ; … lefts, pétulans, difpos, agiles de tous leurs membres, ils ont plutôt franchi une haye, fauté un foſſé, donné un aſſaut, que leurs ennemis n'ont fait un demi-tour à droite ou demi-tour à gauche. — Dans la partie même de la navigation, où vous êtes plus pertinens & plus praticiens qu'eux, êtes-vous en état de citer un ſeul combat d'un vaiſſeau anglois contre deux ou trois françois? non, ... vous n'en avez aucun: ... pouvez-vous vous vanter auſſi d'avoir jamais pris un vaiſſeau françois à l'abordage? ... non plus. — Cependant toutes les hiſtoires des nations de l'Europe font mention de plus de cent vaiſſeaux anglois enlevés à l'abordage par du Guguay-Trouin, par du Queſne, par Jean Barth, par Caſſard, par de l'Aigle, par Revenu, par la Bourdonaie, par Fabre &c. & l'on lit dans votre propre hiſtoire les combats de cent autres de ſes capitaines, qui ſe ſont fait quitter conſtamment par trois & quatre vaiſſeaux ennemis. — Ce n'eſt que depuis la guerre de 1744, que vous avez gagné quelques avantages ſur la marine de la France; & ce n'a jamais été que par le grand nombre de vos vaiſſeaux, que vous avez triomphé.

MILORD SPITEAL.

Qui eſt-ce qui a détruit leur marine dans la guerre de 1756?

LE COSMOPOLITE.

C'eſt vous autres, & vous avez bien fait; — mais c'eſt toujours en vous mettant quatre contre un.... Je ne vous blâme pas de cela, tant s'en faut: ... il eſt toujours très-avantageux de détruire ſes ennemis quand on en a les moyens. — Seulement je prétends dire que ce n'eſt que de cette façon que vous avez ruiné les eſcadres de Mrs. de la Clue & de Conflans, que vous avez pris le Diadême, l'Achille, le Modeſte, l'Oriflame &c. ce qui ne prouveroit pas que vous ayez ja-

mais battu vos ennemis, ni que vous foyez en
état de leur en impófer.

MILORD SPITEAL.

Hé ! que faut-il donc faire pour leur en impofer ?

LE COSMOPOLITE.

Citer des combats comme celui de Mr. de
Tourville fur les forlingues d'Angleterre, où avec
des forces inférieures, il difperfa l'efcadre angloife
& embrafa le Devonshire, vaiffeau commandant
des ennemis ; le combat de Mr. de Touloufe devant Malaga, où inférieur aux efcadres combinées d'Angleterre & d'Hollande, il les battit l'une
& l'autre, & leur laiffa dans le cœur la crainte
d'une feconde attaque, qui les auroit entièrement
détruites. — Ceux de du Quefne dans les mers de
Naples contre le fameux amiral Ruitter, où ce
brave homme perdit la vie ; — celui de Caffard
devant la goulette de Tunis contre quatre de vos
vaiffeaux ; —tous ceux des Fourbins, des du Guay-
Trouin & des Jean Barth dans l'Océan & dans la
Méditerranée, où l'on voit des ennemis abordés, ou
battus auffitôt qu'apperçus : — voilà ce qui s'appelle des combats : voilà ce qui s'appelle vaincre.—
Mais fi quand on eft dix contre un, vous appellez
cela battre fes ennemis, ... je n'y vois aucune
gloire : — c'eft feulement les écrafer.

MILORD SPITEAL.

Hé ! d'où nous viennent les trente vaiffeaux de
ligne françois où efpagnols que nous avons dans
nos ports depuis la dernière guerre ?

LE COSMOPOLITE.

Belle queftion ! ils vous viennent de vos conquêtes, de vos avantages ; mais pouvez-vous faire
parade d'un nombre de vaiffeaux trouvés, pour
ainfi dire, tous défarmés dans les ports de deux
villes affiégées.

ST. ALBIN.

Si les commandans des escadres de Louisbourg & de la Havane s'étoient conduits en gens de tête, vous ne les auriez pas pris ces vaisseaux.

MILORD SPITEAL.

Hé ! que vouliez-vous qu'ils fissent vis-à-vis des forces aussi supérieures, que celles que leur opposoit la Grande-Bretagne ?

ST. ALBIN.

Se brûler dans les ports, ou sortir pour périr sur le ventre de leurs ennemis.

MILORD SPITEAL.

Ç'auroit été se sacrifier mal à propos.

ST. ALBIN.

Non, c'étoit faire son devoir.... Un capitaine qui ne peut sauver son vaisseau, doit le brûler, plutôt que de le livrer aux ennemis de la patrie.— S'il est possible qu'il puisse le sauver, il doit le faire, dût-il lui en coûter la vie.... Dans l'un ou l'autre cas, tous ceux qui étoient à Louisbourg, à la Havane, ont manqué à leur devoir, aucun n'ayant brûlé son vaisseau & aucun n'ayant tenté de le sauver. — Mr. de Letenduaire commandant le vaisseau le Tonant dans la guerre de 1744, s'est bien battu toute une journée contre douze vaisseaux anglois ; & tout démâté, cette escadre n'a pu le prendre. — Pourquoi tous ceux de Louisbourg & de la Havane qui étoient à-peu-près de cette force, n'ont-ils pas eu le même courage ?

MILORD SPITEAL.

Parce qu'ils ne le pouvoient pas. — Nous avions 23 vaisseaux de ligne à Louisbourg & 18 frégates : que vouliez-vous que fissent vos 10 ou 12 vaisseaux ?

ST. ALBIN.

Sortir pour périr. — En périssant au moins, ils

auroient ruiné votre expédition, & vous n'auriez plus été en état d'attaquer Louisbourg.

MILORD SPITEAL.

Quel conte !

ST. ALBIN.

Ce n'eſt point un conte.

LE COSMOPOLITE.

Je ſuis du ſentiment de St. Albin. — Si les 12 vaiſſeaux françois de Louisbourg étoient ſortis du port, comme les 14 de la Havane, (y compris les 3 gros vaiſſeaux marchands que l'on pouvoit armer en guerre),... vos expéditions étoient ruinées ſans reſſource.

MILORD SPITEAL.

Quel entêtement !... à la Havane, nous avions 26 vaiſſeaux de ligne & quinze frégates.

LE COSMOPOLITE.

Tout ce qui vous plaira. — Je ſuis du ſentiment de St. Albin.

MILORD SPITEAL.

Je voudrois un peu que vous m'expliquaſſiez ſur quoi vous fondez votre ſentiment ?

LE COSMOPOLITE.

Sur le fait inconteſtable, que qui ſait ſe battre, en recevant des coups, donne des coups. Par conſéquent, ſi les François & les Eſpagnols étoient ſortis de leurs ports, au lieu d'y reſter, & qu'ils ſe fuſſent battus en braves gens comme les Sabrans, les Fabre &c. ils auroient criblé vos expéditions, & vous n'auriez plus été en état de rien entreprendre à Louisbourg, ni à la Havane.

MILORD SPITEAL.

Mais le pouvoient-ils en conſcience ?

ST. ALBIN.

Surement qu'ils le pouvoient ; hé ! pour preuve

qu'ils le pouvoient, il n'y a qu'à expliquer la force des vaiſſeaux de guerre françois & eſpagnols vis-à-vis des vaiſſeaux de guerre anglois. — Dans les 10 ou 12 vaiſſeaux de guerre françois pris à Louiſ-bourg, le plus grand nombre étoit des vaiſſeaux du premier rang, & l'artillerie de ces vaiſſeaux eſt généralement du 36 & du 24, — ou du 18 & du 24 : — celle des vaiſſeaux du ſecond rang, conſtamment du 18 & du 12. — Chez les Anglois, leurs vaiſſeaux de guerre du premier rang, même à 3 batteries, ne portent que du 32, 18 & 8 ; à demi ſervice 24, 12 & 8 : — ceux à deux batteries, quand ils ſont neufs, du 24 & du 12 ;... à demi ſervice 18 & 12 : — tous ceux du ſecond rang, très-peu ont du 18, & aſſez généralement & conſtamment du 12 & du 8. — Du côté des équipages, — les François & les Eſpagnols, y compris l'état major, ... pour les vaiſſeaux du premier rang, ils les évaluent à 10 hommes par canon : — pour les vaiſſeaux du ſecond rang à 9 hommes. — Les Anglois ne les proportionnent qu'à 8, à 7 & à 6, ... ce qui fait un cinquième & un ſixième de moins en équipage des vaiſſeaux anglois aux vaiſſeaux françois.... d'où il faut con-clure, que ſi les vaiſſeaux de guerre françois & eſpagnols, ſont plus forts en artillerie & en équi-page que les vaiſſeaux de guerre anglois, ils doi-vent être plus forts auſſi dans leurs échantillons.— En conſéquence, dans un combat opiniâtre, ils doivent réſiſter davantage, témoin le Tonant, témoin le royal Philippe ; & à la longue, ils doivent remporter l'avantage ſur leurs ennemis quelque nombreux qu'ils ſoient. — Avec cette évidence de moralité certaine, il eſt preſque prou-vé que ſi les douze vaiſſeaux françois qui ſe ſont laiſſé enfermer dans Louisbourg, étoient ſortis à

l'approche de l'escadre angloise ; qu'ils l'eussent
attendue en pleine mer, au lieu de l'attendre
dans le port ; qu'ils se fussent bien battus, au lieu
de demeurer les bras croisés, (quoique celle-ci
fut composée de 23 vaisseaux de ligne & de 18
frégates) il est plus que certain que les douze
vaisseaux françois, en se dispersant bien, & en
s'abandonnant en désespérés, au milieu de toutes
cette nombreuse escadre ; qu'ils y auroient porté
le désordre & l'effroi ; & que par la supériorité
& l'activité de leurs batteries, ils l'auroient tellement chauffée & désemparée, que la majeure
partie de vos frégates n'en seroit plus revenue ;
& que la plûpart de vos 23 vaisseaux de guerre
n'auroient plus été en état de tenir la mer.

MILORD SPITEAL.

Et les vaisseaux françois seroient sans doute
sortis de ce rude combat, victorieux & sans
dommage ?

ST. ALBIN.

Ils en seroient sortis, comme doivent en sortir
de braves gens, blessés, criblés de coups, ne
cherchans que la terre pour s'échouer.

LE COSMOPOLITE.

Il en seroit arrivé ce qu'il en seroit arrivé ; . . .
ils y auroient tous péri, si vous voulez : ils ne
font vaisseaux de guerre que pour cela. — Mais
la victoire auroit toujours été pour eux ; & les
braves officiers qui y auroient péri, auroient
couvert leur nom d'une gloire immortelle dans
l'histoire, en ruinant par leur petit nombre un
armement formidable, prêt à tomber sur le seul
boulevard de toutes les colonies septentrionales
de la France.

MILORD SPITEAL.

Votre raisonnement est d'un homme qui voit

les chofes de fens froid, & qui juge des combats fur mer, comme de ceux en terre ferme: — il y a cependant bien de la différence.

LE COSMOPOLITE.

Je le fais, & je n'ignore pas combien l'inconftance de cet élément prête de hafards aux fuccès des combats maritimes. Je n'ignore pas non plus, combien une bonne ou une mauvaife manœuvre décide du fort d'une affaire. — Je dirai plus :… il eft certain de ce côté-là, que vous avez l'avantage fur les François & les Efpagnols, vos officiers étant plus exercés que ceux de ces deux nations. — Mais cet avantage ne détruit pas que les vaiffeaux de guerre françois ou efpagnols, étant plus forts en échantillons, en artillerie & en équipages que les vaiffeaux anglois ; dans un combat opiniâtre, ceux-ci doivent réfifter davantage ; & le feu de leurs batteries étant plus vigoureux & plus réitéré que celui de leurs ennemis, le défordre doit être plus grand chez ceux-ci, & le défavantage plus terrible. — En conféquence, des vaiffeaux de cette efpèce, commandés par des officiers déterminés, (comme les Sabrans) qui s'abandonneroient fans efpoir de retour dans une efcadre ennemie, auffi nombreufe que celle qui fut à Louisbourg, doivent y mettre la terreur & la confufion, tout coup portant pour eux, fur-tout fur des frégates & fur des vaiffeaux d'un fecond rang, aucun de ceux-ci ne pouvant réfifter au travers de leurs batteries.— La preuve de ce que j'avance, fe vérifie par le combat du Tonant de 84 canons commandé par Mr. de Létenduaire dans la guerre de 1744. — Ce vaiffeau étoit le commandant d'une efcadre qui convoyoit une flotte marchande pour les Ifles de l'Amérique. — A une certaine diftance dans

l'Océan,

l'Océan, ils rencontrerent une escadre angloise
qui les attendoit, du double plus forte en vaisseaux que celle de la France. — Nonobstant
cette inégalité, Mr. de Létenduaire fit signal de
sauve qui peut, à tous ses Bâtimens marchands ;
& rassemblant son escadre, il fut à la rencontre
de celle des ennemis. — Ceux-ci plus forts du
double que les François, les investirent dès qu'ils
le purent ; & le Tonant lui seul eut à combattre
contre huit vaisseaux ennemis qui ne le quitterent
pas, & qui furent soutenus par quatre autres
dans la chaleur du combat. — Dans cette terrible position, ce vaisseau séparé du reste de son
escadre, se battit en désespéré toute une journée ; & sans la nuit, ou peut-être sans le désordre qui régnoit chez les ennemis, il auroit duré
plus longtemps. — Finalement ce vaisseau démâté
de tous ses mâts, sans agrès, sans manœuvre,
faisant eau de par tout, les trois quarts de son
monde morts ou hors de service, ... il fut abandonné par les ennemis qui le garderent à vue
toute la nuit, sans qu'aucun de ceux-ci fut en
état de recommencer. — Au jour naissant, ayant
été apperçu avec son pavillon par un vaisseau de
son escadre de 74 canons, ce vaisseau fit force
de voile sur lui ; & traversant l'escadre ennemie
sans tirer ni recevoir un seul coup de canon, il
jetta un cap de remoux au Tonnant, le retira
du milieu de l'escadre angloise & le ramena à
Brest. — Si les François de Louisbourg avoient
fait la même manœuvre dans les mers du Canada, & qu'ils se fussent sacrifiés comme ils devoient le faire, où en auroit été votre expédition ? ... où en auroit été celle de la Havane,
si les Espagnols avoient fait la même chose ? —
vous en auriez été pour votre courte honte ; &

votre ministère auroit essuyé, pour les deux expéditions, les mêmes huées du peuple de Londres, que l'amiral Vernon essuya à son retour
de celle de Carthagène dans la guerre de 1738.

Milord Spiteal.

Nous aurions toujours eu la gloire d'avoir en-
fanté de grands projets.

Le Cosmopolite.

Oui ; .... mais quand ces grands projets ne
réussissent pas, ils vous ereintent pour tout le
reste d'une guerre.... Car qu'auroit été cette même guerre pour la Grande-Bretagne, sans la prise
de Louisbourg, de la Martinique & de la Havane ? ... un tissu d'horreur & d'humiliation ! ...
voilà ce qu'en auroit retiré l'Angleterre, — au
lieu que le succès de ces trois expéditions, (graces
aux fautes de vos ennemis) vous ont assuré la
conquête certaine de Quebec, de Montréal &
de tout le Canada, des Isles des Guadaloupes ,
de Grenade & Grenadille, à l'appui desquelles
vous êtes parvenus de faire une paix plus honora-
ble que vous ne deviez l'espérer.

Milord Spiteal.

Pourquoi ne devions - nous pas l'espérer ? —
n'étions - nous pas également vainqueurs à Hanovre, en Afrique & dans l'Inde ?

Le Cosmopolite.

Cela est vrai ; ... mais ces objets ne causoient
point dans le ministère françois la sensation qu'y
causoient les premiers : — d'ailleurs vos hostilités,
avant cette dernière guerre, ont été d'une nature
à n'être jamais oubliées. — Si des malheurs trop
réitérés ne forçoient les Rois, comme le reste
des hommes, d'étouffer dans leurs cœurs de justes
ressentimens, jamais la France & l'Espagne n'auroient consenti de vous donner la paix.

MILORD SPITEAL.

Tant mieux pour nous !... que pouvoient-elles nous faire ?

LE COSMOPOLITE.

Ce qu'elles feront tôt ou tard, — de vous rendre injure pour injure, atrocité pour atrocité ; & si ces deux puissances savent s'entendre, elles peuvent réduire la Grande-Bretagne à un tel degré d'indigence & d'épuisement, qu'elle ne signifiera pas plus dans le monde politique, que l'Isle d'Othaity dans les terres australes : ... je vous ai déja fait cette prédiction.

MILORD SPITEAL.

Je vous ai répondu aussi que vous seriez un mauvais prophète ; mais je serois charmé que vous me fissiez connoître de quelle façon poura s'opérer une si étrange révolution?

VAN MAGDEBOURG.

Parbleu, mon cher ami, il faut que vous nous satisfassiez, & que vous me mettiez un peu au fait d'une opération qui pourroit venger les Hollandois des injures qu'ils ont reçues en 1660, en 1744 & 1756 de la part de la Grande-Bretagne, & qui pourroit tourner au profit de notre commerce.

LE COSMOPOLITE.

En rien, mon cher ami !... les beaux jours de la République de Hollande sont passés : ... ils ne reviendront plus. — Toute nation qui n'a qu'un commerce de tolérance doit périr, à moins qu'elle ne transporte sa résidence dans des climats lointains, & qu'elle ne s'y occupe d'y fonder le vaste empire que vos possessions d'outre mer semblent vous le donner à desirer.

VAN MAGDEBOURG.

Vous m'en vendez bien d'une autre ; mais allons-nous en dîner, ce soir au retour de la Bourse, nous reprendrons nos entretiens ; & vous nous direz impartialement tout ce qui peut intéresser le milord sur sa chère patrie, & à moi tout ce qui m'intéresse aussi pour la mienne : .... car vous m'avez porté un argument....

LE COSMOPOLITE.

Vous serez satisfait ; & en suivant mes observations sur la puissance des diverses nations de l'Europe, ... je vous ferai connoître ce qu'est la Grande - Bretagne & le peu qu'elle peut ; ... les avantages & les désavantages de l'Espagne sur toutes les nations, ce qu'elle est & ce qu'elle pourroit être avec un tout autre gouvernement ; — ce qu'est la France dans ce moment, & ce qu'elle sera dans les temps futurs, si l'on donne une base solide à ses systêmes des finances ; — vous apprécierez par vous - mêmes combien sont innumérables ses ressources ; combien elle peut faire servir son état d'épuisement actuel à sa conservation, en préjudiciant très-gravement tous ses rivaux.

VAN MAGDEBOURG.

Parbleu, mon cher ami, vous avancez de furieux problêmes ?

LE COSMOPOLITE.

Cela est vrai : .... mais vous conviendrez que j'ai raison, quand vous les aurez entendus.

ST. ALBIN.

En attendant, allons-nous en dîner. — Je me saisis de notre brave Cosmopolite.

VAN MAGDEBOURG.

Et moi, j'accroche le milord.

DIALOGUE TROISIEME.

St. ALBIN, MILORD SPITEAL, VAN MAGDEBOURG, LE COSMOPOLITE.

LE COSMOPOLITE.

QUE vous ai-je dit, mon cher Van Magdebourg ?... la tête tourne à tous vos Hollandois : — avez-vous vu le tumulte, la confusion, le désordre qui régnent dans votre Bourse ? ... on n'entendroit pas le ciel tonner. — N'est-ce pas une extravagance insensée, sur une simple présomption, d'avoir fait augmenter toutes les marchandises aux prix extravagans où elles sont actuellement.

VAN MAGDEBOURG.

Ils ont bien fait pis encore : ... ils ont fait hausser les primes d'assurance à des prix foux.— On demande 12 & 15 pour 100 pour toutes celles de sortie de la Hollande, pour les ports de l'Italie, de la France, de l'Espagne & du Portugal ; — de 20 ou de 30 pour 100 d'entrée aux Isles de l'Amérique ; de 40 & de 50 pour 100 de retour de toutes ces Isles, pour les ports de l'Europe dans l'Océan. — En vérité, ils ont perdu le jugement !

MILORD SPITEAL.

Ils en seront punis. — Par mes lettres d'aujourd'hui, l'on me mande de Londres que tous nos différends avec l'Espagne sont à la veille d'être arrangés, & que la France s'oppose for-

G 3

mellement que cette puiſſance nous déclare la guerre.

VAN MAGDEBOURG.

Ne vous l'ai-je pas toujours dit, milord, que vous ne l'auriez pas de ſitôt ? — L'Eſpagne, ainſi que la France n'ont cherché qu'à éluder le paye-ment des ſommes qu'elles ont reſté devoir à la Grande-Bretagne par le traité de 1763.

MILORD SPITEAL.

Je vous fais part de ce que l'on m'écrit : — l'on m'ajoute, (mais j'ai peine à le croire) que très-certainement Mrs. les Ducs de Choiſeul ſe-ront diſgraciés avant la fin de l'an.

LE COSMOPOLITE.

Pour celle-ci, je ne la crois pas. — Mr. le Duc de Choiſeul eſt trop utile à la France & trop grand miniſtre, pour que Louis XV. puiſſe jamais ſe paſſer de lui. — (à *St. Albin*) Hé ! vous ſeriez perdus, ſi ce malheur vous arrivoit !

ST. ALBIN.

Je ſuis de votre ſentiment ; — cependant ce malheur n'eſt déja que trop arrivé. — Mr. le Duc de Choiſeul eſt exilé dans ſa terre de Chantelou depuis la veille de la Noël : — notre ambaſſadeur à la Haye en a reçu ce matin la nouvelle, & le conſul de France acheve de me le répéter.

LE COSMOPOLITE.

Comment ! .... Mr. le Duc de Choiſeul eſt exilé ! .... lui, qui étoit l'arcboutant & l'aigle de la France ; — qui la faiſoit reſpecter de ſes voiſins ; malgré ſes malheurs & ſon épuiſement ; ... qui ſemoit la terreur & la crainte dans les cours étrangères ; ... qui faiſoit reſſortir de la France vaincue, la France triomphante ; — contenant des rivaux ambitieux, ſans vaiſſeaux, ſans argent, ſans forces maritimes ! ... hé ! Mr. le Duc de Choiſeul eſt exilé ! ....

St. Albin.

Hélas oui !... la chofe n'en eft que trop certaine : j'en ai le cœur ferré.

Le Cosmopolite.

Vous avez lieu de l'avoir , mon ami. — Dans
ce moment , dans votre fituation , je regarde que
c'eft la plus grande perte qu'ait jamais pu faire la
France ; hé ! je ne ferois point furpris que cet
événement vous expofât de nouveau à une guerre
plus malheureufe que celle de 1756, ou à des humiliations , cent fois !... mille fois pires que la
guerre !... car furement tous vos voifins vont fe
jouer de vous.

St. Albin.

Il eft conftant que cet événement nous fera
quelque tort. — Mais du refte , Mr. de Choifeul
n'étoit qu'un des membres du confeil , dont l'o-
pinion pouvoit influer dans les affaires ; mais qui
ne les déterminoit pas : — le fyftême reftera toujours le même. En France, c'eft le Roi qui décide tout , & les miniftres ne font que les prépofés du prince.

Le Cosmopolite.

J'en fuis d'accord. — Mais que fauroient les
Rois , fi les miniftres ne les mettoient point au
fait de tout ce qui fe paffe dans le monde politique !... fi d'un œil avide & curieux , fans fortir
de Verfailles , ceux-ci n'étoient fans ceffe à fure-
ter dans les cours étrangères , pour éclairer leurs
maîtres fur les difpofitions particulières de leurs
fyftêmes ; fi par des fouterrains hardis & impénétrables , ils ne s'introduifoient dans les cabinets
des nations , afin d'y arrêter par la méfiance ou
la crainte les difpofitions les plus contraires à
leurs intérêts. — Avez-vous jamais eu en France,
(après Mazarin) , aucun miniftre qui ait autant

travaillé fur cette matière que Mr. le Duc de Choifeul ? qui y ait autant préfenté la France, toujours à craindre & toujours à redouter ? — Jamais miniftre vous a-t-il autant fait refpecter dans vos malheurs que vous l'avez été fous fon miniftère ? — Jamais miniftre a-t-il poffédé mieux que lui l'efprit des nations, la connoiffance de leurs intérêts, cet art, cette fcience qui feme les inconvéniens & les obftacles fans fe compromettre ; cette activité, & cette vigilance qui prévient les rufes des cabinets, qui feme par tout les défavantages, qui perce les verrous & les grilles pour arrêter les difpofitions les mieux réfléchies ? — N'eft-ce pas lui, qui vous a fait reprendre dans l'Europe le crédit & la confidération que vous aviez perdue à la paix de 1763 ? — N'eft-ce pas lui qui vous a confervé les foibles reftes de vos poffeffions d'outre mer, par les chocs & les divifions inteftines qu'il a fu faire naître chez la nation la plus rivale de la France ? — N'eft-ce pas lui qui a balancé toutes les puiffances du Nord, & qui a arrêté l'ambition déméfurée du Roi de Pruffe, en mettant aux prifes dans fon voifinage deux nations puiffantes ; & en le tenant conftamment environné par des alliés toujours prêts à l'attaquer ? — Quel eft le miniftre (après Mazarin), qui a rendu d'auffi grands fervices à la France ?

Milord Spiteal.

Belle queftion !.... Mr. le Cardinal de Fleury.

Le Cosmopolite.

Le Cardinal de Fleury a été certainement un très-grand miniftre, mais il ne peut en aucune façon être comparé à Mr. le Duc de Choifeul.

Milord Spiteal.

Vous mettez de la partialité dans ce que vous

dites. — Confidérez ce qu'étoit la France fous Mr. le Duc, & ce qu'elle devint après fon miniftère.

L E C O S M O P O L I T E.

Cela eft vrai : — je foutiens cependant ce que j'avance.

M I L O R D S P I T E A L.

Faites attention que la France fortoit d'une guerre très - longue & très - malheureufe ; — qu'elle achevoit d'être ruinée par les traitans , par les papiers du fyftême , par les opérations de la chambre royale ; & que c'eft de cet état de combuftion & de défordre , que Mr. de Fleury a liquidé la France , qu'il a remis l'ordre & l'abondance dans les recettes , qu'il a fait profpérer le commerce & l'induftrie , qu'il a réuni à la monarchie , (fans débours & fans coup férir) les duchés de Lorraine & de Bar ; enfin qu'il vous a fait jouir d'une très-longue paix : — hé vous ne comptez cela pour rien !

L E C O S M O P O L I T E.

Pardonnez-moi , cela eft très-confidérable ; & je dirai plus : ... c'eft que la France n'a jamais réalifé autant de richeffes que fous fon miniftère.

M I L O R D S P I T E A L.

Hé bien !

L E C O S M O P O L I T E.

Malgré cela , Mr. de Fleury eft de cent piques au-deffous de Mr. le Duc de Choifeul.

M I L O R D S P I T E A L.

Je ne vois pas cela. — Mr. de Choifeul étoit certainement un très - grand miniftre ; ... mais Mr. de Fleury le valoit bien.

L E C O S M O P O L I T E.

Pour fortir de votre prévention , confidérez impartialement la pofition dans laquelle fe trou-

voient toutes les diverses puissances de l'Europe
sous Mr. de Fleury & sous Mr. de Choiseul ; &
balancez l'une & l'autre de ces deux positions,
par celles où elles se sont trouvées sous ce dernier
ministre : c'est dans cette solution qu'il faut trouver le plus grand ministre. — Sous Mr. de Fleury,
vous verrez que toutes les puissances maritimes,
après la guerre de la succession jusqu'en 1750,
avoient toujours conservé pour la France cette
déférence, cette sorte de respect qui tient autant
au devoir qu'à la crainte ; & que de nos jours,
elles en avoient franchi toutes les bornes ; . . .
que les puissances de terre n'avoient encore osé
enfreindre aucun des traités, ni insulter aucune
nation dans le goût que le fut la France par
l'Angleterre en 1754 ; . . . la Saxe & l'Autriche
par le Roi de Prusse en 1755. — Les choses en
étoient encore dans cet état d'ordre sous Mr. de
Fleury : . . . ce que n'a pas trouvé Mr. le Duc
de Choiseul. — A tous ces désavantages se sont
joint en faveur du premier, les ressources qu'of-
froient au commerce les vastes domaines cédés
à l'Angleterre en 1763 ; . . . les profits que l'on
a réalisés dans les colonies occidentales par des
défrichemens sans nombre qui ne sont plus à
faire ; enfin ceux d'une plus grande débite de ses
articles d'industrie chez les nations consommatrices. — Toutes ces richesses s'additionnant à
celles que procuroit journellement à la France le
commerce politique de ses sujets, mirent Mr.
le Cardinal de Fleury dans l'heureuse situation
de pouvoir liquider l'état, sans nouvelles impositions, de faire prospérer ses finances, d'encourager le commerce de la pêche, de la navigation, celui en long cours. — Tels ont été les
avantages qu'a pu réaliser Mr. de Fleury ; & tels

font ceux qui ont manqué de par tout à M. le Duc de Choifeul. — L'Angleterre, fous ce premier miniftre, n'avoit point encore acquit dans l'empire des mers cet effor, cette puiffance qui offufque aujourd'hui celle de la France. — Le Roi de Pruffe n'avoit point encore déployé ce fyftême d'ambition & de gloire qu'il a manifefté depuis la dernière guerre ; tout exiftoit encore dans le monde politique, dans cet ordre facré de refpect & de bienféance, où un chacun maître de fes propriétés, jouiffoit de fes avantages, fans empiéter fur celles de fes voifins : depuis la paix de 1748, tout a changé de marche. — L'ambition, la convenance, les ufurpations, ont anéanti tout refpect public; la propriété légitime n'a plus été le droit inconteftable de l'homme, celle des nations : la politique eft devenue un bois en 1754; & l'ambition déployant de toute part l'étendard du defpotifine, a dévafté la terre & l'onde. — La France victime d'une fécurité mal entendue, peuplée de foldats & de matelots, s'eft trouvée attaquée, en pleine paix, fur terre & fur mer, par une nation rivale ; & entraînée malgré elle en 1756 dans une guerre malheureufe, qui lui a enlevé à la paix de 1763 les plus riches branches de fes commerces politiques, la majeure partie de fes fréquentations, de fes colonies, de fes forces maritimes ; & qui a fini de lui endoffer une dette nationale des plus exorbitantes, avec des indemnités à remplir des plus onéreufes. — C'eft dans cette pofition douloureufe, que Mr. le Duc de Choifeul eft entré dans le miniftère : ... qu'eut fait à fa place M. le Cardinal de Fleury ! ... ce miniftre poffédoit-il cette adreffe, cette connoiffance de l'Europe qui arrête le voifin par le voifin ; & qui oppofe, fans fe compromettre, l'obftacle & l'inconvénient à la puiffance la plus déterminée : — qu'étoit la France, quand Mr. de Choifeul fut nommé miniftre ? un état humilié, dégradé par fes ennemis, déchu de confidération chez tous fes alliés, dévoré par fes propres befoins, forcé par une puiffance rivale à accepter une paix honteufe, ou à continuer une guerre deftructive : — telle étoit la fituation de la France en 1760 & à la paix de 1763. — C'eft de cette fituation malheureufe, que Mr. le Duc de Choifeul a fait reprendre à vos affaires (*à St. Albin*) ce ton de refpect & de confidération dont vous jouiffez actuellement dans les cours étrangères ; qu'il a remis la confiance dans le cœur de vos alliés ; qu'il a femé la défunion & l'intrigue chez les nations rivales, afin de leur donner de l'occupation dans leurs propres foyers : enfin c'eft lui qui a arrêté l'ambition déméfurée de l'Angleterre, en refferrant infenfiblement tous les intérêts de fes commerces politiques avec l'Efpagne, le Portugal, les états de Naples & du St. Siège, de l'Italie, de la Turquie & régences d'Afrique ; & en la mettant hors d'état de vous fufciter aucune nouvelle guerre par les tracafferies inteftines qui divifent les colonies de la métropole : — voilà l'homme que vous aviez, & que la France vient de perdre. — Je regarde la chofe comme le plus grand malheur pour elle.

St. Albin.

Les bons ferviteurs de la patrie le connoiffent affez : — auffi n'y a-t-il forte de démonftration de douleur & de vénération, que l'on ne fe foit empreffé de lui rendre. — Tous les grands, tous les notables, toutes les perfonnes honnêtes de

Verfailles & de Paris ont accouru en foule à fon hôtel. — La preffe du monde & des carroffes étoit fi confidérable dans la rue de Richelieu, que l'on craignoit toujours qu'il n'y arrivât quelque malheur. — Plus de dix mille perfonnes fe font faites infcrire chez lui, fans plus de deux mille qu'il a été obligé de recevoir. — Quand il eft parti pour fon exil, le peuple en foule fuivoit fon carroffe, le confolant par fes pleurs & par fes bénédiétions. — Jamais difgrace n'a été plus flat-teufe & plus attendriffante, s'il peut en être, pour un citoyen qui ne poffède plus la confiance de fon fouverain. — Ce qui humilie les uns, a fervi de triomphe pour Mr. le Duc de Choifeul.

VAN MAGDEBOURG.

St. Albin, vos Parifiens témoigneront - ils à votre grand, fec & coriace d'Abbé les mêmes fentimens de douleur & d'eftime, quand fa dif-grace fera une fois bien publique ?

ST. ALBIN.

Non affurément ! — la nation eft jufte dans fes expreffions ; & elle connoît très-bien, que fi les malheurs de la dernière guerre ont forcé la main des adminiftrateurs, que ce n'eft que leur ambi-tion, depuis 1763, qui a perpétué les calamités publiques ;... également que ce n'eft que de cette fource d'iniquité, d'ordure & de crime, que s'eft accrue, depuis la paix dernière, la dette de l'état, la mifère des peuples, la rigueur des impofitions ; & que tous les engorgemens, les chocs, les froif-femens arrivés au corps politique depuis 1770, ne font point les fruits du malheur & de l'infor-tune, mais bien celui de l'entêtement féroce des adminiftrateurs. — Jamais Contrôleur général n'a fait, (auffi mal à propos) autant de mal que ce diable d'Abbé :... jamais miniftre des finances n'a deshonoré auſſi gratuitement la confiance de ſon maître : ... jamais adminiſtrateur n'a forcé auſſi infructueuſement tous les reſſorts d'un gouvernement ; ... auſſi , ... jamais mortel n'a-t-il joui d'une réputation plus parfaite.

Van Magdebourg.

C'eſt-à-dire , que tous vos citoyens ſont d'accord , & diſent unanimement que votre long , ſec & coriace d'Abbé eſt un homme abominable : j'en tombe d'accord avec vous ; il eſt à naître de trouver un mortel plus ingrat & plus outrageant que celui-là.

Le Cosmopolite.

Je ſuis charmé de la juſtice (à St. Albin) que vos Pariſiens ont rendue à Mr. le Duc de Choiſeul. — Ces témoignages publics de douleur , de joye ne bleſſent jamais le reſpect que des ſujets doivent toujours avoir pour toutes les diſpoſitions de leurs ſouverains ; ... au contraire ils éclairent ſa religion ; & les intrigans , les prothées de cour , ces ſerviteurs d'un vrai mérite , ſont dans le cas de ſe mieux obſerver : ces ſcènes publiques généralement deſſillent les yeux d'un monarque qui aime ſon peuple , & qui met toute ſon ambition à faire ſon bonheur. Je ſuis perſuadé dans ce moment, que Louis XV. eſt plus pénétré d'eſtime & de conſidération pour Mr. le Duc de Choiſeul , que par le paſſé. *Vox populi, vox Dei :* — on n'excite pas l'admiration de ſes citoyens , quand on ſert mal ſon prince & ſa patrie. — Mr. le Duc de Choiſeul étoit l'aigle de la France : .... quel jugement ! quel coup d'œil ! quelle tranquillité ! ... tout étoit ame chez lui. — Les nations les plus rivales de la France le ſuivoient avec crainte : ... je dirai plus, elles le redoutoient.

M I L O R D S P I T E A L.

Certainement elles le craignoient ! & elles avoient lieu de le craindre. — Voyez de quelle façon, avec cet intrigant de Wilkes, il a femé l'efprit de parti & de cabale dans Londres : — avec quelle adreffe il a foufflé l'efprit de fédition dans nos colonies ! — qui fait, ... fi pour fe venger de notre prétendu incendiaire de Breft , notre embrafement des arcenaux de Plymouth , ne feroit point encore une de fes adreffes ? ... cela en approche bien.

L E C O S M O P O L I T E.

Hé morbleu ! l'en blâmeriez - vous ?

M I L O R D S P I T E A L.

Non certainement. — Mais je ferois en droit de blâmer la Grande - Bretagne d'avoir été plus mal adroite que fes voifins.

L E C O S M O P O L I T E.

Avouez que fi la France & l'Efpagne , après ce défaftre , vous avoient déclaré brufquement la guerre , vous auriez été fort embarraffés.

M I L O R D S P I T E A L.

Plus qu'embarraffés , cette incendie nous ayant confumé les agrès , les apparaux , les cables & les manœuvres de plus de 50 vaiffeaux de ligne & de prefque tout autant de frégates.

S T. A L B I N.

C'eft ce qui doit vous prouver que la France ne participoit en rien dans ce malheur.

V A N M A G D E B O U R G.

Mais l'Efpagne ?

S T. A L B I N.

Ni l'Efpagne non plus : — elle auroit déclaré la guerre à la Grande - Bretagne tout auffitôt qu'il auroit été connu.

MILORD SPITEAL.

Je ne suis pas tout à fait de votre avis; & ce qui me persuade que c'est une vengeance de la folie que l'on attribue au milord . . . . . décapité à Brest, . . . c'est les grands préparatifs que faisoit l'Espagne avant cet événement, & la guerre de la Porte avec la Russie déclarée depuis un an.

VAN MAGDEBOURG.

Hé bien! vous voilà libre d'inquiétude. — La disgrace de Mr. le Duc de Choiseuil va faire changer le système des affaires ; & peut-être , que cela (à St. Albin) vous procurera quelques économies : . . . car l'on dit par tout que c'étoit un bourreau d'argent.

ST. ALBIN.

Discours vulgaires, versés dans le public par tous nos administrateurs, pour sauver leur réputation de la vindicte de la nation. — Dans le vrai, Mr. le Duc de Choiseul n'étoit pas plus cher que ses prédécesseurs : . . . seulement il a été forcé à plus de dépenses que par le passé , pour pouvoir nous repatrier avec nos alliés : nos malheurs dans la dernière guerre nous ayant fait perdre nombre de ces avantages que l'on ne conserve que par la considération, & qu'il a fallu ratraper par le secours de la finance. — Mais du reste, on ne peut rien lui reprocher ; & c'est à tort que l'on lui attribue le désordre qui régne dans toute notre administration. — Il n'étoit ni le gerant ni le palpan de celle de la finance : . . . en quoi en étoit-il responsable ?

VAN MAGDEBOURG.

Il faut avouer, mon cher ami, que les administrateurs de la France , depuis longtemps sont des grandes cruches ; & qu'un royaume qui est

reconnu

connu dans la fpéculation politique, pouvoir fe remettre en fept ans de paix de la guerre la plus onéreufe ; & qui ne l'a pas fait en dix, doit être un royaume adminiftré par des ânes : ... oui! ... par des ânes. — (*à St. Albin*) La poftérité ne pourra jamais croire qu'il ait pu exifter une nation éclairée qui a fçu compter , ... qui ait fupporté de plus fortes impofitions en temps de paix qu'en temps de guerre ; & que la France , (cette aurore de tous *les gouvernemens par fes reffource*) , avec moins de circulation , moins de commerce, moins d'induftrie en 1770 qu'en 1754 , fupporte à cette époque 50 millions de plus en recettes, que dans la malheureufe guerre de 1756.

ST. ALBIN.

Ajoutez que notre énorme dette de plus de trois milliards , ... s'eft accrue depuis 10 ans de paix de plus de 500 millions.

VAN MAGDEBOURG.

La chofe eft auffi abominable que deshonorante pour la France.

ST. ALBIN.

Il faut efpérer que le miniftère s'éclairera un jour, & que la nation, une fois pour toutes, fe verra délivrée de cette foule d'intrigans devenus pied, d'hommes à bonne fortune, qui deshonorent le prince & la patrie.

LE COSMOPOLITE.

Ma foi, mon ami, vous en avez un très-grand befoin, fur-tout dans ce moment. — Si vous tardez trop de rentrer en vous-même, l'Angleterre va vous gagner de vîteffe, & vous ne pourrez plus vous montrer nulle part fur les mers.

MILORD SPITEAL.

Vous convenez donc que la Grande-Bretagne peut balancer la puiffance de la France.

Tome I.   H

Le Cosmopolite.

Non , s'il vous plaît , je n'en conviens pas : ... seulement je consens de dire , si la France continue de se mal conduire , que cela pourroit bien lui arriver.

Milord Spiteal.

Mais en se conduisant bien, qu'en pensez-vous?

Le Cosmopolite.

Ce que je vous ai déja dit, que la fière Albion, après avoir osé insulter les nations les plus puissantes de l'Europe , ne signifieroit pas plus dans ce continent , que l'Isle d'Otahity dans les terres australes.

Milord Spiteal.

C'est un peu fort. — Pour votre peine , vous êtes condamné de nous faire part de quelle façon une si étrange révolution pourra s'opérer.

Le Cosmopolite.

Très-volontiers. ... Je vous l'ai promis, je dois tenir ma parole.

Van Magdebourg.

Fort bien, mon ami, fort bien !... nous sommes intéressés tous les deux (*à St. Albin*) à cet heureux changement ; — car la Grande-Bretagne nous insulte autant qu'elle nous dévore.

Le Cosmopolite.

Pour vous rendre plus sensibles mes comparaisons , & pour produire avec plus de démonstration tous les avantages & les désavantages de la Grande -.Bretagne , (*au milord*) permettez-moi de vous demander si vous avez jamais calculé à quoi pouvoient se monter les revenus fonciels, & les dépenses générales du corps politique de la nation angloise ?

Milord Spiteal.

Non vraiment , je n'ai jamais fait ce calcul ,

& je crois même qu'il feroit très - difficile de pouvoir le faire.

LE COSMOPOLITE.

Point du tout : il eſt auſſi aiſé de l'établir que néceſſaire de le démontrer, afin de faire connoître que ſans le commerce politique de ſes ſujets, la Grande-Bretagne ne feroit qu'un pays ſauvage. — Pour prouver cette vérité, ... prenons pour notre guide dans cette combinaiſon le relevé de Mr. de Pelliſſery ſur la ſituation de la France.

ST. ALBIN.

Connoîtriez - vous par haſard ce Mr. de Pelliſſery ?

LE COSMOPOLITE.

Si je le connois ! ... certainement. — J'ai été très - lié avec lui en France, en Eſpagne & en Turquie : — Je l'ai même laiſſé il y a trois mois à Paris.

ST. ALBIN.

J'ai entendu parler aſſez avantageuſement de lui par un quelqu'un qui ne l'aimoit pas.

LE COSMOPOLITE.

Gage que c'eſt par votre chien d'Abbé !

ST. ALBIN.

Vous l'avez dit. — Son ſyſtême des billets d'état l'a fait donner à tous les diables. — Tous les créanciers de nos finances lui en demandoient ſans ceſſe ; & lui pas pour un diable, n'a jamais voulu en entendre parler.

VAN MAGDEBOURG.

Que riſquoit-il de l'eſſayer ? — ils ne pouvoient pas faire plus du mal qu'en ont fait ſes opérations. — Comment étoit l'ordre de ſes billets ?

LE COSMOPOLITE.

Un ordre ſimple, d'une circulation & d'une

décompofition imperceptible, avantageux au Roi, à l'état, aux citoyens ; . . . tenant un jufte milieu entre le créancier & le débiteur ; ne chargeant pas plus l'un que l'autre ; & liquidant l'état fans impofition. Je vous en entretiendrai plus perti-nemment, après que nous ferons fortis de notre examen fur les avantages & les défavantages de la Grande-Bretagne, afin de guérir le milord de fon enthoufiafme pour fa patrie, & de fes pré-ventions contre la France & l'Efpagne. Sauriez-vous par hafard, milord, le nombre de lieues quarrées que peut avoir de furface l'Angleterre dans les trois royaumes ?

M I L O R D S P I T E A L.

Non affurément ! & je ne crois pas même qu'ame qui vive fe foit jamais amufé de faire ce calcul.

L E C O S M O P O L I T E.

Vous verrez bien pourtant qu'il eft effentiel : — vous faurez bien cependant à quoi peut fe mon-ter votre population, fans celle des colonies ?

M I L O R D S P I T E A L.

Oui. — On l'évalue de 8 à 9 millions d'ames.

L E C O S M O P O L I T E.

Mais fi vous ignorez le nombre de lieues quar-rées que peut avoir de furface la Grande - Bre-tagne dans fes trois royaumes, peut-être aurez-vous entendu dire à quelle grandeur l'on pouvoit la comparer.

M I L O R D S P I T E A L.

J'ai toujours ouï dire, que les trois royaumes réunis enfemble, pouvoient équivaloir à un gros tiers de la France.

L E C O S M O P O L I T E.

Bien : . . . tenons-nous en à ces deux principes, que le royaume d'Angleterre dans fa métropole, eft un tiers de la France, & qu'il poffède 9 millions d'ames de population. — Pour faire une combinaison toute à l'avantage de la Grande-Bretagne, donnons lui en propriété locale la moitié de la France, & augmentons de 10 pour 100 le nombre de fa population.

MILORD SPITEAL.
Soit.

LE COSMOPOLITE.
Pour bien travailler notre opération, ... il faut approfondir à quoi peuvent fe monter les revenus fonciels des trois royaumes de la Grande - Bretagne, & balancer leurs produits avec le montant des dépenfes générales du gouvernement & de fes 9 millions d'ames de population. — Par cet état nous faurons par fol & denier ce qu'il faut de revenus annuels à la nation angloife, ce qu'elle retire de fes domaines, & ce qu'elle doit trouver dans la circulation de fes commerces.

ST. ALBIN.
Vous allez vous jetter dans une furieufe combinaifon.

LE COSMOPOLITE.
Point du tout. — Mr. de Pelliffery l'a fi bien déduite & fi fort fimplifiée au fujet de la France, ... que fon travail devient aujourd'hui le guide de tous les calculateurs politiques.

VAN MAGDEBOURG.
Je devine à-peu-près l'idée de notre ami. — Par la combinaifon des revenus fonciels, avec les dépenfes générales, il veut apprécier par fol & denier le montant du produit, de celle que doit fournir le commerce politique de la nation.

LE COSMOPOLITE.
Jufte, ... Van Magdebourg a deviné. — Cette bafe première doit être le point d'appui de toute combinaifon d'une économie politique. Mr. de

Pelliſſery qui en eſt le reſtaurateur, l'a toujours
miſe en avant avec ſuccès : tous ſes calculs de
finance ſe reſſentant de ces idées mâles qui font
le bien en évitant le mal ; qui diſcutent par tout
les intéréts extérieurs, par la conſervation des
intérieurs ; … qui tempérent les beſoins de l'état
par les beſoins des peuples ; … qui expliquent les
beſoins de la ſociété par ceux de la ſureté publique. — Tels ſont les principes dont s'eſt ſervi
M. de Pelliſſery dans toutes ſes combinaiſons économiques ; & telles ſont celles auſſi que nous
devons ſuivre. — Par le relevé de la dixme royale
de Mr. de Vauban, la France ſe trouve avoir de
ſurface 30,000 lieues quarrées ſans les duchés de
Lorraine & de Bar : … ce qui établiroit pour la
Grande - Bretagne 15,000 lieues quarrées de
ſurface.

MILORD SPITEAL.

La quantité me paroît un peu forte ; — d'ailleurs les trois royaumes ſont bien hachés, bien
hériſſés de montagnes ſtériles & de côtes arides.

LE COSMOPOLITE.

Nous arrangerons tout cela. — Nous donnons
donc 15,000 lieues quarrées de ſurface à l'Angleterre. — Déduiſons - en un dixième pour les
terres arides, brûlées par les hâles & les ſels de
la mer, il nous reſtera de productif 13,500 lieues
quarrées. — A combien évaluez-vous le revenu
de la lieue quarrée en toute ſorte de produits &
de propriétés ?

MILORD SPITEAL.

A combien ! … ma foi vous m'embarraſſez : …
à combien l'évalue Mr. de Vauban ?

LE COSMOPOLITE.

En 1699 Mr. de Vauban l'évaluoit à 36124 liv.
libres des frais de charrue : en 1772 Mr. de Pelliſſery l'a évaluée à 60,000 liv.

MILORD SPITEAL.

Ces deux évaluations me paroissent trop fortes pour la Grande-Bretagne, ses denrées étant pauvres & limitées. — Nous ne recueillons ni vin, ni huile, ni soie, ni fruits secs comme la France : tout se réduit chez nous à du bled, des houblons, des navets, des prairies & à quelques légumes que l'on peut sécher. — Toutes ces denrées sont bien pauvres.

LE COSMOPOLITE.

N'importe : ... quelle valeur leur donnez-vous ?

MILORD SPITEAL.

Ma foi à vue de pays, y compris les produits de nos troupeaux, je ne crois pas que la lieue quarrée puisse produire en Angleterre au delà de 1000 à 1200 liv. sterl. de revenus libres : ce qui pourroit faire 22, 24 ou 26 mille livres tournois de France.

LE COSMOPOLITE.

Comme nous ne calculons point pour faire des acquisitions ; que ce n'est que pour nous instrui· re, — pour ne pas nous tromper, disons que la lieue quarrée produise en Angleterre communément 35,000 livres tournois : — sur 13,500 lieues quarrées, nous trouverons un revenu annuel de . . . . L. 472,500,000

Comme les revenus des maisons doivent faire masse avec les revenus des terres, à combien évaluez-vous le nombre de vos maisons des villes, villages, bourgs & campagnes ?

MILORD SPITEAL.

A combien Mr. de Vauban en évalue le nombre pour la France ?

LE COSMOPOLITE.

Mr. de Vauban lui en donne 200,000 , & Mr. de Pelliſſery 500.000. — Le premier en eſtime le revenu les unes dans les autres à 80 liv. libres des réparations & Mr. de Pelliſſery à 200 liv.

MILORD SPITEAL.

Proportion gardée dans cette évaluation , — je crois que l'on peut tabler ſur 200,000 maiſons dans les trois royaumes de la Grande-Bretagne , & en eſtimer le revenu à 3. liv. ſterl.

LE COSMOPOLITE.

Mettons-en 250,000 , & établiſſons-en les revenus libres les unes dans les autres à 100 liv. de France : — les 250,000 nous donneront . . . . 25,000,000.

Voilà en total à quoi ſe montent les revenus annuels de la Grande-

Bretagne . . . . L. 497,500,000

Voyons actuellement celui des dépenſes générales du corps politique. — Nous avons donné à la Grande-Bretagne 9,000,000 d'ames de population : ajoutons-y comme Mr. de Pelliſſery l'a ajouté à celle de la France 5 pour 100 de commerce maritime, 5 pour 100 d'approviſionnement pour les colonies occiden-

tales. En tout 10 pour
cent . . . . . ci . . —900,000

___

En tout 9,900,000 ames à nourrir.

___

tous les jours. — A combien évaluez-vous la dépense journalière d'un anglois ?

MILORD SPITEAL.

On l'évalue assez généralement à 8 deniers sterl.
par jour, & à 12 liv. sterl. de dépenses annuelles.

LE COSMOPOLITE.

Mr. de Pellissery l'évalue à 6 s. par jour, & à
175 liv. 16 s. pour toute l'année.

MILORD SPITEAL.

Ce n'est pas assez pour un anglois. — L'anglois
est carnassier, se nourrit bien, s'habille bien : . . .
tout cela coûte.

LE COSMOPOLITE.

Hé bien ! établissons pour un chacun 200 liv.
de dépenses annuelles.

MILORD SPITEAL.

C'est trop peu.

LE COSMOPOLITE.

N'importe, sur 9,900,000 ames, ce sera une
dépense de . . . . . . .L. 1,980,000,000.
  Revenus de l'état qui entrent
dans la dépense publique, à 11
millions de liv. sterl., & à 22
liv. de France . . . . . — 242,000,000.
  Revenus des communautés &
assises des villes, évalués à 10
pour 100 sur 497,500,000 des
revenus fonciers . . . . . 49,750,000.

___

Ce qui nous donne en dépense L. 2,271,750,000.

___

contre 497,500,000 de revenus fixes.

VAN MAGDEBOURG.

Mon ami, (*au milord*) favez-vous que vous êtes bien pauvre ? — comment diable 2,271,750,000 de dépenfes, contre 497,500,000 liv. de feuls revenus fixes ! . . . hé ! comment liez - vous les deux bouts ?

ST. ALBIN.

La chofe ne paroît pas poffible : — je croyois l'Angleterre beaucoup plus riche.

LE COSMOPOLITE.

Voilà la loi & les prophètes. — Ce calcul eft plutôt à l'avantage qu'au défavantage de l'Angleterre, attendu que tous les objets de productions y font calculés fur la plus haute quantité ; & que les dépenfes y font prifes dans la plus baffe proportion : — de forte que fi la Grande - Bretagne a moins de revenus fonciels, contre de plus fortes dépenfes, elle eft encore plus pauvre que ma combinaifon. — De ce calcul il en réfulte, . . . que déduifant 497,500,000 liv. des 2,271,750, 000, il refte un déficit de 1,774,250,000 liv. dans les dépenfes publiques, qui ne peut être rempli que par les bénéfices du commerce utile & politique des fujets.

VAN MAGDEBOURG.

Venez ici, mon ami, que je vous embraffe.— Depuis que je raifonne, que je chiffre & que je vois chiffrer, . . . je n'ai point encore entendu une perfonne éclairer les autres par des principes économiques de cette fageffe & de cette évidence. — Quelles racines vous découvrez à notre fotte crédulité ! quel cahos d'intérêts & de rapports expliquez - vous à notre confiance ! — Moi, je croyois la Grande-Bretagne trois fois plus riche !... Je la croyois toute d'or, & fon or n'eft que de la pouffière ! — Quoi ! toutes fes richeffes font dans les doigts de ſes ſujets; & ſi on leur lie les mains, il faut qu'elle meure de faim !

MILORD SPITEAL.

Je ſuis auſſi ſtupéfait que vous de tout ce que vient nous démontrer notre ami. — Sa combinaiſon eſt ſi ſimple, ſi claire & ſi conſéquente, que j'en demeure tout étourdi. — Comment tant de dépenſes contre ſi peu de revenus !... Hé ! que feroit la Grande-Brétagne ſans le commerce de ſes ſujets !

VAN MAGDEBOURG.

Hé ! que feroient toutes les nations, mon cher milord, ſans cet Etre bienfaiſant ! — c'eſt lui qui nourrit les hommes, qui coopére à leur bonheur, à leur félicité. — Que feroient les arts & les ſciences ſans le commerce !

LE COSMOPOLITE.

Nous en ſommes au point où j'en voulois venir. — Vous convenez, milord, que ma combinaiſon n'eſt point hors de vérité ?

MILORD SPITEAL.

Tant s'en faut.

LE COSMOPOLITE.

Puiſque vous en convenez, vous voyez auſſi bien que moi, qu'il faut aujourd'hui que la Grande-Bretagne ſe procure par le commerce de ſes ſujets, le montant du déficit de ſes dépenſes générales qui eſt toutes les années de L. 1,774,250,000.

Pour que le commerce utile de ſes ſujets puiſſe être le premier agent de cette réaliſation, il faut que le commerce politique de l'état vienne au ſecours du gouvernement ; & que par ſes fréquentations, il exporte en pays étranger les ſuperflus

de votre commerce utile. En
conféquence, pour connoître le
numéraire de la portion indif-
penfable que le commerce politique doit faire valoir, défal-
quons de la fomme en déficit
ci-deſſus, celle qui fe remplit
par la confommation perfonnelle de vos 9,900,000 ames de
population ; & difons que fi chacune de vos 9,900,000 ames,
procure un recomblement de
30 liv. par tête, pour les dépenfes annuelles en habillement,
hardes , meubles &c. . . . . . la
Grande-Bretagne s'affiftera dans
fon déficit de L. 297,000,000⎫
Revenus de l'état   ⎪
qui tombent au   ⎪
profit de la na-   ⎬ — 588,000,000.
tion . . . . . . 242,000,000 ⎪
Revenus des com-   ⎪
munautés . . . .49,000,000 ⎭

Refte en obligation . . . L. 1,186,250,000.

à la charge du commerce politique.
Sᴛ. Aʟʙɪɴ.
Voudriez - vous bien m'expliquer ce que vous
entendez par commerce politique ?
Lᴇ Cᴏsᴍᴏᴘᴏʟɪᴛᴇ.
On appelle commerce politique celui qui eſt
fait en pays étranger fous la protection de l'état ;
ou qui eſt procuré, comme celui de la pêche ,
par l'adreſſe des fujets & garanti par toutes les
forces d'une nation. — Le travail de la naviga-

tion forme encore une des branches premières de ce commerce, parce que fans fon fecours, les nations d'Europe n'auroient jamais pu fe tranf-porter dans les Amériques ; & les Anglois même ne feroient jamais fortis de leur continent. — Pour vous donner une idée plus briève de ce que l'on appelle commerce utile & commerce politi-que, il faut vous dire que le mot de commerce utile ne fe donne par l'adminiftration d'un gou-vernement qu'aux opérations intérieures des fu-jets, qui font dépendantes de l'agriculture, des mécaniques, de l'induftrie & du progrès des fa-briques ; & que celui de commerce politique, n'embraffe jamais que les intérêts extérieurs des fujets, toutes les conftitutions arbitraires de leur commerce & le libre arbitre de leurs fréquenta-tions en pays étrangers. — En conféquence, tout ce qui eft exportation, importation & crédit public, appartient de droit aux difpofitions par-ticulières du gouvernement qui en reftreint, ou détermine les opérations des fujets, fuivant les avantages qu'il peut en réfulter pour toute une nation ; & tout ce qui eft agriculture, circula-tion intérieure & mécanique, refte au libre ar-bitre des citoyens, fous la feule & paifible pro-tection des loix. — Avec cette diftinction, on ne peut guère s'égarer.

S t. A l b i n.

Je vous comprends très-bien. — Il en réfulteroit par votre explication, que les fujets doivent être libres dans leurs occupations ; & que le gouver-nement feulement ne doit que leur faciliter les débouchés de leurs fuperflus par les opérations du commerce politique.

M i l o r d   S p i t e a l.

Certainement. ... d'où il s'établit que le commerce politique d'une nation s'alimente toujours de tous les superflus du commerce utile des sujets ; & que sans superflus, il ne peut exister de commerce politique.

Le Cosmopolite.

Vous parlez comme un ange, mon cher milord. — Revenons à nos moutons. — Nous avons dit qu'il restoit en déficit à la Grande - Bretagne ci . . . . . . L. 1,186,250,000. qui ne peuvent être procurés que par les bénéfices de son commerce politique. — Le commerce politique de la Grande - Bretagne, se répartit chez toutes les nations de l'Europe, & entretient de très-fortes liaisons avec l'Asie, l'Afrique & l'Amérique. — La combinaison de ce commerce immense, pour la répartition de chaque fréquentation, ne peut être calculée dans ses détails par aucun particulier, du moins que très-difficilement. — Seulement on pourroit dire en gros, par une supputation connue, . . . que si le commerce que fait la Grande-Bretagne avec l'Europe, se monte par exemple à 20 millions de liv. sterl. par une navigation directe de la métropole de 1500 vaisseaux, . . . la nation en occupant plus de 6000 toutes les années dans ses commerces, il en résulteroit que l'Asie, l'Afrique & l'Amérique doivent faire valoir pour 700 millions de commerce & y occuper 4500 vaisseaux:— mais cette combinaison nous meneroit trop loin.

Van Magdebourg.

Vous avez raison de dire qu'elle nous meneroit trop loin, y ayant des bâtimens qui partent très-riches de l'Angleterre, & d'autres très - pauvres par des articles minutieux & de peu de valeur.— Comment pouvoir calculer tout cela !

LE COSMOPOLITE.

Si on le vouloit bien, on en viendroit à bout,... mais la chofe nous eft indifférente. — Contentons-nous d'approfondir la partie la plus effentielle des commerces politiques de la Grande-Bretagne, qui eft celle de l'Europe.

MILORD SPITEAL.

Comment ! vous croyez que la partie de l'Europe eft la partie la plus effentielle de nos commerces politiques ? — mais cela ne fe peut pas.

LE COSMOPOLITE.

Pardonnez-moi, cela fe peut ; & la chofe eft ainfi, très-certainement.

MILORD SPITEAL.

Confidérez la quantité immenfe de vaiffeaux que nous occupons dans nos feules liaifons avec l'Amérique. — Savez-vous qu'ils fe montent à plus de 3000 ?

LE COSMOPOLITE.

Je fais cela.

MILORD SPITEAL,

Hé bien !

LE COSMOPOLITE.

Hé bien ! que feroit l'Amérique fans les débouchés de l'Europe ! — Donc fi les diverfes nations de l'Europe confomment les fuperflus de votre métropole & la majeure partie de toutes les denrées de vos colonies, ... votre commerce dans ce continent eft le plus effentiel. — En convenez-vous ?

MILORD SPITEAL.

Je me rends.

LE COSMOPOLITE.

Avez - vous jamais calculé à quoi pouvoit fe monter cette feule partie par la répartition locale de vos fréquentations dans la Baltique, les ports de l'Océan & de la Méditerranée ?

MILORD SPITEAL.

Non. — Je n'ai même jamais porté mes obſervations dans des régions auſſi reculées que celles
où vous me tranſportez.

LE COSMOPOLITE.

La choſe eſt cependant aſſez intéreſſante. —
pour moi, j'ai obſervé dans mes divers voyages,
& j'en ſuis tombé d'accord avec pluſieurs de vos
compatriotes, gens inſtruits & éclairés, ... que
le commerce politique de la Grande-Bretagne en-
trepris directement des ports de la métropole avec
chacune des nations ci-après, ſe montoit

avec la Ruſſie . . . . à 2,500,000 Liv. St. par une navigation
de plus de 250 Vx.
avec la Suede . . . . . 800,000 dites . . idem . 100 dits.
avec le Danemarc . . 800,000 dites . . idem . 100 dits.
avec Dantzic . . }
avec Hambourg } . . 1,500,000 dites . . idem . 150 dits.
avec la France. . . . . 800,000 dites . . idem . 100 dits.
avec l'Eſpagne . . . . 3,000,000 dites . . idem . 150 dits.
avec le Portugal . . . 4,000,000 dites . . idem . 250 dits.
avec la Savoye &
l'Iſle de Sardaigne . 500,000 dites . . idem . 40 dits.
avec Genes . . . . . . 1,500,000 dites . . idem . 100 dits.
avec la Toſcane . . . 1,500,000 dites . . idem . 120 dits.
avec Naples & Sicile 1,000,000 dites . . idem . 130 dits.
avec les Etats du S. Siége 400,000 dites . . idem . 30 dits.
avec l'Iſle de Malthe . 100,000 dites . . idem . 10 dits.
avec Veniſe . . . . . . 800,000 dites . . idem . 60 dits.

Livres Sterlins 19,700,000 en tout par une
———————— navig. directe de 1590 Vx.

ſans les bâtimens & commerces des capotages
des ports étrangers, & ſans ceux d'une navigation directe des colonies dans tous les ports de
ces diverſes nations, qui ne laiſſent pas de faire
encore un objet. — En conſéquence, le commerce direct de la Grande-Bretagne avec la partie
extérieure de l'Europe, doit être conſidéré occuper lui ſeul 1590 vaiſſeaux marchands, par les
débouchés

débouchés des superflus de la métropole de plus
de 19 mil. de liv. sterl.à 22 liv. tourn. nous aurons
liv. 433,400,000. Par cet état, il est visible que
la Grande-Bretagne réalise dans cette seule portion
de ses commerces politiques 400,000,000 millions
au moins de revenus, qui recomblent à la majeure partie du déficit de ses 1186 millions.

V an M agdebourg.

Ho! ho! ho! que vous extravaguez notre ami!—
Quoi! vous voulez faire produire à 433,400,000
liv. d'exportation un bénéfice de plus de 400
millions? mais vous n'y pensez pas! — Songez que
rien n'est si mince & si casuel que les profits du
commerce en temps de paix; & que quand nous
trouvons 2 & 3 pour 100 en sus de l'intérêt de
notre argent, nous regardons cela comme une
très-bonne affaire : .... hé vous, vous parlez de
100 pour 100!

L e C osmopolite,

Vous Van Magdebourg, vous raisonnez en négociant, & moi je raisonne en calculateur politique. — Si vous me fâchez, je vous prouverai
qu'ils doivent en produire plus de mille : ....
n'est-il pas vrai que ce que vous dépensez, tombe
au profit d'un autre?

V an M agdebourg.

Oui.

L e C osmopolite.

Que cet autre le dépense en faveur de plusieurs autres?

V an M agdebourg.

Oui.

L e C osmopolite.

Hé bien, suivez cette cascade & vous verrez
qu'en politique, le travail des sujets est le seul
& unique profit; qu'en se perpétuant de main

en main, il eft de dix & de vingt fois plus confidérable que je ne le fuppofe. — Mais en me
bornant à la fimple & première opération d'un
commerce politique, il exifte que dans cette feule
opération, la Grande - Bretagne réalife fur les
nations étrangères 400,000,000 de liv. tourn. —
preuve, les 433,400,000 d'exportation font au
11 douzième près, tous remplis par les fuperflus
de vos articles d'induftrie en draps, camelots,
calamandes, fempiternes, burates, bayettes,
bas, bonnets, chapeaux &c. — Il eft connu que
tous ces divers articles de fabrications, (par les
diverfes claffes d'opération qu'exigent les matières
premières avant d'être employées,) laiffent de pur
& fimple mécanique chez les fabricans, la valeur
de 75 à 80 p. 100 de bénéfice. — En conféquence,
fur 433,400,000 de l'exportation de la Grande-
Bretagne dans tous ces articles, il eft prouvé
que la nation angloife a réalifé à leur fortie de la
métropole au moins . . . . . L. 300,000,000.

Le travail des bâtimens qui
doivent exporter les 433,400,
000 liv. ci-deffus, entre également dans la fpéculation politique. — De cette feconde opération, il doit refter au profit
de l'état les journées de conftruction, carène, armement &
défarmement defdits bâtimens,
falaire de matelots, nourriture,
fret &c. — Pour donner une
valeur raifonnée à tous ces produits, difons que chacun de nos
1590 bâtimens dépenfe dans
toute l'année pour fes armemens & carène 150 liv. fterl,

à 22 liv. de France pour une
l. fterl. nous aurons L.   3,300——
pour les défarmemens
50 liv. fterl. idem . . . . 1,100——

Ce fe rapar vaiffeau L. 4,400—

Et pour les 1590 L. 6,996,000
Déduifons de cette
fomme 1 quatrième
pour les valeurs pre-
mières des fourni-
tures . . . . 1,749,000.

Refte libre en béné-
fice . . . . . . L. 4,247,000.
Reconftruction des
vieux bâtimens, ou
de ceux naufragés à
6 pour 100 fur les
1590 : 95 vaiffeaux
toutes les années à
550 liv. fterl. les uns
dans les autres de
bénéfice . . . . . . 1,220,000.

L. 5,467,000.
Salaires, nourri-
ture & fret.
Que les uns dans
les autres, chacun
des 1590 vaiffeaux
falarie, officiers ou
matelots 15 perfon-
nes par bâtiment,
nous aurons 23,850

perfonnes (2) à 30 l.
par mois les uns
dans les autres, ce
fera 360 l. par tête
l'année & pour les
23,850 . . . . 8,586,000.

 Nourriture à 3 ra-
tions par jour, & à
7 f. par ration, (at-
tendu qu'il fe gâte
des provifions) 21 f.
par jour . . . . 9,015,300.

 Bénéfice libre du
fret à 300 liv. fterl.
par vaiff. pour toute
l'année fur les 1590
liv. fterl 477,000 & 10,494,000.

     L. 33,562,300.

 Bénéfices du né-
gociant.

 Intérêts des 433,
400,000, à 3 pour
100 feulement . . . 13,002,000.

 Bénéfice en fus
des intérêts à 6 pour
100 (3) . . . . 26,004,000.

 Bénéfice fur les
retours à 4 pour 100
fur 459,402,000 . . 19,375,000.

          91,944,300.

  En tout . . . L. 391,944,300.

____

 (2) Les Anglois naviguent avec moins de monde que
les François, & leurs falaires font plus chers.

 (3) Dans l'éloge politique de Colbert, ils font évalués
à 20 pour 100, parce que le commerce de la Compagnie
des Indes (dont les bénéfices font toujours de 100 pour 100)
eft confondu dans la maffe générale de la moins value de
celui de la France depuis 1771.

laiſſant en dehors mille autres revenans bons, pour les pertes que peuvent eſſuyer les négocians.— Vous voyez, Van Magdebourg, que toutes ces parties calculées très - cavalièrement, me rapprochent bien des 400 millions de profits que j'ai ſuppoſé être réaliſés par la Grande - Bretagne dans les 433,400, 000 de commerce avec l'Europe.

VAN MAGDEBOURG.

Je me rends. — Certainement on ne peut être plus modéré dans ſes combinaiſons, y en ayant mille autres que l'on ſeroit en droit de les y additionner. — J'avoue à ma honte que je n'en ferois pas autant : — mais laiſſons les minutieux détails, pour ne nous point diſtraire des objets eſſentiels.

LE COSMOPOLITE.

Par cet état des intérêts mercantils, en combinaiſon politique, vous conviendrez avec moi, milord, que votre commerce avec l'Europe, eſt une des plus grandes reſſources de la Grande-Bretagne.

MILORD SPITEAL.

Certainement ! — je le ſens mieux que jamais à préſent.

LE COSMOPOLITE.

Puiſque vous en convenez, ... avouez encore que ſi les trois couronnes des Bourbons vouloient s'entendre, & qu'elles fiſſent un plan d'arrangement entr'elles pour vous ſéqueſtrer un beau matin tout ce riche commerce, ... que la Grande-Bretagne ſeroit bien embarraſſée.

MILORD SPITEAL.

Plus qu'embarraſſée, ſi cela ſe pouvoit.

LE COSMOPOLITE.

Malheureuſement oui, cela ſe peut ; & de deux façons bien ſenſibles : la première par des procédés honnêtes, en fuivant rigoureufement les us & coutumes de la politique moderne : — la feconde, en fe fervant des mêmes droits que fe font arrogés la Grande - Bretagne & la Pruffe , d'attaquer toutes les nations fans déclaration de guerre. — Par le premier arrangement, les cours de Verfailles & de Madrid avec 25 ou 30 millions de dépenfes chacune, mineroient la nation angloife à la faire tomber en lambeaux en quatre ou cinq ans de temps. — Par la feconde, elles l'écraferoient pour toujours, en tombant fans dire gare (dans une même quinzaine) fur toute votre marine marchande , fur votre métropole, fur Port - Mahon, fur Gibraltar, fur Terre - Neuve ; & en finiffant par faire foulever , & en rendant indépendantes de l'Europe toutes vos colonies feptentrionales.

VAN MAGDEBOURG.

Tou ! tou ! tou ! mon ami, quelle gambade ! — ne voudriez - vous pas encore enjamber l'Angleterre pour y piffer deffus comme Guliverd fur la ville de l'Illiput ?

MILORD SPITEAL.

Le Cofmopolite nous prend fans doute pour les enfans des enthoufiaftes du comte du Tonneau. — Quelle idée extravagante, mon cher ami, vous a-t-il paffé dans la tête ! — tout votre bon fens, tout votre jugement, toutes vos connoiffances politiques échouent avec ce projet. — Comment efpérer de pouvoir concilier tant d'opérations , tant d'intérêts divers fans être apperçu ! — comment, dis - je, pouvoir fe flatter de mettre en mouvement tant de combinaifons différentes, tant de reflorts, tant d'intrigues en pratique, fans fe trouver arrêté par quelque obftacle invincible ! — allons , mon cher ami, vous déraifonnez.

LE COSMOPOLITE.

Je fuis bien dans mon bon fens : — je ne demande que deux ans de préparatif ; & avec 50 millions de dépenfes extraordinaires, je fais opérer à la France & à l'Efpagne la première révolution. — Pour la feconde, je demande 120 à 130 millions ; & dans moins de quatre mois, (après mes deux ans de préparatif) j'éreinte la Grande-Bretagne, de façon qu'il ne fera pas plus queftion d'elle dans l'Europe, que de l'Ifle d'Otahity dans les terres auftrales.

MILORD SPITEAL.

Quoi ! fi peu de temps pour une fi rude befogne !

LE COSMOPOLITE.

Pas davantage. (*au milord*) Quoi vous riez !

MILORD SPITEAL.

Pourquoi pas : — tenez, voyez St. Albin & Van Magdebourg, ils en rient auffi.

LE COSMOPOLITE.

Sully eut bien le courage d'en faire autant vis-à-vis du divin Henri IV. quand ce grand prince lui fit part de fon projet pour établir une paix durable parmi les nations chrétiennes. — Ce célèbre miniftre en favoit plus que vous & que moi ; & il revint de fa prévention, quand il eut entendu l'ordre & le plan du fyftême de fon fouverain. — Ne pourriez-vous pas à votre tour faire la même chofe à mon égard ?

MILORD SPITEAL.

Non, je ne le crois pas.

VAN MAGDEBOURG.

Ni moi non plus : — (*au milord*) cependant voyons de quelle façon il s'y prendra.

LE COSMOPOLITE.

Laquelle des deux opérations voulez-vous ?

VAN MAGDEBOURG.

Toutes les deux : — commencez par la première qui fera peut-être favorable à notre commerce, — car ces diables d'Anglois nous traverfent par tout.

MILORD SPITEAL.

Chacun cherche à gagner fa vie.

LE COSMOPOLITE.

Rien de plus naturel. — Pour fatisfaire la curiofité de Van Magdebourg, il faut fe rappeller que nous fommes tombés d'accord, il n'y a qu'un moment, que le commerce direct de la Grande-Bretagne avec les nations ci-après, fe montoit

à 2,500,000 liv. ft. avec la Ruffie, ou à 22 l. pour une l. ft. L. 55,000,000
à   800,000   dits avec la Suéde . . . . . idem 17,600,000
à   800,000   dits avec le Dannemarc . idem 17,600,000
à 1,500,000   dits avec Dantzic , Ham-
              bourg & Lubec . . . . idem 33,000,000
à   800,000   dits avec la France . . . . idem 17,600,000
à 3,000,000   dits avec l'Efpagne . . . . idem 66,000,000
à 4,500,000   dits avec le Portugal . . . idem 99,000,000
à 1,500,000   dits avec Gènes . . . . . . idem 33,000,000
à 1,500,000   dits avec la Tofcane . . . idem 33,000,000
à 1,000,000   dits avec les Etats de Naples, idem 22,000,000
à   400,000   dits avec les Etats du Pape. idem 8,800,000
à   100,000   dits avec l'Ifle de Malte . . idem 2,200,000
à   800,000   dits avec les Etats de Venife. idem 17,600,000
à   500,000   dits av. les états de S.M.Sarde.idem 11,000,000

à 19,700,000 liv. fterl. ou livres tournois de France (4) L.433,400,000

MILORD SPITEAL.

Oui, nous en fommes convenus.

LE COSMOPOLITE.

Puifque nous en fommes convenus, croyez-

---

(4) L'on obfervera ce qui a été dit, que ceci ne regarde que le commerce direct des ports d'Europe de la Grande - Bretagne ; les Colonies faifant bande à part, de même que le commerce de Capotage des ports étrangers, qui peut être fait par d'autres pavillons.

vous qu'il fût difficile aux trois couronnes des
trois branches régnantes des Bourbons, de s'arranger avec le Portugal & avec toutes les nations
de l'Italie, pour faire proscrire dans leurs ports
respectifs l'entrée de tous vos vaisseaux & de toutes vos marchandises ?

M I L O R D S P I T E A L.

Très - difficile, & je regarde même la chose
impossible.

L E C O S M O P O L I T E.

En quoi ?

M I L O R D S P I T E A L.

Par plusieurs raisons : — la première, comment pouvoir se flatter d'exiger de toutes ces diverses nations, que pour complaire à la France
& à l'Espagne, elles voudront bien se priver des
avantages que leur procure le commerce de ses
sujets en liaison avec ceux de la Grande - Bretagne, & s'arriérer dans les produits de leurs
douanes qui forment la plus riche portion de
leurs finances ! c'est une folie de le penser. —
La seconde, c'est que quand la chose se pourroit,
croyez - vous que les forces maritimes de la Grande Bretagne soyent si peu à redouter ?

L E C O S M O P O L I T E.

Toutes les forces maritimes de la Grande-
Bretagne ne pourront rien contre cette guerre
de cabinet : — elles échoueroient dans la Méditerranée, une fois qu'elles ne pourroient s'ap-
provisionner nulle part, sinon en Afrique ou dans
la Turquie ; ... dans quel cas, l'Afrique n'offre
que de très-foibles ressources pour des escadres
un peu considérables, ne leur offrant que des
rades désertes ou des ports hors d'état de pouvoir
s'y radouber : la Turquie offre plus d'avantages ;
mais elles sont si distantes des côtes des nations

chrétiennes, qu'il paroît presque impossible qu'aucune escadre puisse jamais bloquer longtemps les ports de tant de nations différentes, sans s'exposer elle - même à y périr ; — de sorte que du côté de la force, la Grande - Bretagne ne pourroit rien. — Il ne lui resteroit que la porte de l'intérêt ; & c'est justement celle que les deux couronnes de France & d'Espagne vont attaquer plus avantageusement que ne pourroit le faire l'Angleterre.

St. Albin.

Ce ne seroit guere dans ce moment , ... car nos finances sont bien épuisées & bien mal administrées.

Van Magdeboubg.

Voyons quelle sera cette débacle : — (*au milord*) on vous prépare , mon cher ami , un furieux dégel.

Milord Spiteal.

Il faut croire qu'il ne sera pas bien dangereux.

Le Cosmopolite.

Le commerce de la Grande - Bretagne avec les nations-ci-après, est reconnu payer aux douanes respectives, soit pour les droits d'entrée, comme pour ceux de sortie de 8 à 10 pour 100 en tout.— Avec la connoissance de ce produit & celle de la somme particulière à laquelle il se monte pour chaque nation, la France, l'Espagne & les états de Naples feront faire par leurs ambassadeurs respectifs de très-expresses alternatives au Portugal, au Roi de Sardaigne, à la république de Gênes, au Grand Duc de Toscane, au St Père, à l'ordre de Malte, à la république de Venise, ou d'accepter une alliance offensive & défensive avec les trois couronnes des maisons de Bourbons contre la Grande-Bretagne, ou une guerre ouverte avec chacune d'elles. — Comme les ports de Toulon & de Carthagène font aux portes des villes maritimes de toutes ces diverfes nations ; que le Portugal eft enclavé dans l'Efpagne, il eft à croire qu'aucune d'elles ne voudra accepter d'une guerre qui les écraferoit fans reffource, malgré qu'elles s'expofaffent à en avoir une certaine avec l'Angleterre : . . . mais c'eft à la France & à l'Efpagne à les protéger, dans quel cas toutes les nations ci-deffus acceptant l'alliance propofée, la France & l'Efpagne s'obligeront de leur payer annuellement, tant que durera cette guerre de cabinet, 12 pour 100 de la valeur du commerce que faifoient les Anglois avec chacune d'elles. — En conféquence, le commerce de la Grande-Bretagne fe montoit toutes les années avec le Portugal

à 99,000,000 de liv. tourn. il lui feroit payé à 12 p. 100. L.11,880,000
à 11,000,000 . . idem . . le roi deSardaigne . idem . . 1,320,000
à 33,000,000 . . idem . . la républ.deGênes . idem . . 3,960,000
à 33,000,000 . . idem . . Duché deTofcane . idem . . 3,960,000
à 22,000,000 . . idem . . Etats de Naples . . idem . . 2,640,000
à   8,800,000 . . idem . . Etats du St. Siége . . idem . . 1,080,000
à 17,600,000 . . idem . . la républ.deVenife . idem . . 2,112,000
à   2,200,000 . . idem . . l'Ordre de Malte . . idem . . 264,000

à 226,600,000 l. t. à 12. p. 100. moitié pour la France
               moitié pour l'Efpagne. L.27,216,000

MILORD SPITEAL.

Hé ! croyez-vous que toutes ces diverfes nations vouluffent s'accommoder d'un arrangement auffi défavantageux à leurs befoins, à leurs aifances domeftiques, au commerce de leurs citoyens?

LE COSMOPOLITE.

Certainement, & par plufieurs raifons. . . . Je dis plus, leurs divers gouvernemens en feroient enchantés : 1°. plus d'avantages dans les revenus publics : 2°. plus d'encouragement dans leur induſtrie ; celle de l'Angleterre par ſon bon marché étouffant tous les germes naiſſans de leurs fabriques : 3°. leur propre ſûreté ; la France & l'Eſpagne étant à leurs portes, & pouvant les écraſer à tous les inſtans avec leurs eſcadres de Toulon & de Carthagène.

VAN MAGDEBOURG.

Je commencerois preſque à croire, milord, qu'il pourroit avoir raiſon : — Par tout où l'on eſt le plus fort, on donne la loi. — La France & l'Eſpagne ſont les plus fortes dans la Méditerranée ; & je craindrois bien pour vous, qu'elles ne réuſſiſſent dans ce projet : mais elles n'auroient pas la même facilité avec les diverſes nations de la Baltique.

LE COSMOPOLITE.

Plus de facilité encore, qu'avec celles de la Méditerranée ; la France & l'Eſpagne n'ayant beſoin que de l'alliance du Dannemarc :... toutes les autres ſont inutiles.

VAN MAGDEBOURG.

Comment ! la Suede, la Ruſſie, la Pruſſe, Dantzic, Hambourg, Lubec n'entrent point dans votre confédération ?

LE COSMOPOLITE.

Pardonnez-moi ;... mais point pour des ſubſides : — comme elles ſont pour ainſi dire aſſervies au Dannemarc, ne pouvant ni entrer ni ſortir de la Baltique ſans lui payer tribut ; en ayant le Dannemarc pour elles, la France & l'Eſpagne ont toutes les autres nations de ce continent.

MILORD SPITEAL.

Hé ! comment vous arrangeriez - vous avec le Dannemarc ?

LE COSMOPOLITE.

En lui payant un ſubſide d'un million de liv.

par mois, tout le temps que durera cette guerre.—
De forte qu'avec 12 millions payés au Dannemarc
& avec 27,216,000 liv. répartis aux diverfes puiffances de la Méditerranée 39,216,000 en tout,
ou 40 millions, la France & l'Efpagne interceptent tout le commerce direct de la Grande - Bretagne avec la terre ferme de ce continent.

Milord Spiteal.

Il lui reftera celui de l'Amérique, de l'Afrique
& de l'Inde qu'elle pourra toujours faire, & qu'elle
fera avec plus d'avantage.

Le Cosmopolite.

Hé ! comment le ferez-vous, fi vous n'avez plus
de débouchés ? — vos colonies pourront - elles
confommer toutes leurs denrées ? — pourrez-
vous manger tout feuls toute votre pêche du hareng & de la morue ? —pourrez-vous mettre en
ufage tous vos divers articles d'induftrie ?....
non. — Quand tout cela ne pourra plus fe faire,
où prendrez-vous vos revenus ? — comment vous
remplirez-vous du vuide de plus de 400 millions
occafionnés dans vos dépenfes générales ? — Confidérez la cafcade immenfe qu'entraîne ce défaut
de débouché, combien elle laiffe de citoyens
oififs & combien elle arriére les recettes publiques ? — Dans la fpéculation politique, tout
étant lié depuis le fouverain jufqu'au moindre des
fujets, dès que l'on affoiblit les intérêts particuliers, on détruit les intérêts d'un gouvernement ;
& la décadence devient parfaite par l'oifiveté &
la mifère des peuples. — Jugez-en par l'Efpagne
après Philippe II. jufqu'à Philippe V ! — Que la
France & l'Efpagne faffent durer feulement quatre ans cette guerre de cabinet !...où en fera la
Grande - Bretagne ! ... elle fera anéantie pour
plus d'un fiècle.

MILORD SPITEAL.

Hé ! la France & l'Espagne feront-elles mieux ? leurs subsides ne les dévoreront-elles pas ? — leur commerce ne souffrira-t-il pas des déchets ?

LE COSMOPOLITE.

Certainement elles feront beaucoup mieux. — Considérez que leur plus forte dépense pour chacune fera de 20 millions : mettez-en 20 de plus pour tous les autres extraordinaires de cette guerre, ce fera 40 millions : ... dans 4 ans elles auront dépensé 160 millions chacune en extraordinaire, tandis que vous compterez 1600 millions au moins de vuide dans votre balance politique : — d'ailleurs de vos ressources à celles de la France il y a très-loin. — La France peut toujours faire par terre son commerce avec les nations du nord & du midi de l'Europe, ce que ne pourra jamais la Grande-Bretagne. .... Le fort de ses colonies l'intéresse très-peu aujourd'hui, quoiqu'avec quelques prévoyances, elle puisse très-bien les rendre imprenables. — Celles de l'Espagne font à l'abri d'insulte par leur situation & par les troupes réglées en cavalerie qu'elle y entretient. — Sa navigation est très-peu de chose en Europe & en Amérique, de sorte que toutes ces positions doivent faire frémir la Grande-Bretagne.

VAN MAGDEBOURG.

Ma foi, mon cher milord, je commencerois à croire que notre Cosmopolite raisonne juste ; & que si la France & l'Espagne vous attaquoient de la façon qu'il le dit, ... il y auroit furieusement à craindre pour vous.

MILORD SPITEAL.

Si la chose étoit praticable, je le craindrois aussi : — mais j'y entrevois tant d'enchaînemens, tant d'inconvéniens, tant de difficultés, que je regarde comme impoſſible l'exécution d'un ſemblable projet.

VAN MAGDEBOURG.

Pas ſi impoſſible, mon cher milord : — dans les commencemens j'en riois comme vous.

MILORD SPITEAL.

Très-impoſſible, vous dis-je. — Comment ſe flatter de pouvoir forcer le Portugal, la Savoie, le Dannemarc, Gênes, Veniſe &c. d'adhérer à cette confédération ?

VAN MAGDEBOURG.

Ce précieux métal, cette fatale pluie qui vainquit Danaé, peut vaincre l'Univers.

LE COSMOPOLITE.

Que la France donne de l'ame à la vérité de Van Magdebourg ! qu'elle place 50 mille hommes ſur les frontières de la Savoie avec 20 vaiſſeaux de guerre & quelques frégates bien armées à Toulon ; & que l'Eſpagne en faſſe autant vis-à-vis du Portugal & dans le port de Carthagène !... quelle eſt la nation maritime de l'Italie qui voudra expoſer ſes ports à la fureur de deux eſcadres auſſi formidables ! — aucune, mon ami, aucune.

VAN MAGDEBOURG.

La choſe eſt plus que certaine, mon cher milord, la France & l'Eſpagne, (pour ainſi dire) pouvant de leurs lits bombarder l'Italie, au lieu que l'Angleterre ne peut y arriver que par une navigation de plus de 800 lieues, remplie de détours & de haſards ſans nombre. — D'ailleurs, ou de la part de la France ou de la part de l'Eſpagne, voilà 40 vaiſſeaux de ligne & 20 frégates au moins qu'il faudroit détruire, avant que de toucher à l'Italie.

LE COSMOPOLITE.

Du côté des puissances du Nord , que la France tienne également deux armées de 50,000 hommes, l'une en Alsace & l'autre en Flandre, 30 vaisseaux de ligne toujours armés à Brest ;.... que l'Espagne en fasse autant au Ferreol & le Dannemarc, une quinzaine seulement à l'entrée de la Baltique : qui est - ce qui osera épouser la querelle de la Grande - Bretagne ? — aucune puissance , mon cher milord , pas même la Hollande.

VAN MAGDEBOURG.

Non assurément, pas même la Hollande , la nation angloise, nous dévorant dans tous nos commerces du nord & du midi & nous insultant dans toutes ses guerres : — d'ailleurs quelle est la puissance qui voudroit traverser une si terrible confédération !

LE COSMOPOLITE.

L'on craint toujours plus l'ennemi qui loge à notre porte, quelque foible qu'il soit, qu'un plus fort qui nous menace de 800 lieues. — Que pourroit toute l'Italie ensemble pour la Grande-Bretagne quand elle se déclareroit pour elle ?... rien ; .... que des secours stériles & ruineux , n'ayant ni argent , ni vaisseaux , ni troupes , ... elle exposeroit immanquablement toutes ses villes maritimes à être écrasées par les bombes de la France & de l'Espagne , ou à être dévorées d'épuisement & de misère par les secours continuels qu'elles seroient obligées de fournir aux escadres de la Grande - Bretagne. — Cette alternative cruelle doit vous prouver que les intérêts de l'Italie, dans cette confédération, font les mêmes que ceux de la France & de l'Espagne ; & qu'elle doit se soumettre en tout & par tout à leurs volontés ;

tés ; — qu'il eſt de la prudence d'accepter aveuglément toutes les propoſitions de ces deux puiſſances ; & l'Angleterre doit ſe convaincre, qu'il eſt
très-poſſible à la France & à l'Eſpagne avec 25
ou 30 millions de dépenſes extraordinaires chacune, de lui ſuſciter une guerre de cabinet plus
cruelle pour elle, que la guerre la plus ſanglante
& la plus malheureuſe.

VAN MAGDEBOURG.

Vous me paroiſſez un peu étonné, milord !

MILORD SPITEAL.

Je le ſuis en effet : ... je n'aurois jamais cru
qu'une telle combinaiſon fût poſſible ; & je vois
actuellement par la marche de ces intérêts, qu'il
feroit très - facile de pouvoir la réaliſer. — Ce
diable d'homme m'a tellement renfoncé la parole
dans le cœur, que je n'oſe plus lui demander,
quel pourroit être ſon ſecond moyen pour abat-
tre la puiſſance de la Grande - Bretagne : — je
crains qu'il ne me découvre un ſecond enfer prêt
à nous dévorer.

LE COSMOPOLITE.

Il ne faut pas s'attriſter pour cela, mon cher
milord : — ce que nous diſons ici, ne fait de mal
à perſonne. — Nous nous amuſons : ... nous po-
litiquons, & nous ne faiſons périr perſonne.—
Quand on ne renverſe les empires que par des
paroles, on ne fait jamais de malheureux.

MILORD SPITEAL.

Oui, ... mais tout ce que vous venez de dire
a un fond de poſſibilité ; & de tout ce qui eſt
poſſible en politique, il faut s'en méfier : — car
à votre avis, il ſemble que la France & l'Eſpagne
n'ont qu'à vouloir.

LE COSMOPOLITE.

Oui, elles n'ont qu'à vouloir ; & la Grande-

Bretagne peut être prife dans des filets comme le lion d'Efope.

VAN MAGDEBOURG.

L'on ne fait pas toujours tout ce que l'on defire.

LE COSMOPOLITE.

Pardonnez - moi : ... dans le fait dont nous parlons, la France & l'Efpagne peuvent très-aifément arrêter la confédération dont je viens de vous entretenir ; & avec un peu de prudence & d'adreffe, elles peuvent la rendre plus terrible pour la Grande-Bretagne, que celle des Grecs ne le fut pour la malheureufe ville de Troye.

VAN MAGDEBOURG.

Cofmopolite, vous affommez le pauvre milord.

LE COSMOPOLITE.

Oui, la Grande-Bretagne peut être écrafée fans reffource avec 120 à 130 millions de dépenfes extraordinaires de la part de la France & de la part de l'Efpagne.

MILORD SPITEAL.

Il faut fortir de perplexité. — Comment cela, s'il vous plaît ?

LE COSMOPOLITE.

En m'accordant ce que je vais vous demander.

MILORD SPITEAL.

De quoi s'agit-il ?

LE COSMOPOLITE.

Qu'il puiffe être libre à la France de faire un troc avec le Portugal de la Guiane en Amérique avec les Ifles Maderes de l'Océan.

MILORD SPITEAL.

Sûrement elle le peut ; & la Grande-Bretagne le voudroit bien. — La Guiane peut former un jour une colonie très-riche & très-puiffante à la France, au lieu que les Maderes ne feront jamais que des os à ronger.

LE COSMOPOLITE.

Os à ronger ou non ; ... dès que vous me l'accordez, votre ruine est complette.

ST. ALBIN.

J'ai bien peur, mon cher ami , que vous ne gâtiez un plan bien concerté ; & qu'en voulant lui donner trop d'intérêts, vous ne renverfiez votre befogne : — car votre confédération avec l'Italie & le Dannemarc eft très-bien raifonnée.

LE COSMOPOLITE.

Ce que j'ai à y ajouter, ne gâtera rien : ce font des glaces après le repas. — Suppofons le troc de la Guiane confommé & la France en poffeffion de toutes les Ifles Maderes.

VAN MAGDEBOURG.

Bien, nous n'y repliquons rien.

LE COSMOPOLITE.

Vous favez tous que l'Efpagne poffède les Ifles Canaries ; & que ces Ifles courent à-peu-près nord & fud avec les Maderes à 100 lieues de diftance les unes des autres.

VAN MAGDEBOURG.

Oui, nous favons cela.

LE COSMOPOLITE.

Hé bien, c'eft de ces Ifles Canaries & des Maderes, que je veux faire fortir tous les armemens qui doivent tomber à l'improvifte fur l'Angleterre. — De la Havane fortiront ceux qui iront faccager toutes vos pêcheries de Terre-Neuve, du golfe St. Laurent &c. — De Toulon, ceux qui attaqueront Minorque ou Port - Mahon ; & de Cadix & de Carthagène, ceux qui bloqueront Gibraltar, quand l'Efpagne en fera le fiège par terre. — Toutes ces opérations doivent s'exécuter à jour marqué, au plus tard dans une même quinzaine.

Van Magdebourg.

Savez-vous, notre très-cher Cosmopolite, que la tête vous tourne ; & que vous êtes très-heureux d'avoir affaire à des gens qui vous connoissent d'aussi longue main que nous ? — S'il y avoit ici quelqu'étranger qui vous entendit discourir de la sorte, il vous prendroit pour un empirique, qui se perd en raisonnemens superflus, pour expliquer la possibilité de la pierre philosophale. — Quoi ! vous prétendez dans une même quinzaine faire attaquer l'Angleterre, Gibraltar, Port-Mahon & Terre-Neuve ? vous êtes fou, mon ami, vous êtes fou !

Le Cosmopolite.

Oui, toutes ces possessions dans la même quinzaine, ... sans être fou & sans que la Grande-Bretagne ni aucune puissance d'Europe puisse s'en douter.

Van Magdebourg.

Vous avez donc le secret de Cadmus qui faisoit sortir les hommes de la terre, ou celui de Pierra qui les récréoit en jettant des pierres derrière sa tête.

Le Cosmopolite.

Non, je n'ai pas ce secret & personne ne s'en doutera.

Van Magdebourg.

Vous êtes admirable.

St. Albin.

Je crains bien que notre Cosmopolite ne nous fasse voir le second tome de l'accouchement de la montagne.

Le Cosmopolite.

Je vous entends, St. Albin.... La montagne enfanta une souris, & moi j'enfanterai des prodiges.

St. Albin.

Je le souhaite.

Van Magdebourg.

Vous avez de grands secrets, mon cher ami ; & de plus grands moyens encore.

Le Cosmopolite.

Des moyens surs, autant que la prudence humaine peut s'en promettre. — Ne vous ai-je pas dit qu'il ne me falloit que deux ans de silence & de préparatif?

Milord Spiteal.

Oui.

Le Cosmopolite.

Hé bien, dans ces deux ans de silence & de préparatif, je veux réunir aux Canaries & aux Maderes 12 à 13 mille hommes de troupes réglées de chaque côté ; deux escadres de 15 à 20 vaisseaux de ligne tous armés, tous les équipages & trains d'artillerie nécessaires dans les campemens & dans les sièges ; . . . & à jour marqué, je veux faire prendre le large à tous ces prépatifs, pour venir faire descente en Angleterre : la France du côté de Portsmouth & l'Espagne au nord de Bristol.

Van Magdebourg.

Allons, allons, mon cher ami, finis tes extravagances : . . . à t'entendre, l'on diroit que tu n'as voyagé sur mer qu'avec Robinson Crusoé, quoi! vouloir attaquer l'Angleterre de si loin & avec aussi peu de monde!

Milord Spiteal.

Quand même cela se pourroit, . . . que feriez vous avec vos 25 à 26 mille hommes partagés en deux armées? — croyez-vous l'Angleterre si dépourvue de troupes, qu'elle ne fût en état de détruire ces deux foibles armées?

Le Cosmopolite.

L'ennemi que l'on furprend, eft à moitié vaincu. — L'Angleterre en temps de paix, n'a que très-peu de troupes en pied ; & elles font généralement difperfées dans fes trois royaumes, à Port-Mahon, à Gibraltar, à Jerfey & à Quernefey, de forte que les deux armées de France & d'Efpagne en furprenant la Grande - Bretagne , font plus que fuffifantes pour faire leur débarquement fans obftacle ; ... fe bien retrancher & fe maintenir à terre fans beaucoup d'inconvéniens, en attendant les renforts qui leur feront envoyés, (au premier avis), des ports de Bretagne , de Normandie & de Picardie, de Galice & de Bifcaye.

Van Magdebourg.

Ces renforts feront-ils bien confidérables ? car quand on eft éloigné de fon pays, il faut fe défendre par fes feules forces.

Le Cosmopolite.

Oui , ... 40,000 hommes de la part de la France & 30,000 de celle de l'Efpagne.

Milord Spiteal.

Il vous feroit plus aifé de faire paffer des renforts à vos armées débarquées en Angleterre , qu'il ne vous feroit facile de faire tous vos préparatifs fans éclat. D'ailleurs , comment pouvoir faire fubfifter dans des Ifles auffi bornées & auffi ftériles que les Canaries & les Maderes, 40,000 ames de plus ? à quoi pourroit fe monter tout le monde de ces deux expéditions ?

Le Cosmopolite.

Qui en a fato la lege, a fato l'engano, diche l'Italiano. — Par la réflexion on vient à bout de tout. — La France ayant la propriété des Ifles Maderes, dans les commencemens de leur pof-

ſeſſion , elle ne pourroit guere ſe diſpenſer d'y
tenir conſtamment en garniſon cinq à ſix mille
hommes de troupes réglées & deux ou trois vaiſſeaux de guerre conſtamment en ſtation , afin de
pouvoir accoutumer (ſans violence) cette nouvelle population aux uſages & coutumes de ſon
gouvernement. — Cette néceſſité abſolue jette
un voile ſur toutes les allées & venues que peut
faire la France dans ſes Iſles , pour y parfaire ſon
armement ; qui en étant préparé de loin & par
des voies détournées , devient imperceptible , je
dirai même incroyable. — Pour bien appercevoir
l'adreſſe & la diſſimulation qu'il faut pratiquer dans
tous ces préparatifs , — il faut penſer que la France aura à réunir aux Maderes 12 à 13,000 hommes de troupes réglées , 20 vaiſſeaux de guerre,
une quarantaine de vaiſſeaux de tranſport , ... les
tentes & les bagages des troupes , la poudre , les
canons , les mortiers , les boulets , les bombes
& tous les autres embarras militaires , ſans les
approviſionnemens journaliers des troupes & des
eſcadres , depuis le moment de leur arrivée aux
Maderes juſqu'à celui de leur débarquement en
Angleterre.

ST. ALBIN.

Comment pourrez-vous arranger tout ce vaſte
charroi , ſans que des voiſins jaloux puiſſent s'en
douter ?

LE COSMOPOLITE.

En s'y prenant comme je vais le dire. — Premièrement , il faut que la France ne tranſporte
preſque rien de ſes ports. — Secondement , tous
les plus grands beſoins de cette expédition doivent être retirés de chez ſes voiſins & par les
propres vaiſſeaux de ces mêmes voiſins.

MILORD SPITEAL.

En voici bien d'une autre ! ... il voudra peut-être se servir de nos propres vaisseaux pour armer notre ruine ?

LE COSMOPOLITE.

C'est la pure vérité. — Commençons par l'Angleterre. — L'Angleterre peut fournir à la France, pour son expédition, du bled, du bœuf salé, du poisson salé, des légumes secs, du riz de la Caroline, des duelles pour les futailles, de la bré, du goudron, du plomb pour les balles de fusil &c. — Par une personne de confiance, en forme d'opération mercantille, il faut qu'elle fasse acheter tous ces divers objets en Angleterre même, & qu'ils soient transportés à droiture de ces ports dans ceux des Maderes, par les propres vaisseaux de cette nation. — Elle fera la même chose vis-à-vis de la Hollande, de la Suede & de la Russie, où elle peut trouver tous les approvisionnemens nécessaires de bouche & de guerre pour son expédition. — Ceux qui sont personnels à la France, comme les vins, les huiles, les eaux-de-vie &c. elle les fera passer des ports de France, par des expéditions supposées pour l'Amérique.

VAN MAGDEBOURG.

Mais dites-nous un peu comment tiendrez-vous cachés tous vos préparatifs, si vous vous servez des vaisseaux marchands de tant de diverses nations ? & comment ferez-vous passer vos 12,000 hommes de troupes, si vous ne vous servez pas ouvertement des vaisseaux françois ?

LE COSMOPOLITE.

Et quant au secret, il est tout simple. J'ai demandé deux ans de temps ; & dans ces deux ans de préparatif, je n'aurai besoin au plus que de 5 à 6 mois du secret rigoureux. — Jusqu'à cette époque, tous les vaiffeaux qui arriveront aux Maderes feront libres, parce que les approvifionnemens dont ils feront chargés, ne fe préfenteront que comme des fpéculations de commerce. — Mais du jour que commenceront les fix mois en queftion, tous les vaiffeaux qui arriveront aux Canaries ou aux Maderes, feront arrêtés : on leur ôtera voile & gouvernail jufqu'à plus de 30 jours après le départ des expéditions. — Tous les vaiffeaux qui feront anglois, feront confifqués & on les difpofera de façon à pouvoir tranfporter des troupes, ou à être échoués pour faciliter les débarquemens. — Ceux qui feront des nations amies, fi l'on en a de befoin, feront incorporés dans l'expédition ; & on leur payera un bon fret à tant par mois jufqu'à leur renvoi.— Vous voyez qu'avec de l'adreffe, on peut venir à bout de tout & conferver cet extérieur de diffimulation & de réferve qui décide toujours du fuccès d'une très-grande affaire. — Il faut en tout de la prudence, du myftère, de l'activité & du flegme en même temps ; ne point précipiter ce que l'on a intérêt de faire réuffir ;... ne point dévorer le temps par l'impatience, il faut attendre fon bénéfice de fon bénéfice ; ne point brufquer ce que la prudence nous ordonne de temporifer ;... ne point ruiner fes efpérances par des difpofitions hafardées. — Tout en politique doit être toifé & retoifé par la réflexion.

MILORD SPITEAL.

Il paroît que vous excellez dans cette carrière, & que vous nous y arrangez affez bien : — fe fervir de nos denrées, de nos vaiffeaux pour les tourner contre notre ruine, les confifquer fans déclaration de guerre !

Le Cosmopolite.

Mais milord, la loi doit être égale : .... la Grande-Bretagne ne l'a-t-elle pas fait en 1755 ?... pourquoi la France & l'Espagne ne le feroient-elles pas à leur tour ?

Van Magdebourg.

Voilà ce que c'est, mon cher milord, que de donner de mauvais exemples : tôt ou tard on en est puni. — La Grande-Bretagne a insulté sans discontinuer les trois couronnes des maisons de Bourbon, celles-ci le lui rendent à leur tour.

Le Cosmopolite.

De nation à nation, il ne fut jamais de petites injures ni de pardon à en espérer. — C'est par la force que l'on domine & que l'on en impose. — Malheur aux gouvernemens qui s'oublient trop témérairement vis-à-vis d'un voisin puissant. — Les insultes de la Grande-Bretagne vis-à-vis de la France en 1755, & vis-à-vis du Roi de Naples en 1746, sont gravées trop profondément dans les cœurs de ces deux monarques, pour que ces deux puissances puissent jamais les oublier. — En conséquence, elle doit s'attendre tôt ou tard à la vengeance éclatante dont nous nous entretenons. — Pendant les quinze premiers mois des préparatifs pour les deux années dont nous avons parlé, la France, par une personne de confiance, fera acheter à Riga une ou deux cargaisons de bois de charpente, pieux, solives & planches qu'elle fera transporter à droiture de ce port aux Maderes par des vaisseaux hollandois, afin de s'en servir pour arranger ses bâtimens de transport, & pour construire les barraques qui seront nécessaires aux approvisionnemens lors de la réunion des troupes aux dites Maderes. — Egalement un chargement de la bré, du suif & du goudron à

Arcangel, pour l'ufage de l'expédition. — Un de
fer en barres rondes & plattes pour les cercles
des futailles & les chevaux de frife pour les campemens, que l'on forgera à Madere. — Un de
duelles grandes & petites, en Angleterre, pour
radouber les barrils & les futailles pour l'eau ; &
en augmenter le nombre, s'il le faut. — Un de
cordes blanches de toute groffeur, en Hollande,
pour les charrois de l'armée, les lacs ou les tirans
des tentes, des bagages & autres néceffités. —
Un de groffe toile à voile du Brabant, en Hollande, pour faire les tentes pour les campemens,
tant à Madere qu'en Angleterre. — Toutes ces
parties ne craignant point de fe gâter, comme
les approvifionnemens de bouche, la France les
fera commettre de très-bonne heure, afin qu'elles
foient rendues à leur deftination dans la première
année des préparatifs. — Tout ce qui fera com-
meftible ou approvifionnnemens militaires, mar-
chera comme je vais le dire. — Les expéditions
fur l'Angleterre ne devant partir que du 1 au 15
de Juin des Canaries & des Maderes, la France
7 ou 8 mois auparavant, prétextera lui avoir été
demandé par fon gouverneur de l'Ifle de Bourbon
5 à 6 mille hommes de troupes réglées, pour
mettre à la raifon les peuples de l'Ifle de Mada-
gafcar qui leur refufent conftamment des vivres,
ce qui fera accordé. — En conféquence, la cour
de Verfailles ordonnera l'armement en flutte de
3 vaiffeaux de guerre de 74 canons, (qui auront
leur groffe artillerie en cale), avec deux ou trois
frégates, qui avec fix des plus gros vaiffeaux de
fon ancienne compagnie des Indes, (prêtés en
apparence à des négocians pour ce commerce,)
embarqueront les 6000 hommes de troupes en
queftion, & feront voile des ports de France,

dans les premiers jours de Janvier, comme pour les Ifles de Bourbon. — A une certaine hauteur, il fera remis au commandant de cette efcadre un plit de la cour, qui lui ordonnera de fe rendre en toute diligence, avec tout fon convoi, aux Maderes. — A cette époque, le commandant de l'armée de terre de cette expédition paroîtra avoir été nommé commandant des Ifles du vent & fon adjoint commandant de St. Domingue. — En conféquence, ces deux généraux s'embarqueront féparément dans le courant de Mars fur deux vaiffeaux de guerre : on joindra à chaque vaiffeau de guerre une frégate; & dans l'une & l'autre divifion, on y embarquera 7 à 800 hommes en apparence pour les colonies de l'Amérique : mais par un ordre cacheté comme ci-devant, ces deux vaiffeaux & leurs frégates auront également ordre de fe rendre auxdites Ifles Maderes. — La cour de Verfailles, (du moment qu'elle aura arrêté fon projet), aura attention de tenir conftamment en ftation un vaiffeau de guerre & une frégate à la Martinique & tout autant à St. Domingue; & il fera ordonné aux uns & aux autres (l'année de l'expédition), d'être rendus aux Maderes par tout Avril. — Egalement vers la fin d'Avril, la cour de Verfailles ordonnera le renouvellement de la garnifon de Madere. — En conféquence, elle fera travailler à l'armement en flutte de 3 vaiffeaux de ligne (qui auront en cale leur groffe artillerie), & 3 frégates avec quelques vaiffeaux marchands, dans lefquels on embarquera les 5000 hommes de troupes néceffaires, pour être rendues au plus tard auxdites Maderes par tout Mai. — Il fera accordé à plufieurs négocians fix permiffions particulières pour l'Inde, (fans les fix jointes aux 3 vaiffeaux de guerre dont il a déja été parlé), auxquels on prêtera fix des plus gros vaiſſeaux de l'ancienne compagnie ; & ces vaiſſeaux qui partiront au plus tard par tout Février, par des plits cachetés (pour les capitaines), remis à des perſonnes de confiance qui s'y embarqueront, ordonneront auxdits capitaines de ſe rendre auxdites Maderes. — Tous les vaiſſeaux de guerre armés en flutte, arrivés auxdites Maderes, acheveront de s'armer en guerre; & les 12 vaiſſeaux de l'ancienne compagnie accordés en apparence au commerce, ſeront percés en vaiſſeaux de guerre. — De ſorte que ſans éclat & par des diſpoſitions toutes diſperſées, la France parviendra de raſſembler, (pour ſon expédition ſur l'Angleterre), aux Iſles Maderes.

Deſtation à Madere		2 Vx. de lig.		
Expédit. comme p l'Inde.	6000 hom.	3 . dits	2 frég.	6 de la Cᵉ.
De retour de la Martinique & St. Domingue.		2 . dits	2 dites	
Expédition des Commandans com. pr. les Iſles.	. 800 dits	2 . dits	2 dites	
Comme pour le commerce de l'Inde				6 dits
Renouvellement de la garniſon en mai	5000 dits	3 . dits	3 dites	6 Vx. md.
Que l'on tirera de l'ancienne garniſon	3800 dits			
	15,600 hom.	12 Vx. de lig.	o frég.	12 de la Cᵉ.

Dans les douze vaiſſeaux de la compagnie, dans les ſix marchands affrétés, de même que dans les vaiſſeaux de guerre, la cour de Verſailles y fera embarquer en caiſſes bien fermées, les ſelles, brides, ſabres & piſtolets pour 3000 hommes de cavalerie; & tous les canons & boulets néceſſaires pour armer en guerre les vaiſſeaux de la compagnie. — Tous les vaiſſeaux de guerre auront à bord double proviſion de poudre , pour en céder aux vaiſſeaux de la compagnie & à l'armée de terre débarquée en Angleterre.

MILORD SPITEAL.

Cet arrangement me paroît aſſez bien imaginé : … ſeulement je n'y trouve qu'un très-petit inconvénient.

LE COSMOPOLITE.

Quel eſt - il ?

MILORD SPITEAL.

C'eſt celui de faire ſubſiſter tant de troupes & tant de matelots dans un pays auſſi court que les Maderes : — car à vue de pays, voilà bien près de 30,000 d'extraordinaire que vous jettez dans ces Iſles.

LE COSMOPOLITE.

Doucement , & vous verrez que tout ira avec préciſion.

VAN MAGDEBOURG.

Je commencerai preſque de gager que ce diable-là ſe ſauvera encore de notre perſiflage ; & que c'eſt nous qui aurons eu tort de nous être moqué de lui.

LE COSMOPOLITE.

Je l'eſpére. — Comme je m'apperçois que le milord eſt impatient de ſavoir de quelle façon je ferois ſubſiſter mes 30,000 hommes , il faut le tirer de peine , & finir des diſpoſitions qui ne tiennent plus qu'à très-peu de choſe.

VAN MAGDEBOURG.

Comme il y va , très-peu de choſe ! les beſoins journaliers de 30,000 hommes dans un pays borné , iſolé , ſtérile , où tout doit arriver de loin : — il appelle cela peu de choſe.

LE COSMOPOLITE.

Oui , mon cher Van Magdebourg , c'eſt peu de choſe , & vous allez en juger : faiſons compte que notre expédition raſſemble aux Maderes 30,000 ames tant officiers, ſoldats, matelots que bouches inutiles ; & qu'il faille 6 mois pour la completter ;... mettons-en ſept, ſi vous voulez :... pendant ces ſept mois, la cour de Verſailles ne ſera pas dans le cas d'y nourrir tout ce monde, beaucoup ne s'y rendant que par troupes détachées en Mars, Avril ou Mai ; & tous les équipages des vaiſſeaux ayant leurs rations dans leur bord. — Mais comme il y aura à compter la nourriture de tout ce monde pendant le trajet de l'expédition des Maderes ſur l'Angleterre, & celle de trois mois au moins de l'armée débarquée en Angleterre,... ſuppoſons que tous ces 30,000 hommes ſoient rendus à Madere le 1er Janvier ; & qu'ils n'en ſortent que le 30 de Juillet,... nous aurons 7 mois ou 211 jours à pourvoir. — En conſéquence, ſuppoſons que chacune de ces 30,000 ames conſomme par jour

Conſommation journalière.	Total de la conſommat. d'un jour.	Conſommation pour un mois.	Conſommation des 7 mois, pour 30,000 hommes.
2 livres de pain . . .	60,000 liv.	1,800,000 livr.	12,600,000 liv.
4 onces viande ſalée . .	7,500 liv.	225,000 livr.	1,575,000 liv.
3 dits ris, ou légumes ſecs	5,625 liv.	168,750 livr.	1,181,250 liv.
1 pinte de vin	30,000 pint.	900,000 pint.	6,300,000 pint.
1 poiſſon de vinaigre .	3,750 pint.	112,500 pint.	787,500 pint.
1 poiſſon eau-de-vie . .	3,750 pint.	112,500 pint.	787,500 pint.
2 onces d'huile (1) . .	3,750 liv.	112,500 livr.	787,500 liv.

Les 12,600,000 liv. de pain, — à 220 liv. de pure farine pour un ſeptier, & à 14 onc. de farine pour une liv. de pain, demandant 59,500 ſeptiers ; on en paſſe pour ce qui peut ſe gâter. 70,000 ſeptiers.

Les 1,575,000 dits viandes ſalées, ou 15,750 quint. id. 18,000 quintaux

Les 1,181,250 dits ris, ou légum. ſec, 11,813 dits . id. 12,000 quintaux

Les 6,300,000 pintes de vin, — à 60 pint. p. une millerole meſure de Provence, 105,000 id. 12,000 miller.

Les 787,500 dites vinaigre. idem. per idem 1,313 id. 1,500 idem.

Les 787,500 dites eau-de-vie id. . per idem 1,313 id. 1,500 idem.

Les 787,500 liv. huile .... 7,875 quintaux idem id. 8,500 quint.

____

(1) Les rations ſont hors de la coutume, pour obvier à ce qui peut ſe gâter.

Les 70,000 septiers de bled à 3000 sept. par cargaison, exigent 24 ou 25 cargaisons, que l'on y fera passer de Dantzic, d'Hambourg, d'Angleterre, d'Hollande, & de Turquie s'il le falloit.

Les 18,000 quintaux de viande salée, à 4,000 quintaux, forment également cinq ou six cargaisons, que l'on tirera d'Irlande, d'Hollande, & d'Hambourg.

Les 12,000 quintaux du ris ou légumes secs, en 3 ou 4 cargaisons, on les tirera d'Angleterre & d'Hollande.

Les 12,000 milleroles de vin, compos. 4000 bariq. du comerce des isles
Les 1,500 dits du vinaigre
Les 1,500 dits eau-de-vie   idem 1000 dits .. idem . . . .
Les 8,500 quintaux huile, environ 2,500 dits .. idem . . . .

Ces quatre parties, on les tirera de Provence & du Languedoc; & l'on en composera 8 à 10 cargaisons, que l'on fera passer à Madere, comme expédiés pour l'Amérique; .... ce qui vous compose en totalité 44 ou 45 cargaisons, dont 10 seulement sortent des ports de France, sans que l'on puisse soupçonner leurs destinations.

MILORD SPITEAL.

Mais ne soupçonneroit-on pas celles faites dans l'étranger? ... car voilà bien des denrées pour un petit pays.

LE COSMOPOLITE.

Non certainement, on ne pourra jamais les soupçonner, parce qu'elles seront tellement divisées & commises par des gens si distans du ministère, qu'elles paroîtront des purs objets de spéculation mercantile. — D'ailleurs on sait que les Isles Maderes sont peu fertiles, peu pourvues, privées de mille objets nécessaires à la vie; & tous ces approvisionnemens paroîtront des objets de commerce pour la consommation des habitans & de la garnison.

VAN MAGDEBOURG.

(à *St. Albin*) Voilà, mon cher ami, ce que l'on appelle savoir lier son paquet: — il en est parbleu sorti! ... je ne l'aurois jamais cru. — Quels tours & détours dans la marche de ses opérations! ... Reste à savoir si l'Espagne aura l'adresse de savoir en faire autant.

LE

LE COSMOPOLITE.

Certainement, & plus facilement encore que la France, l'Espagne ayant des colonies immenses à pourvoir, & des vaisseaux marchands dans son commerce qui sont presque tous des vaisseaux de guerre. — De façon qu'en liant sa Bisque pour les approvisionnemens des Canaries dans le même ordre que je viens de le décliner pour la France, dès le mois de Janvier de l'année de l'expédition sur l'Angleterre, elle disposera ses opérations militaires. — En conséquence, à cette époque, elle fera partir de Cadix pour la mer du Sud 2 vaisseaux de guerre, 2 frégates & 3 vaisseaux marchands, sur lesquels elle embarquera 2500 hommes de troupes réglées; & le commandant de cette escadre aura ordre de relâcher aux Canaries, où celui de l'Isle lui remettra un plit de la cour qui lui enjoindra de s'y détenir avec tout son convoi jusqu'à nouvel ordre. — Egalement dans le mois de Février, sur un vaisseau de guerre & sur un vaisseau marchand, elle fera embarquer dans la même baie de Cadix 600 hommes de troupes comme pour Bonnes Aires, qui se rendront avec la même précaution aux Canaries. — Il sera embarqué en Mars au Ferreol sur 2 vaisseaux de guerre, 2 frégates & 6 vaisseaux marchands 1800 hommes, en apparence 600 hommes pour Puerto-Ricco, 600 pour St. Domingue, & 600 pour la nouvelle - Orleans; & cette troisième division se rendra auxdites Canaries sous la même apparence que les premières.— En Avril, on fera sortir de Cadix, comme pour la Havane & le Mexique, 3000 hommes de troupes qui seront embarquées sur dix ou douze vaisseaux étrangers, escortés par deux vaisseaux de guerre & deux frégates; & qui auront les mêmes ordres que deſſus. — Egalement il ſera embarqué ſur deux vaiſſeaux de guerre & ſur ſix des plus gros vaiſſeaux du commerce eſpagnol 2500 hom. comme pour Puerto-Bello & Carthagène ; & cette cinquième diviſion ſe rendra avec la même précaution à la deſtination des précédentes. — Dans le temps que toutes ces choſes ſe diſpoſeront en Europe, le Vice-Roi du Mexique & le gouverneur de la Havane auront eu ordre de faire repaſſer en Europe 3000 hommes des troupes de leurs garniſons. — En conféquence, ces troupes réunies à la Havane, s'embarqueront dans ce port pour l'Europe, (au plus tard par tout Mars,) ſur 3 vaiſſeaux de guerre & 4 ou 5 vaiſſeaux marchands des plus grands que l'on y trouvera ; & par un plit cacheté, pour n'être ouvert qu'après le débouquement du détroit de Bahama, il ſera enjoint au commandant de ſe rendre avec toute ſa diviſion aux Iſles Canaries. — A la fin d'Avril, le commandant de l'expédition, (qui ſera nommé depuis plus d'un an Vice-Roi du Mexique & ſon adjoint Vice-Roi de Sta-Fé,) s'embarqueront l'un & l'autre au Ferreol ſur deux vaiſſeaux de guerre & deux frégates, avec ordre de relâcher aux Canaries, où ils trouveront leurs inſtructions. — Par cet arrangement qui eſt preſque annuel en Eſpagne, la cour de Madrid raſſemble aux Canaries pour ſon expédition contre l'Angleterre

comme pour la mer du Sud	2,500 hom.	2 Vx. de g.	2 freg.	3 Vx. md. Eſp.
comme pour Bonnes Aires	600 dits	1 . dit . .	—	. . 1 dit . idem.
comme pour Puertorico, S. Domingue, &c.	1,800 dits	2 . dits . .	2 . . . —	6 étrangers.
comme p. le Mexique & la Havane . .	3,000 dits	2 . dits . .	2 . . . —	10 dits . . .
comme pour Puerto-Bello &c. . . .	2,500 dits	2 . dits . .	— . 6 —	Eſpagnols
de retour de l'Amériq.	3,000 dits	3 . dits . .	— . 6 —	. . dits . .
ſur leſquels s'embarquer. les Commandans	.2 . dits . .	2 . . —	. . —	
En tout p. l'expédition	13,400 hom.	14 Vx. de g.	8 fr.	16 Vx. Md. eng.

Dès le 1 de Janvier de l'année de l'expédition , les cours de Verſailles & d'Eſpagne feront croiſer autour des Iſles Maderes & des Canaries un vaiſſeau de guerre & une frégate de chaque côté.— Ces deux vaiſſeaux & deux frégates auront ordre d'arrêter tous les bâtimens indiſtinctement, (même les propres vaiſſeaux de la nation,) qui s'approcheront trop près deſdites Iſles ; & tous ceux qui y relâcheront, feront également arrêtés, pour n'être relâchés les uns & les autres que 40 jours après le départ des expéditions ſur l'Angleterre.— Telles ſont les diſpoſitions que doivent mettre en uſage la France & l'Eſpagne, pour ſe venger de toutes les inſultes que leur a faites la Grande-Bretagne : ... tel eſt le ſilence qu'il convient d'y apporter. — Avec toutes ces précautions & tous ces détours, croyez-vous , milord, que la cour britannique, (malgré tous ſes eſpions,) puiſſe jamais ſe douter que l'on conſpire auſſi vigoureuſement contre ſa puiſſance ? ... non : ... rien ne lui préſentant aucune de ces diſpoſitions militaires, relatives à aucun grand projet ; tout paroiſſant ſe borner à des préparatifs de prudence pour des colonies reculées, trop diſtantes d'une métropole.

Milord Spiteal.

Cela eſt vrai. — Mais croyez-vous auſſi qu'elle vit tranquillement tous ces grands préparatifs vers l'Amérique ? — Ceux - ci ne préſentent - ils point des arrangemens particuliers, contre leſquels toute puiſſance un peu aviſée & qui a à perdre, doit ſe précautionner ?

Le Cosmopolite.

Cela peut être ; & la choſe même devroit être ainſi. — Cependant comme tous ces remues-ménage ſont très-diſperſés & pour des climats lointains, il eſt à croire que la Grande - Bretagne n'en prendra aucun ombrage pour ſa capitale, qui eſt l'objet deſiré.... Et quant à ſes Améri-ques, il ſeroit de l'avantage des deux puiſſances alliées, que leurs démarches engageaſſent celle-ci d'y faire paſſer des forces d'une certaine conſidé-ration, parce que ces forces, tant ſur terre que ſur mer, ſeroient de moins en Europe lors du moment de l'attaque : de ſorte que tout favori-ſeroit la confédération.

Van Magdebourg.

Avouez, mon cher ami, que l'on vous taille de la bien mauvaiſe beſogne.

Milord Spiteal.

Des plus mauvaiſes, ſi toutefois la Grande-Bretagne étoit aſſez mal-adroite que de ſe laiſſer ſurprendre. — Mais vous la connoiſſez aſſez, pour croire que nous nous amuſons en pure perte.

Van Magdebourg.

L'on en a vu de plus habiles que vous, y être pris en dupes. — Tenez, méfiez - vous toujours de l'eau qui dort. — Plus un voiſin puiſſant nous paroît tranquille, plus l'on doit être ſur ſes gar-des : — ſurement il médite quelque mauvais coup.

Le Cosmopolite.

Dans le même temps que les préparatifs ſur l'Angleterre ſeront en mouvement, les Cours reſpectives de Verſailles & de Madrid, diſpoſe-ront leurs armemens contre Port Mahon & Gibraltar. — A cet effet, la France engagera ſon ambaſſadeur à la Porte Ottomane, de ſolliciter adroitement de cette puiſſance, qu'elle lui envoye un ambaſſadeur extraordinaire, afin que le retour de celui-ci à Conſtantinople ſerve de prétexte à l'armement de quelques vaiſſeaux de guerre. —

Cet ambaſſadeur doit être rendu en France, aſſez à temps, pour que ſa miſſion puiſſe être finie, dans le mois d'Août qui précédera l'époque de l'expédition ; à quel effet, la cour de Verſailles, pour honorer ce dit ambaſſadeur, & pour reſſerrer toujours plus l'étroite amitié qui a toujours ſubſiſté entre elle & la Sublime Porte, elle fera armer à Toulon trois de ſes plus gros vaiſſeaux de guerre & une frégate, pour tranſporter à Conſtantinople S. Exc. avec tout ſon monde & tous ſes équipages. — Ces vaiſſeaux partiront dudit Toulon à la fin d'Octobre, paſſeront tout l'hiver audit Conſtantinople, & en feront voile le 1. de Mars pour ſe rendre à Smirne ;.... de Smirne à Malte juſques au 10 de Mai ;.... de Malte à Tunis & à Alger ſans communiquer, pour ne pas perdre leur quarantaine ; & par un plit cacheté remis à Malte au commandant de cette eſcadre, pour n'être ouvert qu'à Alger, ces trois vaiſſeaux & leur frégate auront ordre de meſurer leur navigation, pour être rendus à Majorque du 25 au 30 de Juin. — Dès le mois de Janvier de l'année des préparatifs, la France nommera le commandant de ſon expédition ſur Minorque, ambaſſadeur à la Porte ; & celui-ci s'embarquera à Toulon pour ſa deſtination, vers la fin du mois de Mai ſur deux vaiſſeaux de 74 : — ces deux vaiſſeaux feront route pour Malte, où ils relâcheront ; ils en partiront deux ou trois jours après, en dirigeant leurs routes à l'eſt : après 20 lieues de navigation, le commandant aura ordre d'ouvrir un plit cacheté de la cour, où il lui ſera enjoint d'arriver avec ſes deux vaiſſeaux ſur la Barbarie, & toujours, à la vue de terre, de revirer ſur le Cap Bon ; — du Cap Bon, de naviguer vers l'Eſpagne, ſans toucher nulle part ; & de ménager fa route de façon à ne pouvoir arriver à Majorque que du 25 au 30 de Juin. — A la fin d'Avril, la cour de Verfailles ordonnera le renouvellement de la garnifon de Corfe ; en conféquence, l'on armera à Toulon un vaiffeau de guerre & trois frégates , & l'on affrétera pour un mois à Marfeille 15 à 20 vaiffeaux marchands, pour y embarquer audit Toulon 6000 hommes de troupes , fous l'efcorte dudit vaiffeau de guerre & de ces trois frégates ; — ce convoi fera voile du 10 au 15 de Juin au plus tard ; & par un plit cacheté, au lieu d'aller en Corfe , il fera route pour Majorque. — Depuis la guerre des Ruffes avec les Turcs, la France tenant toujours dans les mers du levant deux ou trois frégates , pour y protéger la navigation de fes fujets, la cour de Verfailles aura la précaution d'y en faire hiverner trois , lors de celui où fe difpoferont les préparatifs fur l'Angleterre. — Vers le mois d'Avril de l'année de cette expédition, les trois frégates en queftion auront ordre de fe rendre à Malte , où elles feront leur quarantaine, & de n'en partir pour Toulon que le 10 de Juin. — A la hauteur du Cap Bon, chaque capitaine de ces trois frégates , (par un plit cacheté de la cour, qu'il ouvrira,) aura ordre de faire route fur les côtes d'Efpagne, & de mefurer fa navigation pour n'arriver à Majorque que du 25 au 30 de Juin. — Dans le même moment que l'on affrétera à Marfeille 15 ou 20 vaiffeaux marchands pour l'Ifle de Corfe , on affrétera à Agde, Cette & Narbonne (pour le même objet) une trentaine des plus groffes tartanes & pinques qui s'y trouveront, dans lefquelles on embarquera en barils bien fermés, tous les vivres néceffaires pour 10,000 hommes pendant deux mois ; également on y mettra deſſus 4000 hommes de troupes réglées : — ce convoi eſcorté par deux chebecs, qui s'y feront rendus de Toulon, partira de Cette le 20 de Juin, & par un plit cacheté au commandant à la ſortie du port, aura ordre de faire route à droiture pour Majorque. — Toutes les munitions de guerre, comme tentes, canons, mortiers, bombes & boulets, feront embarquées à Marſeille, dans le même-temps que celles du Languedoc, comme pour être tranſportées à Toulon ; & au ſortir du port, les deux vaiſſeaux qui les porteront auront ordre, par un plit cacheté, de faire route en toute diligence pour Majorque. — La poudre à canon ſera embarquée à Toulon ſur les vaiſſeaux du convoi pour Corſe : — il ſera auſſi expédié de Marſeille ou du Languedoc 10 à 12,000 ſarmens, ſur deux ou trois tartanes, pour tenir lieu (à l'armée de Minorque) de faſcines. — Par tous les préparatifs diſperſés de cet armement, il ſe trouve, ſans tambour & ſans trompette, que la France raſſemble, pour ainſi dire à jour marqué, à la porte de Minorque, une eſcadre de ſix vaiſſeaux de ligne, ſept frégates & deux chebecs ; dix mille hommes de troupes réglées, & tous les approviſionnemens de bouche & de guerre, néceſſaires pour la conquête de cette Iſle.— Récapitulation.

3 Vx. de g., 1 frég., expédition d'octobre p. Conſtantinople.
— . . . 3 dites de retour du Levant.
2 dits . . — — expédition de mai pour Conſtantinople.
1 dit . . 3 dites 6000 hommes, comme pour Corſe.
— — . . — 2 che. 4000 . idem . per idem.

6 Vx. de g., 7 fr. 2 c. 10000 hommes de troupes réglées.

Lequel armement tombera sans délai sur Minorque, la déclaration de guerre à la poche ; comme les Anglois ne sont point en force dans la Méditerranée, l'escadre de la France est plus que suffisante pour bloquer Port Mahon. — Du moment du départ du convoi pour Corse, on travaillera en toute diligence à Toulon, à l'armement de trois ou quatre vaisseaux de ligne, que l'on fera partir à fur & mesure qu'ils seront prêts, pour renforcer l'escadre dudit Port Mahon. — Par des bâtimens détachés de Marseille, du Languedoc & de Catalogne, on alimentera journellement les approvisionnemens de bouche & de guerre de l'armée.

Van Magdebourg.

Vous êtes un madré compère, notre cher Cosmopolite ; — où diable en avez - vous tant appris ?

Le Cosmopolite.

En me mettant à la place des autres ; & en rendant mon pour mon à ceux qui m'auroient inquiété.

Van Magdebourg.

L'arrangement de votre expédition est d'un homme de tête. — Reste à savoir, si de la combinaison à la pratique, il ne s'y rencontreroit pas quelque obstacle invincible ; & si la Grande-Bretagne, voyant tous vos armemens pour la Turquie, ne pénétreroit pas vos dispositions ; — car vous savez que cette cour est la méfiance personnifiée.

Le Cosmopolite.

Cela est vrai :.... mais dans cet objet - ci, sa vigilance seroit en défaut ; — la distance & l'objet des armemens, écarteroient chez elle toute idée de soupçons.

Van Magdebourg.

Et l'Eſpagne , comment s'arrangera - t - elle pour le ſiége de Gibraltar ?

Le Cosmopolite.

Le plus heureuſement du monde : .... cette puiſſance , ſans ſortir de ſon lit , pouvant pour ainſi dire , faire la conquête de cette place.

St. Albin.

Gibraltar eſt un rude morceau !

Le Cosmopolite.

Cela eſt vrai. .... L'art & la nature ſemblent avoir rendu Gibraltar imprenable , & il l'eſt en effet pour un quelqu'un qui voudroit s'en rendre maître pour le conſerver ; .... mais l'Eſpagne n'en a pas de beſoin : — en conſéquence, cette place ne demande point d'être aſſiégée de ſa part dans la méthode (pour ainſi dire) de toutes les autres villes de guerre ; — il faut ne l'aſſiéger, que pour la détruire de fond en comble. — A quel effet , petit à petit l'Eſpagne doit faire fabriquer dans ſes mines de Ronda , (qui ſont à quatre pas de ſon camp de St. Roch) 50,000 bombes du plus fort calibre , & les accumuler audit camp de St. Roch avec 60 ou 80 mortiers , & la poudre néceſſaire à ce train d'artillerie. — Quand tous ces aproviſionnemens ſeront prêts & ſous la main : .... la Cour de Madrid fera armer à Carthagène 3 vaiſſeaux de guerre , comme pour relever les garniſons d'Oran , de Melille &c. , joindra auxdits vaiſſeaux les 4 chebecs du commandant Marcello , qui croiſent toujours contre les Maures : les 4 demi galères qui ſont audit Carthagène , & les uns , & les autres ſéparément , en forme de croiſière , & de relâche ; elle les fera arriver à Malaga vers la St. Jean au plus tard ; — pendant le temps de tous ces préparatifs, — l'Espagne tiendra toujours en croisière dans l'océan 2 vaisseaux de guerre comme pour protéger sa navigation marchande contre les infidéles ; — ces vaisseaux seront armés au Ferreol, & dans le mois de Mai avant l'expédition, elle en fera sortir un troisième, en apparence pour relever un des deux en station ; — également dans l'arsenal de Cadix il sera armé 2 vaisseaux de guerre comme pour l'Amérique, & ces vaisseaux seront prêts à faire voile vers le quinzième de Juin ; — les deux en croisière, & le troisième qui les aura joint, par un plit cacheté, auront ordre de se rendre à Cadix en forme de relâche du 20 au vingt-cinquième de Juin ; — l'escadre des 4 chebecs, de la frégate, & du sanbequin, du Capitaine Vercello, (constamment armée contre les Maures, aura eu également ordre de se rendre dans le même temps audit Cadix ; — tous ces armemens étant ainsi rassemblés, l'attaque de Gibraltar devant se faire le premier de Juillet, la Cour de Madrid aura disposé la marche de 12 à 15,000. hommes de troupes réglées, pour qu'elles arrivent, le jour marqué au camp de St. Roch, soit de Cadix, de Grenade, de Seville, de Malaga &c., de même que les fascines nécessaires qu'elle aura faites faire dans les montagnes de Ronda ; — les choses étant ainsi disposées ; trois ou quatre jours, avant le premier de Juillet, l'Espagne fera sortir ses escadres de Cadix, & de Malaga, pour ..... les quatre demi-galères, deux aller mouiller à Ceuta, & deux à Tariffe, pour s'y tenir constamment à la voile tout le temps du siége de Gibraltar, afin de courir sur tous les petits bâtimens, qui pourroient apporter des vivres & des secours à cette place ; — l'efcadre de Cadix de 5 vaiffeaux de guerre, une frégate, un fanbequin, & 4 chebecs, croifer pour le même effet devant les détroits dans l'océan ; — celle de Malaga de 3 vaiffeaux de guerre, & 4 chebecs, croifer à la Bouque des détroits dans la méditerranée, & dès le ving-cinquième de Juin, tant à Carthagène qu'au Ferreol, la Cour d'Efpagne fera armer nuit & jour 5 à 6 vaiffeaux de ligne, pour à fur & mefure qu'il y en aura un de prêt, le faire partir pour renforcer l'efcadre de l'océan, toutefois fans vraifemblance de néceffité : .... les defcentes qui feront faites alors, ou à la veille d'être exécutées, en Angleterre, ôtant tout moyen au miniftère Britannique, de penfer à la défenfe de fes places de la méditerranée ; — Gibraltar ainfi invefti, l'Efpagne ne doit l'attaquer qu'avec des bombes, & l'échauffer nuit & jour fi vigoureufement, avec une trentaine de mortiers, conftamment en exercice, que dans trente jours au plus tard, cette place foit réduite en cendre. — Alors le fol, qui ne peut être détruit reftant à l'Efpagne, cette monarchie n'aura plus à y tenir qu'un petit corps de troupes bien retranchées ; en attendant que des débris des anciennes fortifications, elle ait fait bâtir à la hauteur des fignaux, un petit fort quarré : & en face des détroits une bonne citadelle ; — c'eft tout ce que doit ambitionner l'Efpagne en ruinant Gibraltar.

Milord Spiteal.

Il me paroît que vous raifonnez affez bien vos projets, & que vous entendez affez bien la guerre de cabinet ; — mais de la combinaifon à l'exécution, combien de hafards ne fe rencontrent-ils pas ?

LE COSMOPOLITE.

Laiſſez-moi vous finir toutes mes diſpoſitions, & après nous raiſonnerons ſur les haſards.

VAN MAGDEBOURG.

Eſt-ce que tout n'eſt pas fini ; .... ne voila-t-il pas toutes les puiſſances de l'Italie unies en confédérations contre la Grande - Bretagne ; ... l'Eſpagne tenir en reſpect le Portugal ; ... le Dannemarc toute la Baltique ; .... la France, la Savoye & l'Allemagne ; .... les armées combinées de France, & d'Eſpagne débarquées en Angleterre ; ... Mahon & Gibraltar aſſiégés : ... que voulez-vous de plus ?

LE COSMOPOLITE.

Ruiner toutes les pêcheries du golfe St. Laurent, & de Terre-Neuve ; ... rendre indépendantes de la Grande-Bretage toutes les colonies Angloiſes du Canada ; — & démembrer l'Irlande de la puiſſance de l'Angleterre, en faveur du prétendant.

VAN MAGDEBOURG.

Allons, allons, vous devenez un viſionnaire ; ... en voulant donner trop d'éclat, & trop de généralités à vos combinaiſons politiques ; vous vous expoſez à tout gâter.

MILORD SPITEAL.

Je crains bien mon cher Coſmopolite, que votre plan contre la Grande-Bretagne, à force de vouloir ſâper tous ſes intérêts, ne ſâpe auſſi tous vos principes. — Car quel eſt votre but de ruiner l'Angleterre ? ... votre confédération contre ſon commerce d'Europe eſt des mieux raiſonnée ; ... mais ſi vous voulez d'un ſeul coup, attaquer tous les enſembles de ſa puiſſance, vous vous expoſez par l'irréuſſite de l'un de ruiner le ſuccès des autres.

LE COSMOPOLITE.

Je ne m'expofe à rien, & non-feulement mon plan eft de ruiner l'Angleterre, mais encore d'anéantir fa puiffance; ... du moins ce n'eft pas moi qui le ferai; ... mais c'eft ce que feront la France & l'Efpagne.

VAN MAGDEBOURG.

Que leur en reviendra-t-il?

LE COSMOPOLITE.

Belle queftion! .... un concurrent de moins dans la carrière du commerce; .... un rival de moins, renverfé à leurs portes, ... un voifin abattu dans la] carrière des honneurs, & de la gloire; .... eft-ce là peu de chofe? — mais laiffez-moi finir mon plan d'opérations, & après vous y ferez toutes les obfervations que vous jugerez à propos.

VAN MAGDEBOURG.

C'eft très-bien dit. — Vous en étiez fur les intérêts du commerce de la pêche de la Grande-Bretagne dans le golfe de St. Laurent, & fur les côtes de Terre-Neuve.

LE COSMOPOLITE.

Cela eft vrai; — dans le même temps que les préparatifs, contre l'Angleterre, contre Mahon, & contre Gibraltar fe feront en Europe, la Cour d'Efpagne, fera préparer à la Havane les armemens néceffaires pour l'expédition de Terre-Neuve; — en conféquence, il fera armé à la Havane, (en guerre) trois des plus gros vaiffeaux du commerce d'Europe, que le miniftère aura eu l'adreffe d'y faire arriver avant la fin de Mai; — il fera joint à ces trois vaiffeaux, deux vaiffeaux de guerre de 70 canons, & l'on embarquera fur les uns, & fur les autres 5 ou 600 hommes de troupes réglées; — tout étant prêt, ... ces armemens devront faire voile du port de la Havane vers le quinzième de Juillet comme pour l'Europe; & par un plit cacheté pour le commandant, pour n'être ouvert qu'après le débouquement du détroit de Bahama, il sera enjoint à cette escadre de faire route à dix lieues au large, le long des côtes des colonies septentrionales de la Grande-Bretagne jusqu'à l'isle de Terre-Neuve; .... de couler bas tous les bâtimens marchands de cette nation, qui se rencontreront dans ces eaux, sans en sauver aucun, & de la haute mer descendre dans le golfe de St. Laurent, pour y côtoyer toutes ses isles en commençant par celle de Terre-Neuve; y brûler, & y saccager par tout de fond en comble, tous les échaffauds, navires, barques, bateaux, & logemens qui se trouveront à l'usage de la pêche, ou autre service quelconque, sans conserver le moindre petit navire: jusqu'à ce que cette escadre ait fait le même dégât dans tout le tour du golfe St. Laurent, en commençant par l'isle de Terre-Neuve, jusqu'à celles de l'Ouest, terre ferme des côtes de la nouvelle France, & de la nouvelle Ecosse.

Van Magdebourg.

Savez-vous, mon cher ami, que si la France & l'Espagne réussissoient dans ce projet, qu'elles causeroient pour plus de trois millions de préjudice à la Grande-Bretagne !

St. Albin.

Mr. de Ternaie l'a bien fait avec succès dans la dernière guerre, ... pourquoi la chose seroit-elle moins possible aujourd'hui ?

Le Cosmopolite.

Cette mission étant finie, l'escadre qui l'aura remplie aura ordre de se rendre en Europe en faifant route vers la Baltique, où elle donnera la chaffe à tous les vaiffeaux Anglois qu'elle pourra rencontrer ; — elle croifera pour le même objet jufqu'à la fin d'Octobre dans les mers d'Hambourg, & de l'Elbe, & dirigera après fa route pour le Ferreol, en naviguant, tout le long des côtes de la Hollande, de la Flandre, de France, & d'Efpagne. — Tel doit être le plan des diverfes difpofitions, que doivent arrêter la France, & l'Efpagne pour furprendre la Grande-Bretagne ; .... telle doit être la méthode que l'on doit fuivre, pour lui rendre chou, pour chou, injure pour injure, atrocité pour atrocité ; .... fi l'on ne s'y prend pas de cette façon avec cette puiffance ; .... fi l'on ne l'attaque pas, par les mêmes fyftêmes dont elle attaque les autres nations ; .... fi l'on ne ruine pas fes projets par quelque coup décifif, ... les couronnes des deux branches des Bourbons feront toujours la dupe d'une rivale auffi jaloufe qu'elle, auffi ambitieufe, & qui ne peut être terraffée, que par les mêmes axiomes de fa politique.

M I L O R D S P I T E A L.

Vous vous êtes encore fauvé notre ami de nos petits perfiflages ; — vos difpofitions font ingénieufes, & poffibles : .... je dirai plus, ... elles réuffiroient vi-à-vis d'une puiffance moins alerte, moins active, & moins prévoyante que la Grande-Bretagne. — Mais avec tous ces beaux raifonnemens, avec tous ces grands étalages de force, de rufe, de difpofitions militaires : .... nous n'avons pas encore entendu tirer un coup de canon ; .... que font devenues vos expéditions des Canaries, & des Maderes ?

L E C O S M O P O L I T E.

Toutes les difpofitions militaires dont je viens

de vous donner le plan étant à devoir : .....
les inſtructions des Cours reſpectives, remiſes ès
mains des divers commandans, avec toute la fermeté, la préciſion, & la conformité poſſible : —
les expéditions de Madere, & des Canaries mettront à la voile du 10 au 15 Juin au plus tard;
dirigeant en toute diligence leur route ſur l'Angleterre, pour y faire leur débarquement : .....
l'eſcadre Eſpagnole au Nord de Briſtol ; &
l'eſcadre Françoiſe à l'oueſt de Portsmouth,
où les deux armées ſe retrancheront le plus
avantageuſement qu'il leur ſera poſſible, pour y
attendre les renforts de troupes & de cavalerie,
que l'on leur fera paſſer en toute dilligence ; ....
elles mettront toutefois, (ſans ſe trop expoſer) les pays voiſins de leurs campemens à contribution, & y enleveront dans les campagnes,
toutes les charrettes, chevaux, bœufs, cochons,
troupeaux, grains, légumes, foin, paille, avoi-
ne, bière, cidre &c. ; — Dès le moment que
chaque eſcadre aura commencé de faire route,
chaque commandant expédiera une tartane d'avis
avec une perſonne de confiance, pour les premiers ports de France, & d'Eſpagne, qui fera
partir dès ſon arrivée, les plits dont elle ſera
chargée, pour chaque Cour reſpective ; — la
même choſe ſe pratiquera au premier pied-à-
terre en Angleterre. — Dès le commencement
de Juin, la France, & l'Eſpagne auront eu ſoin
de raſſembler, dans les divers ports de la Picardie, de la Normandie, de la Bretagne, de la
Biſcaye, & de la Galice, le plus de vaiſſeaux
de tranſport qui leur aura été poſſible, & les
bureaux d'amirauté, par des ordres ſecrets, auront ordre de ne donner des permiſſions de ſor-
ties, qu'aux vaiſſeaux dont les chargemens pour-

roient

roient souffrir quelques préjudices. — Aux premiers avis des débarquemens en Angleterre : la France, & l'Espagne feront partir de tous ces ports pour leurs armées respectives ; la France 30,000 hommes d'infanterie, & 6000 de cavalerie : & l'Espagne 25,000 hommes d'infanterie, & 6000 de cavalerie, que l'on embarquera brusquement sur tous les vaisseaux indistinctement qui s'y trouveront, & lesdits vaisseaux, sans s'attendre, feront voile à fur & mesure qu'ils seront prêts pour les armées respectives.

Van Magdebourg.

Comment ; vous exposerez ces vaisseaux de transport ainsi chargés de troupes, sans les faire escorter ?

Le Cosmopolite.

Certainement, qu'auront-ils à craindre ? .... l'Angleterre surprise, n'aura aucun vaisseau en croisière aux environs de Porthsmouth ; & l'escadre de France qui couvrira l'armée de terre, tiendra en sûreté toutes les côtes de cette Isle le long de la Manche ; de sorte que tous les vaisseaux de transport de Dunkerque, de Calais, de St. Valeri, d'Olone, du Havre &c. en partant séparément, se rendront en toute sûreté à leur destination & avec plus de diligence, étant seuls, que si on les réunissoit en convoi. — Vous n'ignorez pas que les convois font perdre beaucoup de temps ; & que le temps est précieux dans ces sortes d'opérations.

Milord Spiteal.

Il me semble que vous envoyez furieusement de monde dans un pays ouvert, qui n'a que très-peu de villes fortifiées ; & que vos approvisionnemens vous-coûteront furieusement.

LE COSMOPOLITE.

Beaucoup moins que vous ne penſez : l'Angleterre étant un pays bien pourvu de beſtiaux & de
toute ſorte de grains. — D'ailleurs, dans le temps
où les armées reſpectives y feront en campagne,
toutes les récoltes ſont encore ſur terre, & elles
pourront s'en remédier. — Vous devez ſentir auſſi
qu'il eſt de l'intérêt des cours de Verſailles &
d'Eſpagne de bruſquer cette conquête & de ne
pas s'amuſer à des lenteurs qui pourroient retar-
der toutes leurs opérations : à quel effet, pour
arrêter tous les inconvéniens, il faut que chaque
armée ſéparément ſoit en état de ſe ſoutenir par
elle-même, de faire ſeule toute ſes opérations de
ſiège, de capitulation &c. afin de mettre le miniſtère anglois dans l'impuiſſance de ne pouvoir
traverſer utilement ni l'une ni l'autre armée. —
A cet effet, ces deux armées commenceront leur
plan d'attaque le long des côtes maritimes, &
elles auront en partage, l'armée d'Eſpagne, celle
de Briſtol en tirant vers Porthſmouth juſqu'à Plimouth ; & celle de France, de Plimouth juſqu'à
Londres & de Londres juſqu'à Edimbourg, dans
quelles marches elles aſſiégeront toutes les villes
en état de défenſe ; feront ſauter en l'air toutes
les fortifications quelconques ; ... brûleront de
fond en comble tous les arcenaux, tous les approviſionnemens militaires ; ... démoliront tous
les quais des villes de guerre ou marchandes ;...
mettront le feu indiſtinctement à tous les vaiſſeaux
grands ou petits qui ſe trouveront dans les ports ;
feront couler bas le reſte des carcaſſes bien char-
gées de groſſes pierres & des décombres, afin
que leur envaſement ſerve d'obſtacle à la reconſ-
truction de tous ces ports. — Enfin elles exige-
ront des contributions très-rigoureuſes dans tou-

tes les villes & pays par où elles paſſeront ; ....
dévaſteront ſans miſéricorde les bois, les champs,
toutes les maiſons de campagne ; & l'armée d'Eſpagne étant arrivée aux environs du lieu où l'armée françoiſe aura commencé ſes opérations ,
elle s'internera dans le pays en dedans qu'elle
mettra impitoyablement à contribution ; ... ſacca-
gera ſans ménagement tout ce qui ſera fabrique,
métiers battans , moulins à foulons &c. & dirigera ſa route pour être aux épaules de Londres
quand l'armée françoiſe en viendra faire le ſiège.

MILORD SPITEAL.

Il paroît que notre Coſmopolite ne connoît
de l'art de faire la guerre que la méthode des
Huns, des Goths , des Viſigoths , des Auſtro-
gots ; — qu'il ignore que le fier Attila a terni ſa
gloire par ſes ravages ; & que les vrais conqué-
rans ne foudroyent jamais que les villes de guerre,
tendant toujours la main aux hommes ſans ren-
verſer leurs foyers.

LE COSMOPOLITE.

Pardonnez - moi , je connois auſſi cette ſage
méthode & j'y applaudis : . . . mais je connoîs
auſſi celle des Romains : ... *parcere humiles , debellare ſuperbos.* — Comme cette dernière méthode eſt celle que la Grande-Bretagne a toujours
mis en pratique ; & qu'elle a toujours erré , ...
il ne faut pas que la France & l'Eſpagne errent
à leur tour. — Des ſottiſes d'autrui , nous vivons
au palais , dit la fable de l'huître. — Puiſque c'eſt
la Grande-Bretagne , depuis près d'un ſiècle , qui
cherche de faire revivre cet ancien ſyſtême des
Romains ; & qu'elle l'a déployé avec toute la
férocité poſſible , en faiſant aſſaſſiner Mr. de Jumonville en Canada ; & en attaquant à l'imprévue
la France en 1755 , comme ceux-ci attaquerent

Carthage dans fes guerres puniques, il faut qu'elle périsse par le même système & qu'elle subisse la loi du talium. — A quel effet, il est autant de l'intérêt que de la gloire des cours de Versailles & de Madrid, de tirer une vengeance éclatante des injures de la Grande-Bretagne. A cet effet, il faut qu'elles l'éreintent de façon à ne plus entendre parler d'elle, comme il ne fut plus question de Carthage après qu'elle eut été détruite.— Dans ce dessein, puisque c'est le commerce, ses richesses, ses intérêts qui rendent l'Angleterre si puissante, si active, si téméraire, ... il faut ruiner tous les objets d'industrie qui peuvent réhabiliter ses commerces. — En conséquence, il faut saccager chez elle tout ce qui peut avoir idée de fabriques, de métiers battans , de germe d'industrie autre que l'agriculture ; tout ce qui peut être arcenaux, ville de guerre, ville maritime, établissemens mercantils &c. doit être ruiné.— L'extrêmité est douloureuse, je l'avoue : ... mais il le faut ; & elle devient nécessité dans un pays conquis par vengeance, par raison d'état, & que l'on ne veut pas garder.

VAN MAGDEBOURG.

Votre opinion paroît des plus justes, quoique dure & inhumaine. — Cependant on pourroit vous répondre, quel mal ont commis tant d'infortunés que vous livrez aussi impitoyablement à la désolation & aux fureurs de la guerre ?

LE COSMOPOLITE.

Quel mal avoit commis Mr. de Jumonville pour être assassiné, quand il représentoit le Roi son maître vis-à-vis de l'armée angloise? — De quoi étoient coupables les armateurs des 500 vaisseaux marchands que la Grande-Bretagne prit à la France en pleine paix en 1755 ? — En plaignant

le fort des uns , il faut envifager l'infulte faite
aux autres ; & ce font ces infultes que toute nation avifée doit arrêter.

VAN MAGDEBOURG.

Vous avez raifon, & pour cet objet nous pour-
rions prefque faire caufe avec la France contre
la Grande-Bretagne : mais laiffons cela pour reprendre le fil de votre guerre de cabinet. . . . Nous
avons vu jufqu'à préfent la marche & les opérations qui doivent être faites par l'armée efpagnole : mettez-nous un peu au fait de celles qui doivent être pratiquées par l'armée de France.

LE COSMOPOLITE.

L'armée de France débarquée aux environs de
Plymouth , ayant reçu tous fes renforts , fera le
fiège de cette place qu'elle traitera avec la même
rigueur que toutes celles que prendra l'armée efpagnole. — Les campagnes , toutes les villes ,
bourgs ou villages qui feront fur fa route le long
des côtes jufqu'à Londres , auront le même fort.—
Arrivée aux portes de Londres , elle inveftira cette
ville , exigera des contributions très - rigoureufes
& finira par la brûler : la deftruction de cette
ville coupant le col de l'Angleterre ; & une population qui ne refpecte aucune tête couronnée ,
aucune nation , aucun mortel qui n'eft pas de fa
communion , doit être difperfée comme la pouffière des fouliers du prophète.

MILORD SPITEAL.

Je n'approuve pas votre politique , notre Cofmopolite. — Quelque raifon que l'on ait de fe
plaindre d'une nation , d'un voifin , d'un ennemi ,
on ne doit jamais deshonorer fa victoire par des
férocités & des barbaries qui révoltent le cœur
des hommes.

LE COSMOPOLITE.

Penſez-vous bien, milord, à ce que vous venez
de dire ?

MILORD SPITEAL.

Certainement je le penſe ; & je ſerois au dé-
ſeſpoir que vous puiſſiez croire que je n'en ſuis
pas réellement pénétré. Oui ! je le répéte, la victoire ſeroit le deshonneur d'un conquérant, . . .
s'il en éroient qui puſſent ſe porter aux extrêmités que vous venez de ſuppoſer.

LE COSMOPOLITE.

Si vous déſapprouvez ces extrêmités, pourquoi
ne tancez - vous pas gravement la Grande - Bretagne ? Qu'ont fait vos armées dans Pondicheri,
après qu'elles l'eurent pris dans la dernière guerre ?
eſt-il reſté pierre ſur pierre de cette malheureuſe
ville ? . . . n'a-t-elle pas été livrée aux flammes &
au pillage ? hé ! vous ne voulez pas que Londres
qui a eu l'inſolence d'inſulter de tous les temps
toutes les nations , toutes les têtes couronnées ,
tous les humains qui ne ſont point anglois ; . . .
qui a fait périr pluſieurs de ſes ſouverains dans
les fers , ſur des échafauds , & vous ne
voulez pas, dis - je, que Londres périſſe ? tombe le feu du ciel ſur une telle population ! elle
deshonore l'humanité comme les peuples de
Gomore. — Pardonnez-moi , il faut qu'elle périſſe & de la même ruine que Pondichéri. — Sa
ruine eſt d'autant plus néceſſaire, qu'elle mettra
fin à des guerres deshonorantes , à des haines &
à des jalouſies qui perpétuent dans le cercle politique de l'Europe , la déſunion & la diſcorde
chez toutes les nations.

MILORD SPITEAL.

Hé ! croyez - vous que ſi vous veniez à bout
d'anéantir la puiſſance de la Grande - Brétagne,

que la France ne chercheroit pas à dominer fur
l'empire des mers , comme elle domine actuellement fur celui de la terre ?

LE COSMOPOLITE.

Cela pourroit être : ... cependant il eſt à trouver que la France ait jamais fait uſage d'aucune
des indécences que la Grande - Bretagne a com-
miſes vis-à-vis de la Hollande en 1760 , vis-à-vis
du roi de Naples en 1746 , vis-à-vis de la France
en 1755 ; & vis-à-vis de l'Eſpagne , de la Suede
& de la Hollande juſqu'en 1762.

MILORD SPITEAL.

Hé ! la conquête de la Franche - Comté par
Louis XIV. en 1674 eſt-elle plus décente que nos
hoſtilités de 1755 ? — la priſe de Strasbourg par
la France en 1681 , préſente-t-elle plus de déli-
cateſſe que la ſommation à la minute que ſes armées ſur le Var nous forcerent de faire au Roi
de Naples en 1746 ? — ſes guerres contre la Hollande de 1684 & de 1747 ont - elles mis plus
d'honnêteté dans les droits des gens , que nous
ne pouvons en avoir mis dans nos démêlés du
Canada ? — Par tout , de nation à nation , ne
rencontre-t-on pas les mêmes néceſſités , les mêmes moyens , la même politique ? quel eſt le
gouvernement qui en eſt exempt ? — Pourquoi
rendre plus fautive la Grande - Bretagne que la
France ? pourquoi dénigrer plus l'une que l'autre ,
dès que toutes les deux ſont répréhenſibles des
mêmes excès , des mêmes abus , des mêmes
défauts ?

VAN MAGDEBOURG.

Notre Coſmopolite , malgré qu'il veuille n'être
d'aucune nation , on voit qu'il a le cœur françois.

LE COSMOPOLITE.

Non , je ſuis toujours neutre , & toujours l'ami

des hommes vertueux : toutefois j'avoue ingénument que la nation françoise, par sa douceur, son affabilité, me plaît plus qu'aucune de celles que je puis avoir encore fréquenté ; je vous ai entretenu plusieurs fois de ses avantages, & vous en êtes convenu. — Mais dans notre conversation actuelle, elle n'y entre pour rien. — Ce sont les intérêts de nation à nation que nous disputons, que nous attaquons, que nous défendons : je suis neutre en tout. — Je ne fais que me mettre à la place de ceux que l'on attaque, & qui ont droit de se défendre.

St. Albin.

S'il m'en souvient bien, nous en étions à la ruine de Londres.

Le Cosmopolite.

Londres détruit, l'armée espagnole continuera sa marche dans le pays en dedans, dans le même ordre & pour les mêmes opérations que ci-devant, jusqu'aux épaules d'Edimbourg, où elle se repliera sur sa gauche jusqu'aux côtes de l'ouest en face de l'Irlande, pour mettre tout ce pays à contribution. — L'armée françoise continuera sa marche le long des côtes de la Manche, jusqu'à Edimbourg ; & après la prise de cette ville, elle se repliera sur sa gauche, abandonnant le nord de l'Ecosse, pour se rendre sur les côtes de l'ouest de l'Angleterre, où elle achévera de détruire tous les ports & villes maritimes en face de l'Irlande.

Van Magdebourg.

Si les choses étoient autant à la réussite des hommes que vous les rendez possibles, le monde ne seroit continuellement agité que par des meurtres & des carnages.

Le Cosmopolite.

Hé ! l'est-il moins pour cela ?... Le lion fait

la guerre aux tigres, le tigre aux loups, le loup aux agneaux ; — l'aigle détruit le vautour, ... le vautour l'épervier, ... l'épervier la tourterelle , ... les requins les souffleurs : les brochets se nourrissent des tons, des aloses, des éperlans ; ... & l'homme , plus barbare que tous ces animaux , déchire sans cesse son semblable & tous les animaux. — L'on diroit presque que l'astre brillant qui nous éclaire , ne parcourt journellement le cercle du monde, que pour jouir avec fureur du tableau de sang , de meurtre & de carnage que lui offre par tout la terre. — Soit de jour, soit de nuit, toujours quelque être sensible y est déchiré. ... Quel enchaînement de création , de propagation & de ruine ! est-ce un Dieu qui l'a ainsi ordonné ?

V a n M a g d e b o u r g.

Mon ami, toutes ces erreurs & leur enchaînement de conservation & de ruine, ont commencé avec le monde, & ne peuvent finir qu'avec le monde. — En conséquence, tant qu'il existera des hommes, on les trouvera chez les hommes.— L'ambition est la source de toutes les erreurs & de tous les crimes.... Voyez comme notre brave Cosmopolite fait conspirer par d'autres hommes la ruine de l'Angleterre ?

L e C o s m o p o l i t e.

Je ne conspire rien , je n'arme aucune querelle. — Je dis seulement que la Grande-Bretagne a insulté gravement la France ; & que la France en tirera un jour une réparation , telle que celle dont nous parlons.

M i l o r d S p i t e a l.

Hé bien ! après que vous aurez détruit toutes nos villes maritimes en face de l'Irlande , que deviendront vos armées respectives de France & d'Espagne ?

Le Cosmopolite.

L'armée de France & l'armée d'Espagne détacheront chacune une partie de leurs troupes qui seront embarquées sur les deux escadres, pour la conquête de l'Irlande qui sera confiée au prétendant ; & où les deux puissances l'établiront souverain : — démembrant pour toujours cette Isle des domaines de la Grande-Bretagne, en faveur de ce prince. — Du moment que toutes ces choses se passeront en Europe, les cours respectives de France & d'Espagne enverront une députation aux colonies septentrionales de la Grande-Bretagne, pour les engager à l'avenir de se gouverner par elles-mêmes ; — de faire bande à part avec l'Angleterre ; ... d'établir leur genre de souveraineté en corps de nation, tel qu'elles le jugeront convenable à leurs intérêts : la France & l'Espagne étant prêtes de le reconnoître & de signer avec elles un traité d'alliance offensive & défensive avec tout l'enchaînement d'intérêt & de commerce qui sera le plus favorable à cette nouvelle nation. — L'Angleterre, ou l'Isle de l'Angleterre, ainsi dévastée & ainsi isolée de ses colonies & de l'Isle d'Irlande, on la rendra à son souverain, .excepté le port de Douvre & trois milles à la ronde dans les terres que la France gardera en toute souveraineté.

Milord Spiteal.

Si les inconvéniens & tous les hasards des temps & de la guerre, n'étoient point dans votre plan à l'avantage de la Grande-Bretagne, je frémirois de rage & de douleur au récit d'une confédération, des préparatifs & des opérations d'une guerre aussi féroce, aussi barbare & aussi sauvage que celle que vous voulez que l'on nous fasse. — Mais tout n'étant que propos, & d'une exécution aussi impoſſible que périlleuſe, ... je puis dormir tranquillement ſur le ſort de ma chère patrie. — Seulement il me ſera permis de dire avec plus de raiſon que le Coſmopolite, que la France ne pourra jamais ſur l'Angleterre, ce que l'Angleterre pourra ſur la France. — La mer commande à la terre, mon cher ami ! & la Grande - Bretagne, n'eſt qu'une puiſſance maritime.

LE COSMOPOLITE.

Oui, mais cette puiſſance qui ſurprend les autres, peut être ſurpriſe à ſon tour.

MILORD SPITEAL.

Cela eſt vrai.

LE COSMOPOLITE.

Ainſi l'ennemi ſurpris eſt à moitié vaincu. — Si la France & l'Eſpagne réglent bien leurs démarches, qu'elles y mettent rigoureuſement ce ſecret & ce myſtère qui fait toujours le ſuccès des grands projets, où en ſera la Grande - Bretagne ! ... ſaura-t-elle où donner de la tête quand elle ſe verra attaquée de quatre ou cinq côtés différens, ſans matelots, ſans troupes & ſans vaiſſeaux armés ?

VAN MAGDEBOURG.

Certainement la ſituation ſeroit des plus embarraſſantes. — Mais, dites-moi un peu, pourquoi faites - vous attaquer généralement la Grande-Bretagne en Juin ou Juillet, plutôt qu'en 8bre ou 9bre ? Je crois que les longues nuits ſeroient plus favorables à ce projet que les plus grands jours de l'année.

LE COSMOPOLITE.

Pourquoi ! par pluſieurs raiſons toutes plus eſſentielles les unes que les autres. — La première, c'eſt que je ſais par expérience, que dès que l'on prend la St. Jean, en avançant vers le mois d'Août & de Septembre, qu'il régne beaucoup de vents d'est dans les détroits & sur les côtes européennes de l'Océan ; lesquels vents sont contraires à la navigation de l'Angleterre vers la Méditerranée, & favorisent celle des côtes de France & d'Espagne sur celles d'Angleterre. — La seconde, c'est que dans cette saison, la Grande-Bretagne a le plus de vaisseaux marchands occupés à la pêche, au commerce des colonies de la Méditerranée & de la Baltique ; par conséquent moins de matelots dans ses ports. — La troisième, c'est que la récolte des grains (dans cette saison) est encore toute dans les champs ; & que les armées respectives pourront s'en assister tout le temps qu'elles y séjourneront. — La quatrième, c'est que cette saison étant celle des plus fortes marées, les vaisseaux de transport s'approcheront plus hardiment des terres ; & par leurs échouemens à la marée descendante, les débarquemens seront plus prompts & plus faciles :... avantages si déterminés, qu'ils précisent d'eux-mêmes l'époque des hostilités.

Van Magdebourg.

Il paroît que notre Cosmopolite n'ignore de rien, & qu'il sait mettre tout à profit.... Les vents, les saisons, le mystère, rien n'y est négligé :... il n'y manque que le succès. — Reste à savoir, si la France & l'Espagne seront assez avisées pour se conduire avec le secret & l'intelligence que vous leur supposez !

Milord Spiteal.

Ce qui me paroît très-impossible.... Trop de haine sépare Andromaque & Pyrrhus. — Depuis que ces deux nations sont ensemble, elles n'ont jamais pu s'entendre pour balancer seulement la prospérité de la Grande-Bretagne :... comment voulez - vous qu'elles puiffent fe mettre d'accord dans un objet de cette importance, où chacune d'elles voudra y dominer ? — D'ailleurs, vous favez auffi bien que moi, que le miniftère de la Grande-Bretagne a le fecret de lire chez les autres tout ce qui s'y paffe, fans jamais fe laiffer pénétrer ; & de prévenir fes voifins avant d'en être attaquée. Ainfi, mon cher ami, tout le fuccès d'un plan auffi ingénieux, ne fera jamais le partage de la France ni de l'Efpagne, du moins de très-longtemps.

LE COSMOPOLITE.

Hé ! fur quoi vous fondez-vous, s'il vous plaît ?

MILORD SPITEAL.

Sur quoi ! fur ce qu'il faut beaucoup d'argent & beaucoup de tête pour un tel projet ; & que la France & l'Efpagne manquent depuis long-temps de l'un & de l'autre.

LE COSMOPOLITE.

Je ne vois pas trop cela.

MILORD SPITEAL.

J'en fuis fâché, vous êtes donc aveugle. — Pourrez-vous me nier que la France eft plus pauvre, plus endettée, plus furchargée d'impofitions actuellement, (après douze ans de paix,) qu'avant la malheureufe guerre de 1756 ?

LE COSMOPOLITE.

Vous dites vrai. — Mais qu'en influez-vous ?

MILORD SPITEAL.

Que la France n'a point de tête : — fi elle en avoit, avant d'imaginer un projet de confédération de la force de celui que vous venez de lui fuppofer, elle auroit commencé par donner un ordre avantageux à fes affaires, afin de trouver dans fes économies les fecours néceffaires pour de telles expéditions.

LE COSMOPOLITE.

Mais je vous ai démontré qu'il n'en falloit pas tant ; & dans un cas de befoin , l'Efpagne en auroit affez pour toutes les deux.

MILORD SPITEAL.

Belle reffource que l'Efpagne ! — Comment voulez-vous que l'Efpagne en ait affez pour toutes les deux , fi elle ne peut achever de payer le capital & les intérêts des dettes de Philippe V ; & qu'elle a été forcée, (faute de moyens) , de difcontinuer la réparation de fes routes publiques entreprifes par le Marquis d'Afquilafce.

LE COSMOPOLITE.

Je vois que la prévention vous aveugle , & que vous ne connoiffez pas les reffources de l'Efpagne & de la France. — Sachez que ces deux puiffances , en redreffant feulement leurs régies & leurs fyftêmes d'adminiftration , peuvent réalifer des fommes immenfes fans nouvelles impofitions, ce que ne pourra jamais faire la Grande-Bretagne.

MILORD SPITEAL.

Peut - être. — D'ailleurs il n'eft pas aifé en fyftême d'état de faire des redreffemens d'une certaine confidération , fans caufer des fecouffes violentes à toute une adminiftration ; & ces fecouffes font toujours défavantageufes à des corps politiques auffi fort épuifés que le font la France & l'Efpagne.

LE COSMOPOLITE.

, En quoi trouvez-vous que ces deux monarchies font épuifées , parce qu'elles ont des dettes ?... la Grande-Bretagne en a auffi , la Hollande en a auffi : pour cela font-elles épuifées ?

MILORD SPITEAL.

Vous avez raifon. .... Mais la Grande-Bretagne ne traîne pas le payement de ce qu'elle doit ,

comme la France & l'Espagne traînent celui du
solde qu'elles doivent à l'Angleterre, pour la capitulation de Manille & les dettes du Canada.

LE COSMOPOLITE.

Je vois qu'il faut que je vous désabuse, & que
je vous fasse connoître impartialement ce qu'est
l'Espagne, & ce qu'elle pourroit être avec quelques redressemens dans ses systêmes d'état ; —
qu'elles sont ses ressources, & jusqu'à quel point
elle peut s'en établir ; — ce que sont ses commerces, & ce qu'ils peuvent devenir. — C'est
par tous les détails de tous ces avantages (que
vous ne concevez point,) que vous appercevrez
que l'Espagne n'est point tant à mépriser ; & que
si elle diffère le payement de ce qu'elle peut vous
devoir, ce n'est pas manque de moyen.

MILORD SPITEAL.

Il vous sera très-difficile de donner de l'ame à
cette nation, & de pouvoir en faire quelque
chose.

LE COSMOPOLITE.

Pas autant que vous le croyez.

VAN MAGDEBOURG.

Avant que vous entriez dans une aussi vaste
carrière, il faut que vous me fassiez raison, mon
cher ami, de l'ironie piquante que vous avez lancé
sur ma chère patrie, en me disant tantôt, « que
» ses beaux jours étoient passés, qu'ils ne revien-
» droient plus, à moins que le gouvernement
» ne fit usage des heureuses situations où se trou-
» vent placées certaines de ses colonies &c. » —
Cela m'interloque : expliquez-moi un peu tout
cela, car j'aime à m'instruire.

LE COSMOPOLITE.

Nous voyons dans toutes les histoires que le
désespoir de quelques hommes a causé de grandes

révolutions, & que les duretés de quelques gouvernemens ont démembré les plus grands empires. — De ce nombre font toutes les nations qui
fe font établies fur les ruines de Ninive, de Baby-
lone, de Memphis, de l'empire des Perfes & des
Affyriens, dont les Tyriens, les Macédoniens,
les Grecs, les Carthaginois, les Romains, les
Lombards, les Saxons, les Venitiens & les Hollandois font pour ainfi dire des tiges. C'eft le
défefpoir, c'eft l'ambition, c'eft la néceffité, où
fe font trouvées certaines portions d'hommes, qui
a fondé toutes ces diverfes nations ; qui les a domicilié dans des lieux auffi déteftables que ceux
de la fière Venife, de l'altière Carthage & de la
fuperbe Amfterdam ; qui a rendu ces triftes fitua-
tions inacceffibles & redoutables à tous leurs
voifins. — Telle eft l'origine de nombre de gouvernemens, & telle eft celle de celui de la Hollande.

Van Magdebourg.

Vous pérorez à merveille, notre ami, con-
tinuez.

Le Cosmopolite.

Dans le temps, où cette heureufe révolution
fe fit, à peine les peuples du Nord & du Midi
de l'Europe, commençoient - ils à connoître les
bienfaits du travail & des occupations utiles. —
La guerre jufqu'alors, avoit été la feule ambition des hommes, & dans les gouvernemens les
plus civilifés, il s'y élevoit encore des guerres
inteftines, telles que celles qui ont déchiré la
France pendant tout le quinzième fiècle ; — c'eft
pendant les erreurs de toutes ces guerres, atti-
fées, & protégées par Philippe II, que cinq
provinces de la Flandre, pouffées à bout par
les duretés du gouvernement de l'Efpagne, ar-

borerent

borerent l'étendart de l'indépendance, & fonderent la république de Hollande, ſi célèbre aujourd'hui par ſes richeſſes, & par la multiplicité de ſes commerces, qui lui ont fait jouer au commencement de ce ſiècle, le perſonnage intéreſſant qu'elle a repréſenté dans la guerre de la ſucceſſion.

VAN MAGDEBOURG.

Hé qu'elle repréſente bien encore ! .... ſans vanité, notre ami, nous en valons bien un autre. — Quelle eſt la nation auſſi moderne que nous, qui ait fait autant de progrès en auſſi peu de temps, qui ait réaliſé autant de richeſſe, & qui ait auſſi bien connu l'importance de la navigation & de ſes découvertes ?

LE COSMOPOLITE.

Cela eſt vrai, Van Magdebourg, — l'Europe entière, après les Portugais, vous doit la reconnoiſſance de l'avoir éclairée, ſur la marche des vrais intérêts du commerce ; — il eſt fâcheux pour vous, qu'elle s'acqutite de ce bienfait par la plus cruelle des ingratitudes : .... car ce ſont tous ces bienfaits, qui feront la ruine de votre patrie, ſi votre gouvernement ne ſe précautionne pas d'avance, contre les progrès de toutes les nations maritimes.

VAN MAGDEBOURG.

Jamais les nations maritimes ne pourront nous ſupplanter dans cette carrière ; — nous avons des parties excluſives, & ſur - tout celle du bon marché.

LE COSMOPOLITE.

Cela eſt encore vrai ; — mais tout s'uſe avec le temps, & quand la néceſſité augmente les dépenſes, il n'eſt plus de bon marché. — Dans les premiers temps de votre république, le commerce étoit encore un être imaginaire en Europe, & vos pères vivoient dans une telle fobriété, que les profits du commerce, doubloient, & triploient toutes leurs dépenfes; — depuis que les nations fe font éclairées dans ces intérêts, que par les accumulations de vos richeffes, elles ont connu celles qu'elles pouvoient acquérir; .... toutes les nations maritimes, font entrées en concurrence avec vous, & cette concurrence a miné tous vos avantages. — De-là font forties toutes les loix municipales de la France, de l'Efpagne, de l'Angleterre, du Dannemarc, de la Suéde, du Portugal, de Naples, de Venife, de Gênes, qui font la bafe fondamentale de tous les commerces politiques de leurs fujets, & qui font les écueils, où tous les commerces paffifs de la Hollande vont s'échouer.

Van Magdebourg.

Il paffera encore bien de l'eau dans le Rhin, avant que notre commerce, (tout paffif que vous l'appellez), foit englouti par nos voifins.

Le Cosmopolite.

Pas autant que vous vous le perfuadez; — écoutez ce paffage du mémoire de Mr. de Pelliffery, pour l'établiffement d'une caiffe nationale, où il dit en parlant des intérêts du commerce, » la bafe fondamentale aujourd'hui, de
» la puiffance des monarchies, étant toute éta-
» blie fur les intérêts du commerce: la poli-
» tique moderne pour ne point errer fes com-
» binaifons, a divifé en deux claffes, les apré-
» ciations de ceux perfonnels à chaque nation. —
» Dans la première, elle y a calculé le total
» de chaque population le revenu fonciel de cha-
» que gouvernement, & les dépenfes généra-
» les de chaque monarchie; — dans la feconde,

» les occupations des fujets, les reffources de
» chaque gouvernement, & la nature des inté-
» rêts politiques de chaque nation. — Par la
» balance générale de ces intérêts; on s'éclaire
» fur le degré de force, & de puiffance de
» chaque monarchie ; on calcule féparément
» leurs revenus, leurs dépenfes, leurs reffour-
» ces, & leurs commerces, & l'on s'affure fi
» ce dernier eft actif, ou paffif, utile ou poli-
» tique.

» Les intérêts actifs dans le commerce font
» plus riches que les paffifs; les utiles font fou-
» mis aux politiques; — heureux font les gou-
» vernemens qui, comme l'Efpagne, peuvent
» tourner en actif, & réunir en elle feule tous
» les vaftes intérêts du commerce: ... recueil-
» lant beaucoup plus de denrées premières qu'el-
» le ne peut en confommer, & ayant dans fon
» fein toutes les matières premières, qui font
» les alimens de toute induftrie. — Triftes font
» ceux qui, comme la Hollande, fans agricul-
» ture, & fans induftrie, ne campent que fur
» la tolérance des nations, qui en paffant pa-
» roles entr'elles, feroient rentrer cette répu-
» blique, dans les marais d'où elle a fçu fe ti-
» rer. — Terribles font ceux qui, comme la
» France, & l'Angleterre, poffèdent dans leur
» fein les intérêts utiles, & politiques du com-
» merce, & qui fecondés d'une nombreufe po-
» pulation, & d'une grande abondance d'induf-
» trie, foulent fans ceffe celle de fes voifins,
» & rivaux dans les lieux de confommation;
» arment des guerres auffi terribles que celles
» de 1701, 1738, 1744, & 1756. — N'ou-
bliez jamais Van Magdebourg cette vérité, » trif-
» tes font ceux qui, comme la Hollande, fans

» agriculture, & fans induſtrie, ne campent que
» fur la tolérance des nations, qui en paſſant
» paroles entr'elles, feroient rentrer cette ré-
» publique dans les marais d'où elle a ſçu ſe
» tirer. — En effet, quels ſont vos commerces?.... c'eſt de charrier dans le Nord, les denrées des peuples du Midi, & de verſer au Midi
celles du Nord; — vous n'avez par devers vous,
ni productions locales, ni ſuperflus, ni articles
d'aucune induſtrie à donner; .... il faut pour
tous vos commerces que vous vous alimentiez des
articles de vos voiſins: peut-on dire cela avoir
du commerce? non aſſurément.

Van Magdebourg.

Hé! notre commerce des Indes Orientales le
comptez-vous pour rien? — celui de la pêche
du hareng, de la morue, de la baleine, de l'A-
mérique, de la Turquie, de l'Aſie, & de l'Afrique, n'eſt-ce pas un commerce, & un commerce très-actif?

Le Cosmopolite.

Pardonnez-moi; — mais ils perdent tous leurs
avantages, parce que vous êtes obligés d'avoir
recours à vos voiſins, pour vous procurer tous
les articles d'entrées qui forment vos échanges,
de ſorte que ce commerce qui ſe préſente actif
par la vente excluſive de vos épiceries, devient
paſſif par votre défaut d'induſtrie première.

Van Magdebourg.

Je ne vois pas qu'il ſoit ſi ruineux, puiſque
depuis 200 ans, nous n'en avons pas fait d'autre, & que nous y avons acquis de très-gran-
des richeſſes.

Le Cosmopolite.

Y faites-vous aujourd'hui les mêmes profits,
que vous y faiſiez il y a 200 ans?

VAN MAGDEBOURG.

Hé le moyen !.... tant de monde s'en mêlent aujourd'hui, que la concurrence gâte tout.

LE COSMOPOLITE.

Par conséquent plus de concurrence, moins de commerce pour un chacun. — Or, votre nation en 1500, comme elle étoit pour ainsi dire, seule dans la carrière du commerce, elle étoit la plus forte nation maritime; — mais aujourd'hui que tout le monde s'en mêle, (comme vous dites très-bien), elle n'est plus qu'une nation du second ordre.

VAN MAGDEBOURG.

Nous ne nous regardons pas de même, & il n'y a qu'à voir quel est le pavillon, qui abonde le plus dans toutes les villes maritimes du commerce.

LE COSMOPOLITE.

Pouvez-vous effacer l'Angleterre ?

VAN MAGDEBOUBG.

Non.

LE COSMOPOLITE.

Pouvez-vous effacer la France ?

VAN MAGDEBOURG.

Non.

LE COSMOPOLITE.

Par conséquent vous n'êtes qu'une nation du second ordre dans ce moment, de première que vous étiez en 1500.

VAN MAGDEBOURG.

Je ne crois pas cela; — je suis même persuadé, si nous différons, de la France & de l'Angleterre du côté des fabriques, que nous avons plus de vaisseaux marchands qu'aucune d'elle.

LE COSMOPOLITE.

Je veux encore vous accorder cela; — quel

étoit le commerce maritime de la France, & de l'Angleterre avant 1600?

VAN MAGDEBOURG.

Très-peu de chose.

LE COSMOPOLITE.

Donc s'il étoit très-peu de chose alors, & s'ils sont devenus aussi considérables dans moins d'un siècle, que ces deux puissances sont parvenues de s'établir vos rivaux à égale concurrence, elles ont acquis sur vous. — En gagnant sur vous, elles ont affoibli votre portion; par conséquent vous avez perdu de vos avantages. — Joignez à cette décadence, les progrès qu'ont fait dans cette carrière, l'Espagne, le Portugal, la Suéde, le Dannemarc, la Russie, Hambourg, Dantzig, Lubec, Venise, & l'Italie, & vous verrez, si toutes ces diverses nations se dédient aujourd'hui à exporter elles-mêmes leurs superflus, (comme elles s'y dédient actuellement,) que deviendra la Hollande?

VAN MAGDEBOURG.

Ce diable-là, il vous en trouve par tous les enfers ; ... hé bien ! elle deviendra ce que Dieu voudra.

LE COSMOPOLITE.

Il ne faut pas se fâcher, Van Magdebourg, nous raisonnons en pères de famille ; — vous voyez sensiblement que les progrès des nations maritimes, préparent imperceptiblement la ruine des commerces de la Hollande ; ... hé une fois la Hollande sans commerce, adieu de sa puissance !

VAN MAGDEBOURG.

Comment pouvoir éviter, ce que là nécessité toute seule opère d'elle même ?

LE COSMOPOLITE.

Pardonnez-moi, l'on peut l'éviter, en prevenant

les chofes de loin ; — en portant dans l'avenir
ce coup d'œil qui arrête la ruine des Empires ,
& qui raffermit leurs puiffances. — A cet effet ,
la Hollande eft la plus favorifée de toutes les
nations de l'Europe , ayant en propriété , une
colonie unique dans fa fituation ; capable elle
feule de fonder l'empire le plus puiffant, & le
plus redoutable qui ait jamais exifté.

Van Magdebourg.

Vîte , mon cher ami , tirez-moi de peine , où
trouvez - vous cette heureufe fituation ?

Le Cosmopolite.

Dans la pofition unique du Cap de Bonne-
Efpérance.

Van Magdebourg.

Où diable va-t-il nous exiler ! .... à trois mille
lieues d'Europe , dans un pays fauvage , défert ,
fans produit.

Milord Spiteal.

Il eft certain que la pofition du Cap de Bonne-
Efpérance , eft des plus heureufe pour une nation
qui ne vit que du commerce , & qui afpire au
commerce univerfel.

Le Cosmopolite.

D'autant plus heureufe que le pays y eft très-
fertile en bleds , en vins , en fruits , fans voifins
turbulens , inquiets & jaloux ; qui ne demande
pour produire que des bras fages , économes ,
laborieux ; que l'induftrie , les arts , & les fciences peuvent s'y établir avec avantage ; que l'intérêt , que l'ambition , que la foif des richeffes ,
femble y appeller les hommes : enfin , que tout
femble dire à la Hollande , nation commerçante,
venez vous établir ici , quittez votre commerce
paffif de l'Europe , pour venir en exercer un
dans ces cantons , conftamment actif , avec l'A-

frique, l'Europe, l'Afie, & l'Amérique ; quittez vos provinces toujours prêtes à être enfévelies fous les eaux, pour venir habiter des plaines fertiles dans lefquelles vous y établirez toutes les fabriques de l'Europe & de l'Inde ; ... quittez vos brouillards conftans du Nord, du Couchant, pour venir jouir des jours fereins du Midi que vous embellirez par les progrès des arts & des fciences ; — voilà ce que dit toujours à la Hollande, fa colonie du Cap de Bonne - Efpérance.

Van Magdebourg.

Mon cher ami, votre raifonnement eft très-fenfé, & très-judicieux ; — je fens très-bien que fi la nation Hollandoife vouloit fe réfigner d'abandonner fes domaines d'Europe, pour fe tranfporter avec toutes fes richeffes au Cap de Bonne-Efpérance, qu'elle pourroit y devenir un jour une des nations du monde des plus floriffantes ; mais comment pouvoir déterminer tant de citoyens à cela ? comment les engager d'abandonner leurs maifons, leurs campagnes, leurs terres : .... leurs habitudes mêmes ! — C'eft la chofe impoffible.

Le Cosmopolite.

Un gouvernement fage prévoit ces chofes là, & les fait réuffir ; c'eft par l'examen profond de ce que l'on eft d'un côté, & de ce que l'on pourroit être fi l'on étoit établi dans un autre, que la Hollande devoit lire dans l'avenir fon fort & fa deftinée ; tout ayant dû lui dire que les nations d'Europe s'éclaireroient par fon exemple, & que plus favorifée qu'elle, par leurs domaines, par leurs productions, & par leurs populations, qu'elles interdiroient un jour fa profpérité, & la richeffe de tous fes commerces. — La preuve de ce que j'avance n'est pas difficile à trouver. — Dans les commencemens du seizième siècle, le commerce de la France, n'étoit rien, aujourd'hui il balance celui de la Hollande. — Celui de l'Angleterre étoit peu de chose, aujourd'hui il obscurcit celui des Hollandois ; joignez aux progrès de ces deux puissances, celui des autres nations de l'Europe, & vous verrez que toutes tendent à intercepter le travail, les occupations, les ressources de vos citoyens, sans que toute la vigilance de votre gouvernement puisse les en empêcher ; — de-là la ruine certaine de votre puissance. — Chose qui ne seroit point arrivée, si depuis un siècle seulement, votre gouvernement ne s'étoit regardé en Europe, que comme dans un pied-à-terre, qu'il eût fait passer successivement au Cap de Bonne-Espérance, tous ceux de ses sujets & de ses voisins, qui auroient voulu s'y aller établir ; — au lieu de dépenser follement douze ou quinze cent millions de florins, comme elle les a dépensés dans la guerre de la succession ; ... au lieu de sacrifier 4 ou 500 mille hommes, comme elle les a sacrifiés dans cette seule guerre ; ... au lieu de faire périr ses vaisseaux de guerre, sur les dunes d'Angleterre, sur les forlingues ; devant Malaga, & dans les mers de Naples : qu'il eût fait passer tout cet argent, tout ce monde, tous ces vaisseaux, dans cette future métropole ; .... aujourd'hui ce pays seroit presque aussi peuplé, que les Etats d'Europe ; & la Hollande seroit dans le cas d'y aller établir la résidence de son gouvernement ; — de ce défaut de prévoyance se prépare la ruine de sa puissance ; & j'oserai presque parier dans moins d'un siècle, que la république de Hollande ne signifiera pas plus dans les Etats du Nord de l'Europe, que la république de Génes, ne peut signifier aujourd'hui dans les Etats du Midi; ... surtout si la France, veut tirer parti de ses avantages, ... si elle veut se conduire avec ces idées mâles, que doivent lui inspirer sa position, ces forces, & ses moyens; si elle veut pratiquer ses systêmes sûrs, qui ont toujours réussi aux Romains, quand ils se sont conduits en hommes sages : à Charles V ; ... à l'Angleterre même ; — enfin si elle veut admettre dans son administration cette économie, cette émulation, ce courage, qui ont illustré la Grèce, Rome, & Carthage, & qui avoient si heureusement réussi en France sous Henri IV, sous Louis XIV, & sous Louis XV jusqu'en 1756.

MILORD SPITEAL.

Pourrois-je vous demander, en quoi la Grèce, Rome, & Carthage se sont plus illustrées que la Grande-Bretagne, que la Hollande, que l'Empire? &c.

LE COSMOPOLITE.

L'histoire ne vous laisse rien à desirer làdessus ; — c'est l'éducation de leurs citoyens qui y a contribué ; .... c'est les arts & les sciences que ces peuples ont cultivés avec avantage ; .... c'est les conquêtes, & les connoissances utiles qui ont produit chez elles tant de grands hommes dans tous les genres possibles ; & de chez elles en France sous Louis XIV ; ... ce règne lui seul ayant produit en moins de cinquante ans, ce que la Grèce, Rome, & Carthage, n'ont pu produire en plusieurs siècles ; — Louis XIV, ... Louis XIV! votre règne sera toujours cité dans l'histoire, comme un règne de gloire, de grandeur, & de merveilles pour une nation!

MILORD SPITEAL.

On doit dire en faveur de la vérité, que le règne de Louis XIV a été le plus beau règne de l'Europe depuis Octave Auguste, n'y en ayant aucun qui lui soit comparable chez aucune nation ; — mais aussi.....

VAN MAGDEBOURG.

Hé ! Messieurs, il auroit été bien plus beau, bien plus grand, bien plus utile aux hommes, si Louis XIV avoit connu sa gloire & son bonheur à la paix de Riswick ; — si en prince sage, ... content des lauriers dont il s'étoit couronné dans moins de trente années ! (& que l'on recueille à peine dans deux siècles,) il eut abandonné la folle ambition de faire un Roi d'Espagne ! — quelle différence pour sa réputation !

ST. ALBIN.

Van Magdebourg, la critique est facile, & l'exécution est toujours difficile. — Ce que Louis XIV a fait, vous l'auriez fait également. — On n'abandonne jamais les héritages que la nature nous donne, & sur-tout ceux d'une couronne. — D'ailleurs Louis XIV n'en étoit pas le maître ; la succession de l'Espagne appartenoit de droit à un de ses petits fils ; pouvoit-il le priver de son bien de famille ? — Le grand mal de tout ce qui est arrivé, & la source de toutes les suites fâcheuses que cet héritage eut pour la France, & pour l'Europe entière ; .... c'est que Louis XIV fit mal son compte à la paix de Riswick, & qu'il n'a pas été le maître de s'arrêter dans ses prospérités, quand il l'auroit desiré : l'Autriche, l'Angleterre, l'Espagne, la Hollande, la Savoie, le Portugal même, ayant constamment conspiré contre sa puissance.

VAN MAGDEBOURG.

Pourquoi cherchoit-il, de vouloir donner un Roi de son sang à l'Espagne ? — qu'avoit-il besoin de chercher à multiplier sa race chez les autres ? — n'étoit-il pas assez grand lui tout seul en France, sans ambitionner une seconde couronne dans sa famille ? — tenez, à mon avis, il fit une sottise, je vous l'ai dit tantôt ; .... allons nous-en, car il est tard.

St. Albin.

Vous savez, mes amis, que vous êtes des miens ?

MILORD SPITEAL.

On n'oublie jamais les choses qui sont aussi agréables que celles là ; — mais y serons-nous en sûreté avec ce diable de Cosmopolite ? — avez-vous entendu avec quelle rigueur il a dévasté la Grande-Bretagne ?

VAN MAGDEBOURG.

Il en a bien fait à-peu-près autant de la Hollande.

MILORD SPITEAL.

Il faut être juste, il vous a mieux traité que les Anglois.

LE COSMOPOLITE.

De part & d'autre cependant je n'ai injurié, ni blessé personne ; j'ai cherché seulement à vous prouver que ce qui peut être regardé comme un acte de prudence chez un particulier, devient foiblesse chez une nation, & qu'un gouvernement qui craint de se venger mérite que l'on l'insulte ; — en conséquence, je vous ai fait part de mes idées de spéculations politiques, en me mettant à la place de la nation Françoise, de l'Espagnole, de l'Angloise & de la Hollandoise, & j'ai parlé comme j'aurois agi, dans les cas

où elles fe font trouvées, fi j'avois été leurs légiflateurs ; — fi je me fuis trompé, fuppofez,
mes amis, que je n'en ai rien dit; ... je n'en
dînerai ni plus ni moins, avec apétit, je vous
en affure.

VAN MAGDEBOURG.

Il a raifon, l'homme franc doit dire ce qu'il
penfe ; tant pis pour ceux qui craignent la vérité ;
(*à St. Albin*) voilà ce qui a toujours gâté vos
affaires. — Donnez-moi la main, l'ami de tous
les hommes ; hé bien ! Milord, St. Albin, partons - nous ?

ST. ALBIN.

Oui, nous vous fuivons.

ESPAGNE.

DIALOGUE QUATRIEME.

St. ALBIN, MILORD SPITEAL, VAN MAGDEBOURG, LE COSMOPOLITE.

VAN MAGDEBOURG.

MILORD, St. Albin, confidérez un peu le tas de papier, de cayers & de livres qu'apporte avec lui le Cofmopolite : — l'on diroit qu'il va faire une feconde fois fa Logique ou fa Phyfique.

LE COSMOPOLITE.

Je vous entends, Van Magdebourg : . . . je voudrois que vous diffiez vrai. — Je mettrois à profit, (mieux que je ne l'ai fait,) deux avantages bien confidérables, que l'on regrette toujours & que l'on ne ratrape jamais.

MILORD SPITEAL.

Sans vous donner de l'humeur, pourroit - on vous demander quels font les avantages qui vous tiennent fi fort à cœur ?

LE COSMOPOLITE.

Hélas ! ils doivent être chers à tous les hommes, en leur infpirant les mêmes objets qu'à moi ! . . . la jeuneffe & l'étude des fciences exactes. — C'eft avec le fecours de ces deux avantages, que l'homme honnête peu efpérer de travailler à se faire une réputation ; ... à jouir de lui - même. ...

ST. ALBIN.

Pour la jeunesse, elle est irréparable ; ... & quant aux sciences exactes, nous voyons assez que ce n'est que dans un âge un peu avancé, que l'homme éclairé qui a des principes, les pratique avec le plus d'utilité ; & certainement vous n'avez rien perdu de ce côté-là.

LE COSMOPOLITE.

Vous êtes bien obligeant : ... si la repartie pouvoit n'être point prise pour un compliment, je répondrois à notre ami St. Albin, que je me regarderois comme l'homme le plus favorisé du monde, si je pouvois joindre à votre modestie, à votre honnêteté, tout votre esprit & toutes vos connoissances ; ... ayant très - peu rencontré de mortels qui soient pourvus d'autant d'avantages que vous, & qui s'en fasse si peu à croire.

MILORD SPITEAL.

Je vois avec plaisir, mon cher de St. Albin , que vous êtes connu de tout le monde ; ... & que tout le monde vous rend justice.

VAN MAGDEBOURG.

Mais avec tous vos complimens, vous ne nous dites pas ce que vous prétendez faire avec ce tas de paperasses, de chiffons & de livres que vous traînez après vous. ...

LE COSMOPOLITE.

Doucement, ces chiffons & ces livres font pour désabuser le milord & vous aussi de vos préventions contre l'Espagne & contre la France. — Ce font des notes, des réflexions politiques, des systêmes de finance à l'avantage de ces deux monarchies, ... dressés par un homme qui a vu de ses yeux : ... car avec vous, Messieurs, il faut toujours raisonner avec les preuves en main.

Van Magdebourg.

Mon ami, c'eſt que St. Thomas a fait beaucoup de proſélytes, & que je ſuis un tant ſoit
peu de ſes enfans.

Milord Spiteal.

Tout homme ſage doit l'être, en fait d'intérêt
politique.

Le Cosmopolite.

Mais tout homme ſage auſſi, doit ſe rendre
à l'évidence.

Van Magdebourg.

Certainement, il faut être impartial dans ſes
opinions ; & ſi l'on ſe trompe, le laiſſer entrevoir
de bonne foi. — Par exemple, moi, je dis de
bonne foi, que je crois que la mort du Roi de
France cauſera immanquablement quelque changement dans le ſyſtême politique de l'Europe.

St. Albin.

Je ne le croirois pas. — Son ſucceſſeur étant
majeur, cet événement ne changera rien ; & les
affaires politiques ſe ſuivront, ſuivant le plan qui
en étoit arrêté.

Van Magdebourg.

Tant pis, mon ami, tant pis ! . . . il n'eſt pas
de notre intérêt ni du vôtre, que la France laiſſe
envahir Dantzic au Roi de Pruſſe ; . . . . ni que
cette puiſſance puiſſe devenir un jour une puiſſance
maritime. — Votre miniſtère doit empêcher cela.

Le Cosmopolite.

Je crois bien que la choſe ne vous eſt pas indifférente, ni à l'Angleterre auſſi ; mais je crois
qu'elle l'eſt beaucoup pour la France. — Je dirois
plus : . . . elle ne peut que lui être avantageuſe.

Van Magdebourg.

Je ne ſuis pas de votre ſentiment. — La Pruſſe

ne

ne peut devenir puiſſance maritime, qu'aux dépens des puiſſances maritimes.

Le Cosmopolite.

D'accord : mais aux dépens de quelles puiſſances?

Van Magdebourg.

Aux dépens de toutes.

Le Cosmopolite.

Point du tout : — ſi vous me diſiez aux dépens
de l'Angleterre & de la Hollande, ... *concedo* ; —
mais ce préjudice fait le bien de la France & de
l'Eſpagne auſſi ?

Van Magdebourg.

Toujours la France & toujours ſon Eſpagne,
& jamais les autres nations ! — Eſt - ce que la
Ruſſie, la Suede, le Dannemarc, Hambourg,
Dantzic & Lubec, n'y perdroient pas également ? ...

Le Cosmopolite.

Pardonnez-moi : — mais tout cela feroit encore le bien de la France & de l'Eſpagne.

Van Magdebourg.

De ſorte que pour faire le bien de la France
& de l'Eſpagne, il faut que l'Angleterre & la
Hollande ſe ruinent ; & que la Ruſſie, la Suede,
le Dannemarc, Hambourg, Dantzic & Lubec,
laiſſent dévorer leurs intérêts maritimes par la
puiſſance naiſſante du Roi de Pruſſe?

Le Cosmopolite.

Que chacun défende ſes intérêts, rien de plus
permis? ... mais que la France & l'Eſpagne s'op-
poſent au démembrement de la puiſſance maritime de l'Angleterre & de la Hollande, ... (qui
rivaliſent mortellement leurs fréquentations) !...
ce feroit une bêtiſe de leur part. — Au contraire,
ces deux puiſſances doivent bien plutôt la pro-
voquer.

VAN MAGDEBOURG.

Est-ce que la France & l'Espagne ne sont pas liées d'intérêt & de commerce, comme l'Angleterre & la Hollande, avec toutes les puissances de la mer Baltique ?

LE COSMOPOLITE.

Pardonnez - moi.

VAN MAGDEBOURG.

Hé bien ! . . . .

LE COSMOPOLITE.

Hé bien ! leurs intérêts sont différens des vôtres : — combien toutes les années envoyent-elles de vaisseaux marchands dans ces mers ? . . . dix ,... douze, c'est tout au plus. . . .

VAN MAGDEBOURG.

Ce n'est pas ce que l'on demande.

LE COSMOPOLITE.

Au lieu que l'Angleterre & la Hollande ,... à droiture ou en capotage, y en envoyent près de deux mille chacune : ... vous voyez que la parité n'est pas égale. — Ainsi, si le Roi de Prusse s'empare de cette navigation, ... ce sera deux mille vaisseaux de moins, qui ne navigueront plus à votre profit , & qui tourneront à l'avantage de la France.

VAN MAGDEBOURG.

Bel avantage ! ... que lui en reviendra - t - il , dès que ce ne sera pas son pavillon marchand qui fera de commerce ?

LE COSMOPOLITE.

Rien : — mais elle y gagnera en ce que le commerce de l'Angleterre & de la Hollande avec la Baltique , ne salariera plus 18 à 20,000 matelots de chaque côté ; & que l'état ne réalisera plus les profits annuels de plus de 2000 vaisseaux : — à 10,000 liv. par vaisseau seulement ,.... cela feroit bien près de 20 millions de perte toutes les années , fans celle des falaires de vos 20,000 matelots , (*au milord*) & de la main d'œuvre de plus de 100 millions de livres tournois d'exportation de moins en articles de votre induftrie. — Car s'il vous en fouvient bien , je vous ai fait connoître que le commerce direct de l'Angleterre avec la Ruffie , la Suede , le Dannemarc , Hambourg , Dantzic &c. fe montoit toutes les années à plus de cinq millions de liv. fterl. par une navigation à droiture de 7 à 800 vaiffeaux marchands. — Celui de la Hollande eft à-peu-près dans une égale proportion , à la différence que la Hollande ne donne pas le 5 pour 100 de cette fomme en articles de fon induftrie : — au lieu que l'Angleterre la tire toute de fes entrailles.

VAN MAGDEBOURG.

A vous entendre , l'on diroit que la Hollande eft dépourvue de fabriques.

LE COSMOPOLITE.

Non , je ne dis pas cela : — mais le peu que vous en avez , ne peut lutter dans les pays de confommation , avec celles de la France & de l'Angleterre.

VAN MAGDEBOURG.

Ecoutez - le parler !.... le peu que nous en avons !...hé morbleu ! vous ne favez donc pas que toute la Hollande , toute la Hoftfrife , les états de Liège , de Heffe-Caffel , de Weftphalie &c. ne s'habillent que de nos lainages ?... que la Turquie ne reçoit pas de plus beaux draps que ceux de la Hollande ? ... que l'Efpagne , le Portugal & toute l'Italie ne confomment pas de plus beaux camelots , de plus belles ratines que les nôtres ?

LE COSMOPOLITE.

Tout cela eft très-vrai , mon cher ami : — mais

tout cela eſt borné, parce que la grande beauté de vos draps, de vos ratines, de vos camelots, ne peut être abordée que par des perſonnes riches, opulentes ; & que ce ne ſont pas celles-là qui font valoir le commerce. — Vos articles d'induſtrie ſont trop chers ; & pour la conſommation il faut du bon marché.

VAN MAGDEBOURG.

Hé bien ! allez-vous-en en France ? … vous y trouverez de tout preſque pour rien : — mais ce rien devient très-cher, parce que les choſes n'y ſont pas d'uſage ; & que quand il faut toujours renouveller, toujours rapieſſer ſes hardes ou ſes habits, on achette trois fois ce que l'on n'auroit payé qu'une, ſi on avoit voulu y mettre quelque choſe de plus dès la première fois. — Tout devient cher, mon cher ami, par les léſines de ces ſortes d'économies.

LE COSMOPOLITE.

Vous parlez comme un ange, mon cher ami ,… comme un père de famille prudent & économe :— mais allez faire entendre à un artiſan, à un journalier, à un laboureur à 20 fois par jour, qui n'a que 6 liv. à mettre à une culotte de peau, qu'il faut qu'il en dépenſe 9 liv. pour pouvoir en avoir une de plus d'uſage ? … où prendra-t-il les 3 liv. de plus, … ſi avec toute l'économie poſſible, il a de la peine de pouvoir en réaliſer 6 liv. pour remplir ce beſoin ?

VAN MAGDEBOURG.

Ce n'eſt pas pour ces gens - là que nous parlons. …

LE COSMOPOLITE.

Ce ſont pourtant ces gens-là, mon cher ami , qui font valoir le commerce. — Voyez la quantité immenſe que l'on en compte dans une monar-

chie. — Sur 20 millions de population que l'on
suppose à la France, il y en a au moins douze
millions dans cette seule profession. — Combien
le nombre doit en être plus grand dans un pays
moins pourvu de secours, moins favorisé, moins
riche que la France !

MILORD SPITEAL.

Quoique vous en disiez, il n'est pas de l'intérêt
de la France, que la Prusse devienne trop puissante, ni qu'elle s'établisse puissance maritime.—
Son élévation ne peut se faire qu'aux dépens des
alliés de la cour de Versailles dans le nord de
l'Europe. — Pour lors, la France n'ayant plus
aucune influence dans ce continent, le Roi de
Prusse s'établira le maître de toute la Baltique ;
& tournera après ses forces navales vers l'Allemagne, vers l'Amérique & sur les côtes de la
France même.

LE COSMOPOLITE.

Cette dernière tentative seroit un peu plus
difficile.

MILORD SPITEAL.

Pas si difficile que vous l'imaginez. — Le Roi
de Prusse n'a-t-il pas déja la haute Silésie, le comté
de Glatz ? — n'a-t-il pas résisté tout seul en 1756
à la maison d'Autriche alliée à la France & à la
Russie ? … Que ne fera-t-il pas si vous lui laissez
s'approprier Dantzic, toute la Prusse polonoise,
& peut-être une partie de la Poméranie ? — le
voilà déja aussi puissant que la maison d'Autriche.

LE COSMOPOLITE.

C'est-à-dire, qu'il aura beaucoup de pays, mais
peu de sujets.

MILORD SPITEAL.

Qu'il saura bien s'en procurer ! — Si la France
le laisse faire, je ne lui donne pas dix ans, pour

qu'il ne s'empare de la Saxe, de la Boheme &
de la Baſſe-Siléſie.

LE COSMOPOLITE.

Dans dix ans, mon cher ami, loin de conquérir la Saxe, la Boheme & la Baſſe-Siléſie, il
pourroit bien ne plus poſſéder la Haute - Sileſie,
les comtés de Glatz & de Nuremberg, les duchés
de Cleves & de Juliers.— Ce n'eſt pas de ce côté-
là que la France veut que le Roi de Pruſſe s'ag-
grandiſſe, — c'eſt du côté du Nord; ... c'eſt au
dépens de la Pologne & de la Ruſſie, qu'elle le
déſire. — Voilà pourquoi la France a diſſimulé ſa
juſte indignation du gâteau des Rois.

MILORD SPITEAL.

Le Coſmopolite eſt unique, il veut que la France mette du deſſein en tout; — que les variations,
que les révolutions politiques de l'Europe, où
elle n'eſt ni appellée, ni conſultée; & où elle y
eſt même vilipendée, ſoient toujours prévenues
par le cabinet de Verſailles, — tandis que tous
ſes alliés dans le Nord ſe plaignent qu'elle ne
prévoit rien, qu'elle ne ſe précautionne en rien,
ni qu'elle ne les aſſiſte en rien.

LE COSMOPOLITE.

Les affaires les mieux concertées, ſont celles qui
ſont toujours les plus ſecrettes & les plus ignorées.
Parce que ſous le feu Roi Louis XV, le ſecret du
cabinet de la France, (pendant un certain temps,)
n'avoit pas été auſſi rigoureuſement obſervé, qu'il
l'avoit été ſous Louis XIV. & qu'il l'eſt actuellement; ... que les miniſtres s'étoient permis bien
des libertés, bien des imprudences qu'ils ne pratiquent plus avec Louis XVI. — vous vous perſua-
dez qu'une fois que la France ne ſe laiſſe plus
pénétrer comme par le paſſé, qu'elle ne peut
point avoir eu deſſein de tenir la conduite diſſi-

mulée que je lui fuppofe ? — mais vous avez
tort : le bon fens, la raifon, la politique même,
tout vous dit que telle a dû être l'idée & la volonté de la France.

MILORD SPITEAL.

Je ne vois perfonne autre que vous, qui puiffe
être perfuadé de cette vérité. — Nous fommes
trois ici auffi incrédules fur cet objet, que les
trois chaifes fur lefquelles nous fommes affis.

ST. ALBIN.

Pardonnez-moi : ... il eft très-poffible que la
France ait vraiment eu connoiffance du complot
des puiffances du Nord fur la Pologne ; & qu'elle
ait bien voulu y jouer le perfonnage que lui fuppofe le Cofmopolite. — Il eft réellement de fon
intérêt, comme de celui de toutes les puiffances
du midi de l'Europe, qu'il y ait une puiffance dans
le Nord en état de pouvoir réfifter à la Ruffie,
fi elle vouloit trop influer dans les affaires de ce
continent, ... comme depuis trente ans elle femble s'en occuper.

MILORD SPITEAL.

Ce feroit plus à l'Empire & à la maifon d'Autriche, d'ufer de cette précaution que la France...

ST. ALBIN.

Non pas, s'il vous plaît, ... en ce que la Pruffe,
fans la France, pourroit fe trouver entre les deux
feux de l'Autriche & de la Ruffie, au lieu que
dans la pofition où fe trouve la France ; & dans
celle où il eft de fon intérêt que parvienne le Roi
de Pruffe, ... c'eft la maifon d'Autriche qui pourroit s'y trouver.— Alors dans une guerre générale
entre toutes ces puiffances, — la Pruffe alliée
avec la France, pourroit faire tête toute feule à
la Ruffie, tandis que la France occuperoit de fon
côté la maifon d'Autriche.

VAN MAGDEBOURG.

Hé ! vous ne comptez pour rien vos bons amis les Anglois ! — croyez-vous qu'ils ne prendroient pas un peu de parti contre vous ?

ST. ALBIN.

Pardonnez-moi, nous les comptons pour de très-braves gens, dignes de notre colère. — S'ils se déclaroient contre nous, nous nous unirions à l'Espagne pour leur résister.

VAN MAGDEBOURG.

Hé nous !...

ST. ALBIN.

Hé à vous aussi ! — Mr. de Tourville n'a - t - il pas battu vos escadres sur les dunes d'Angleterre, sur les sarlingues ?... du Quesne n'a-t-il pas eu par deux fois le même avantage, (dans les mers de Naples,) sur votre fameux amiral Ruitter ?... hé bien ! mon cher ami, nous vous battrions encore.

VAN MAGDEBOURG.

Vos Tourvilles sont morts, mon cher de St. Albin, & n'ont point laissé d'héritiers dans votre marine ! — vos du Quesnes sont expirés aussi. — Vous n'avez plus ni Barth, ni Fourbin, ni du Guay-Trouin, ni Cassard, ni la Bourdonnaie : ... ainsi si vous ne nous opposez pas de meilleurs généraux, de meilleurs capitaines que ceux que vous avez employé contre les Anglois dans votre dernière guerre, nous ne vous craignons pas. — Les Anglois ne vous ont pris que vingt vaisseaux de ligne : nous vous en prendrons trente.

ST. ALBIN.

Vous auriez raison de l'espérer, si nous nous conduisions toujours aussi mal que par le passé, ou si l'esprit de jalousie & de division, (qui a fait tout le malheur de nos affaires dans la dernière

guerre ,) régnoit toujours dans toutes nos entreprifes : — mais les temps font changés. — Ce
n'eſt plus une maîtreſſe ignorante qui gouverne
le cœur du Roi , qui s'eſt emparé du fyſtême du
cabinet ;... qui eſt devenue l'idole infenſée des
miniſtres : — c'eſt une Reine vertueuſe & juſte ,...
qui ne cherche fon bonheur que dans celui de
fon époux ; & qui ne veut trouver fa réputation
& fa gloire , que dans la profpérité de fes fujets...

VAN MAGDEBOURG.

Louis XVI , mon cher ami , eſt bien jeune encore , pour régner fur une monarchie auſſi fort
arriérée que l'eſt aujourd'hui la France ; ... auſſi
fort deſſervie par les grands , par les miniſtres ;...
& auſſi défaccréditée de fes alliés.

ST. ALBIN.

Elle l'étoit bien plus à la minorité de Louis XV.

VAN MAGDEBOURG.

Auſſi , voyez le fort qu'eurent vos affaires juſqu'en 1730 ?

LE COSMOPOLITE.

Il ne faut jamais confondre les temps de minorité avec ceux de la fucceſſion au trône d'un prince
majeur. — Louis XVI. a 20 ans aujourd'hui : —
il s'eſt toujours montré , étant Dauphin , économe , prudent , éclairé... L'homme perd rarement
fes qualités. — Il a fuivi en filence toutes les
opérations du règne de Louis XV. depuis la paix
de 1763 ; il a vu les dégâts affreux qu'ont fait
tous les adminiſtrateurs ; ... le peu d'union qui a
toujours régné parmi tous les miniſtres ; le peu
de foumiſſion & d'obéiſſance de nombre de fub-
ordonnés ; — il faura donner un ordre avantageux
à tous ces relâchemens : — il ne fait que de commencer : — laiſſez-le un peu fe mettre au fait ,
prendre connoiſſance de la fituation de fon royau-

me, de celle de ses finances, de ses troupes ; & soyez persuadé que tout ira bien. — Voyez quel a été pour la France le règne de Louis XIV. après la mort du Cardinal Mazarin. — Y a-t-il jamais eu un monarque qui soit monté sur un trône plus épuisé & plus jonché d'ennemis ? . . . . hé bien Louis XVI. se présente la même chose ! . . . François rejouissez-vous ? (*à St. Albin*).

MILORD SPITEAL.

Il aura furieusement à travailler & à se méfier, s'il veut faire reprendre à la France cette prospérité, cette considération dont elle a joui sous Mr. de Colbert, & plus particulièrement sous Mr. de Fleury.

LE COSMOPOLITE.

Mon ami, . . . les engorgemens, . . . les temps d'engourdissement & d'erreur, font les mêmes ravages dans un corps politique, que les maladies en occasionnent dans le corps humain. — Le salut d'un corps souffrant, quel qu'il soit, consiste de pouvoir bien connoître les causes de son mal, la nature de ses infirmités. — Donnez le temps à Louis XVI. d'avoir bien réfléchi sur la nature des infirmités du corps politique de la France, & vous verrez après, si en habile médecin, il n'en expulse pas solidement toutes les humeurs peccantes.

MILORD SPITEAL.

Il faudra qu'il fasse avaler à son corps politique une furieuse potion d'émétique.

ST. ALBIN.

Mais n'en voilà déja pas mal : — tous les Dubarry, hommes & femmes : . . . tous les concussionnaires des bleds : — trois premiers commis du contrôle général, deux de la guerre, un de la marine, un des affaires étrangères ; — plusieurs

grands, plusieurs ministres exilés ou renvoyés :...
ce n'est déja pas mal. — C'est une assez belle pur-
gation pour un jour de fête.

MILORD SPITEAL.

Ma foi, il en reste encore autant qu'il en a chassé.

LE COSMOPOLITE.

Cela se peut : ... mais il faut laisser au temps
le soin d'émouvoir le reste. — Trop de nouveauté,
trop de révolution, trop de changemens brusques
peuvent entraîner de plus grands désordres. —
L'homme prudent doit toujours les prévenir. —
Louis XVI. est très-bien conseillé.

MILORD SPITEAL.

Il peut l'être du côté de l'intention. — Mais
dans cette carrière, quand à 75 ans on veut reprendre l'esprit des systêmes abandonnés depuis
près de trente ans, ... ma foi, on est exposé de
tomber dans les plus cruelles erreurs, ou d'y
faire des écoles de la dernière conséquence.

ST. ALBIN.

Cela pourroit être, si le sage Nestor que Louis
XVI. a appellé auprès de lui, tenoit absolument
à lui seul les rênes du gouvernement : — mais
dès que ce n'est que pour en prendre les avis ;
que le Roi demeure toujours le maître des affaires, ... le grand âge de ce Nestor ni ses 30 ans
d'oisiveté ne font rien, n'exposent à rien : un
chef de conseil n'ayant que son opinion.

VAN MAGDEBOURG.

D'accord :.... mais quand cette opinion est
accréditée par la confiance du maître; & que les
membres du conseil, pour complaire à ce maître,
& ne point se mettre à dos un favori, ne la con-
tredisent point : — si elle est fausse, qui est-ce
qui en pâtit ? — tout ne retombe-t-il pas aux dépens du corps politique ?

MILORD SPITEAL.

Dans cette partie les grands changemens ne
valent rien, & le sentiment des personnes éloignées des affaires depuis longtemps, usées par
l'âge & l'oisiveté, est un sentiment toujours
imparfait; — je dirai plus, il est dangereux....
étant dans la foiblesse de l'homme, (sur-tout dans
un âge avancé), de ne rien trouver de bien fait
que ce que l'on faisoit dans son temps, du temps
qu'il étoit encore en vigueur, ou en exercice.

ST. ALBIN.

On rencontre quelquefois des hommes occupés de ces petitesses; .... comme il s'en rencontre aussi, qui voyent bien, qui agissent bien,
quoique dans un âge très-avancé.

MILORD SPITEAL.

Désabusez - vous, mon cher de St. Albin; —
les affaires d'un gouvernement ne veulent point
être confiées à des têtes, ni trop jeunes, ni
trop rouillées par l'oisiveté.

VAN MAGDEBOURG.

La raison en est sensible; — avons-nous à 20
ans l'expérience d'un homme de 40 ans: ....
non? — avons-nous autant de feu, d'activité, de
jugement à 75 ou 80 ans, que l'on peut en
avoir à 50 ans, ... non encore; — il en est
de même dans l'opinion des intérêts politiques.

LE COSMOPOLITE.

Van Magdebourg a raison; — en fait d'administration, ou de systêmes politiques, il faut ne
jamais avoir perdu de vue son objet; y avoir
constamment dormi, & veillé dessus; ne jamais
prendre pour opinion, ce qui s'est fait il y a 50
ans, parce que dans 50 ans tous les intérêts chan-
gent de nature, & en politique encore plus; —
une nation ayant à se gouverner sans cesse suivant

fon accroiſſement ou ſa décadence, & ſuivant celle de ſes rivaux ; — ainſi dans 50 ans ou dans 30 ans même, il n'eſt pas poſſible, qu'il ne ſoit ſurvenu des variations dans un gouvernement, qui puiſſent être analogues à des idées qui avoient crédit il y a 30 ans ; — la choſe eſt de toute impoſſibilité.

V an Magdebourg.

(*A St. Albin.*) Toute l'Europe, eſt en atten-te de voir la tournure que prendront vos affai-res ; — finance, ... commerce, ... adminiſ-tration, ... juſtice, ... & politique ; .... tous ces départemens ont furieuſement beſoin d'être reſtaurés ; — il y a furieuſement des hu-meurs péccantes à expulſer, dans toutes ces por-tions de votre miniſtère.

St. Albin.

Cela eſt vrai ; .... mais avec la patience, on en viendra à bout ; — voilà quatre perſonnes ſages, bien intentionnées, qui ſont entrées dans les principaux départemens du miniſtère ; .... c'eſt déja beaucoup ; — donnons-leur le temps de ſe mettre au fait de leurs parties, & cer-tainement tout ira bien.

Van Magdebourg.

Pourvu que l'Angleterre vous laiſſe tranquilles, & que les différens de la Pologne, ne ſonnent pas le tocſin, pour une guerre auſſi générale que celle de la ſucceſſion ; ..... je n'en jurerois pas ; — l'Autriche, & la Pruſſe, ſont furieuſe-ment en préſence.

St. Albin.

Quand cela ſeroit, qu'aurions-nous à y voir?

Van Magdebourg.

Ce que vous y avez vu, dans la dernière guer-re : — une guerre ſur les bras, & point d'ar-gent pour la faire.

St. Albin.

Hé bien ! l'Espagne en a, elle nous en fournira.

Milord Spiteal.

St. Albin, est fort, quant il peut s'étayer de
l'Espagne.

Van Magdebourg.

Hé ! à mon avis, c'est l'espoir d'un noyé, qui
cherche son salut dans une planche pourrie.

Milord Spiteal.

Je suis bien de votre sentiment ; — ne connoissant point de monarchie dans le monde,
plus mal montée, & plus mal administrée.

St. Albin.

Je ne sais si elle est mal montée, & mal administrée ; — mais je vois qu'elle se soutient
depuis très-longtemps ; — & qu'elle se relève
toujours avec avantage de toutes ses décadences.

Milord Spiteal.

Plaisante façon de se relever ! quand vos voisins vous en facilitent les moyens.

Le Cosmopolite.

Je vois bien, mon cher de St. Albin, que je
suis forcé de venir à votre secours, & de faire
parler, ces paperasses, ces cayers, & ces livres,
pour faire sortir le Milord, & Van Magdebourg
de leurs préventions sur l'Espagne ; — aidez-moi
de vos conseils, je vous en prie, je vous ferai
part de mes lumières puisées chez un de vos
citoyens, qui a pésé impartialement l'Espagne, ... aussi judicieusement, qu'il l'a fait de
la France, & de l'Angleterre, & qui connoît
autant que qui que ce soit, les avantages, & les
désavantages de ces trois nations ; .... la façon
de les arrêter, ou de les contredire, de même
que celle de se les rendre utiles, ou nécessaires.—

La confédération contre l'Angleterre, comment l'avez-vous trouvée, Milord?

MILORD SPITEAL.

Hé ! la, la ; .... plus téméraire que solide.

LE COSMOPOLITE.

Est-elle praticable, ou non?

MILORD SPITEAL.

Tout est praticable, quand on a de l'argent, & des hommes.

LE COSMOPOLITE.

De sorte qu'elle seroit possible, si la France, & l'Espagne avoient de l'argent.

MILORD SPITEAL.

Oui, — je le croirois.

LE COSMOPOLITE.

Hé bien ! la personne qui a machiné cette confédération, va en faire trouver à ces deux puissances, en vous prouvant que l'Espagne, ne s'est arriérée que par sa mauvaise administration, — & que la France ne s'est écrasée que par ses propres fautes.

VAN MAGDEBOURG.

Ce n'est pas le tout que de dire cela ; — il faut combattre les désavantages par les avantages.

LE COSMOPOLITE.

C'est ce qu'a toujours fait Mr. de Pellissery.

MILORD SPITEAL.

Est-ce que c'est ce Mr. là, qui a imaginé la confédération, contre l'Angleterre?

LE COSMOPOLITE.

Oui, Milord, c'est lui-même ; & c'est ce même homme, qui va vous faire connoître, ce qu'est aujourd'hui réellement l'Espagne, & ce qu'elle pourroit devenir ; .... quels sont les abus, les erreurs, & les désavantages de l'administra-

tion politique ; dans l'une, & dans l'autre monarchie ; — les moyens de les arrêter ; — quels
font les maux qui dévorent la France, & l'Efpagne, par les moyens de les guérir.

VAN MAGDEBOURG.

Votre Mr. de Pelliffery aura furieufement du
mal à paffer, s'il veut donner de l'activité à deux
monarchies, dont l'une eft fubjuguée par le préjugé, & la pareffe des peuples : & l'autre op-
preffée par l'épuifement & le défordre.

LE COSMOPOLITE.

Tout ce qu'il vous plaira ; .... rira bien, qui
rira le dernier ; — vous ne me refuferez pas
que l'Efpagne eft plus étendue en Europe, &
auffi arrondie que la France.

VAN MAGDEBOURG.

Oui, ... à part un petit coin du falbala de
fa robe, que lui enlève le Portugal.

LE COSMOPOLITE.

Soit ; — qu'elle eft affife fous le plus beau
ciel de l'Europe ; ..... auffi fertile, & mieux
pourvue de denrées premières que la France ?

VAN MAGDEBOURG.

Je dirai même plus fertile.

LE COSMOPOLITE.

Soit encore ; — qu'elle poffède elle feule, les
plus belles foyes, — les plus belles laines, —
les plus riches teintures, — une quantité prodi-
gieufe de très-beau bois, — le meilleur fer, — les
plus riches mines ; & toutes les matières premières de l'induftrie ?

MILORD SPITEAL.

Oui, certainement, on vous doit cette vérité.

LE COSMOPOLITE.

Vous m'accorderez bien encore, qu'il n'y a
aucune nation en Europe, qui ait des colonies,

auffi

auſſi riches, auſſi étendues, & auſſi bien ſituées qu'elle?

VAN MAGDEBOURG.

Aſſurément !

LE COSMOPOLITE.

Vous ne me nierez pas non plus, qu'il y a peu de nations en Europe, qui ſoit plus favoriſée qu'elle pour tout ce qui eſt commerce maritime, ſa métropole étant preſque toute jonchée par l'Océan, & la Méditerranée?

MILORD SPITEAL.

Cela eſt encore vrai.

LE COSMOPOLITE.

Que ſes colonies de l'Amérique, lui préſentent 5 à 6000 lieues de côtes maritimes à fréquenter?

VAN MAGDEBOURG.

Tout au moins ſans y comprendre les Philippines.

LE COSMOPOLITE.

Que ſa métropole eſt peuplée de 11,500,000 ames.

MILORD SPITEAL.

Pas tout-à-fait ; .... mettez - en neuf ; .... c'eſt beaucoup encore.

LE COSMOPOLITE.

Il ne faut point aller contre les faits ; — le cadaſtre de 1762 a trouvé en Eſpagne 11,500 000 ames, & ce cadaſtre, eſt plutôt déſavantageux qu'avantageux aux recherches du gouvernement ; .... les peuples s'étant perſuadés, que l'on ne s'occupoit de faire le dénombrement de la nation, que pour les ſoumettre à la capitation comme en France ; — quoiqu'il en ſoit de cette population, vous ne mettrez pas le même doute ſur celle de l'Amérique.

VAN MAGDEBOURG.

Qui eſt - ce qui peut la ſavoir, celle de l'Amérique ?

LE COSMOPOLITE.

Le gouvernement, autant qu'il eſt poſſible de ſuivre cette partie dans un pays auſſi vaſte.

VAN MAGDEBOURG.

Et à combien ſe monte - t - elle ?

LE COSMOPOLITE.

Par le cadaſtre ordonné dans le même temps, que celui que l'on fit en Europe ; . . . . le gouvernement a trouvé, dans les trois Vice-Royautés de l'Amérique, le gouvernement de la Havane, de St. Domingue, & de Porto-Ricco, — 10, 899,000 ames.

MILORD SPITEAL.

Sans-doute, en y comprenant tous les Indiens affilés au gouvernement.

LE COSMOPOLITE.

Certainement, ... tous faiſant corps de nation, avec les Eſpagnols, qui ſe ſont domiciliés en Amérique.

VAN MAGDEBOURG.

Je croirois plutôt celui-là, que celui de la population de l'Europe ; — l'expérience, ayant prouvé qu'en 25 ans, la population doubloit en Amérique.

LE COSMOPOLITE.

Quoiqu'il en ſoit, de l'une ou de l'autre, nous voyons l'Eſpagne poſſéder en Europe des domaines auſſi conſidérables que ceux de la France ; — peuplée de 11,500,000 ; — jonchée de 7 à 800 lieues de côtes maritimes ; — pourvues abondamment de toutes les denrées de première néceſſité ; & maîtreſſe de toutes les matières premières les plus abſolues à l'induſtrie ; — ayant en outre en propriété, des colonies puissantes en Amérique, avec 5 à 6000 lieues de côtes maritimes à sa libre fréquentation, — 10,900,000 ames à y pourvoir, à y entretenir, à les alimenter constamment, des articles de récolte, & d'industrie de la métropole....

Milord Spiteal.

Arrêtez-vous, arrêtez-vous, Cosmopolite; .... & avec quoi, s'il vous plaît, les alimenter? — dites - moi un peu, si l'Espagne, n'avoit pas la ressource des articles de l'industrie de la France, de l'Angleterre, de la Hollande, de la Flandre, de la Silésie, de la Suisse, & de toute l'Italie, & de toute l'Allemagne, si elle le pourroit jamais; — ces colonies ne recevroient presque rien du crû de la métropole, sans le secours de toutes ces diverses nations....

Van Magdebourg.

Certainement, ... hé encore! — considérez, malgré le secours, de toutes les nations que vous venez de citer, que l'Espagne, à peine expédie - t - elle toutes les années de 75 à 80 vaisseaux marchands dans ses colonies, tandis qu'à proportion égale, de celle-ci avec celles de la France, & de l'Angleterre, qu'elle devroit y en occuper au delà de 20,000.

Le Cosmopolite.

Vous voyez donc par ce que vous venez de dire, que ce n'est point par le défaut de moyen que s'est arriérée l'Espagne, mais bien par son peu de prévoyance, & ses mauvaises dispositions.

Van Magdebourg.

Cela se peut; — mais l'un n'anulle pas l'autre; — que pourra un gouvernement, si les sujets ne le secondent pas?

L E C O S M O P O L I T E.

Hé ! que peuvent les sujets, si un gouvernement leur lie les mains ?

M I L O R D S P I T E A L.

Quoique vous puissiez en dire, mon cher ami, vos Espagnols, sont & seront toujours des vilaines gens : .... c'est une vilaine nation ; — on voit généralement chez elle, que l'Espagnol, (par caractère), est impératif, taciturne, ignorant, rempli d'orgueil, & de morgue vis-à-vis de toutes les nations ; .... méprisant tous les humains, qui ne sont pas descendus à leur dire, du fameux Pelage ; — voulant tout savoir sans avoir rien appris ; :... raisonnant de tout, & n'entendant de rien ; se levant gueux, se couchant pauvre par fierté, — hypocrite, superstitieux, indolent de sa nature ; — traitre par jalousie ; méchant par vengeance ; généreux par ostentation ; — rempant dans le besoin : .... humble dans l'adversité : ... insolent dans l'opulence ; — luxurieux crasseux, & crapuleux, jusqu'à la vilenie ; — aimant les femmes, & ne les estimant point ; — encensant les autels, quant ils profânent les temples ; — se frappant la poitrine d'avoir mangé gras un jour maigre, & ne rougissant jamais d'avoir commis un assassinat, un parjure ; — fouillant sans respect l'azile sacré des Egiises, pour se soustraire aux châtimens de la justice, après avoir commis un viol, un meurtre, un parricide ; — regardant au-dessous de lui l'étude, l'occupation, le travail ; — plus esclave, d'un bout de papier, d'un préjugé, d'une bulle de Rome, que des devoirs les plus absolus d'un vrai citoyen ; — assez bon père, médiocre parent, ami fort ordinaire ; — mauvais mari, mauvais voisin, sujet médiocre ; — naïf-

fant avec de l'efprit, & ne le tournant qu'à la débauche; .... voilà quels font vos Efpagnols.

LE COSMOPOLITE.

Milord, vous mettez trop de paffion dans votre fentiment! — il ne faut jamais outrer notre opinion, ni induire en erreur l'eftime publique, — il y a bien quelque chofe à dire fur les Efpagnols; .... mais il ne faut pas tant perfonnifier leurs défavantages; — affez généralement qui trop prouve, ne prouve rien; — je conviens avec vous que les Efpagnols, ont une partie des défauts que vous venez, fi charitablement de leur reprocher; .... mais en publiant avec chaleur leurs imperfections, rendez au moins juftice à leurs bonnes qualités; — l'Efpagnol eft généralement brave, généreux, propre à tout; — ayant de l'efprit fans être ingénieux; .... réuffiffant facilement pour peu qu'il s'applique; — il eft fidéle fujet, foumis, & refpectueux avec tous fes fupérieurs; — préférant fon pays à tous les autres; — ne bornant point fes charités à un liard donné publiquement; mais à des aumônes fecrettes, à des fondations utiles; — élevant fa famille en père tendre; prenant foin de fes parens s'ils tombent dans la mifère; — ne parlant jamais d'un bienfait; — content de l'avoir rendu, il fe nie à toute forte de reconnoiffance; Pilade, & Orefte pour l'amitié; — docile à toutes les volontés fpirituelles; — obéiffant aveuglément à tous fes préceptes; — laiffant à la Divinité le foin d'éclairer les Rois, les pafteurs, fans jamais entreprendre, comme tant d'autres nations d'être fon interprête; — ne murmurant jamais contre l'autorité, ni contre l'adminiftration; — fe conformant fans inquiétude à tout ce qu'ordonnent leurs Souverains, ou les prépofés du miniſtère; — toujours actifs, toujours unis, toujours prêts à fe facrifier pour la défenſe de la patrie. — Balancez tous ces faits; Milord, avec l'opinion que vous avez des Efpagnols, & vous verrez fi la plus grande partie des vices que vous avez apperçu dans cette nation; ne prennent pas toutes leurs caufes, dans ceux qui règnent dans toutes les portions du gouvernement, plutôt que dans le cœur, & dans les penchans des fujets.

Milord Spiteal.

Que pourra le gouvernement vis-à-vis d'un fujet qui ne voudra rien faire?

Le Cosmopolite.

Ce que pourra un père fur fon enfant; — le raifonner, l'incliner au travail par des careffes, & l'y encourager par des récompenfes.

Van Magdebourg.

Comment voulez-vous qu'un Souverain, que des miniſtres, puiſſent entrer dans de femblables détails?

Le Cosmopolite.

Comment je le veux!.... mais vous badinez; — eſt-ce que vous ignorez que les devoirs les plus abfolus d'un adminiſtrateur, font ceux de l'éducation d'une nation? — hé que feroient les hommes fans l'éducation!

Milord Spiteal.

Où diable va-t-il chercher l'éducation, pour accoutumer des hommes au travail?

St. Albin.

Mais il a raifon! — l'éducation eſt l'ame de tous les principes; — c'eſt elle qui accompagne l'enfance de l'homme; .... qui lui élargit le cœur, qui lui éléve l'efprit, qui lui développe toutes les idées de fon imagination ; — qui lui fait entrevoir toutes les erreurs de la vie ; .... les maux qui réfultent de l'oifiveté , de la pareffe , & tous les avantages que procurent le travail , ou l'occupation.

L E C O S M O P O L I T E.

St. Albin a raifon. — l'éducation , en s'emparant de la jeuneffe de l'homme , lui facilite tous les moyens de s'appliquer , de fe rendre utile ; — la même chofe feroit arrivée en Efpagne, fi le gouvernement après Ferdinand, & Ifabelle, au lieu de porter conftamment fes attentions dans le dehors de fes Etats , les avoit attaché plus particulièrement, dans le dedans de ces mêmes Etats ; — pour lors, il n'auroit point négligé l'éducation de fes peuples ; & en les accoutumant de bonne heure au travail , il fe les feroit rendus utiles ; — mais toute l'ambition de Charles V, n'ayant jamais été tournée qu'à la recherche des moyens qui le feroient parvenir à la monarchie univerfelle ; il négligea conftamment, la portion la plus chérie de la vraie puiffance ; ... la population, le commerce, & l'induftrie d'une nation ; — Philippe II auffi ambitieux que fon père , ... plus rufé, mais moins favant politique ; ayant fur 'le cœur, les démembremens des Etats d'Allemagne , (faits à fa fucceffion), en faveur de fon oncle, voulut s'en dédommager fur la France , fur l'Angleterre & fur le Portugal ; — plus intriguant que guerrier , plus entêté que fage ; .... il ne mit aucun péril à ces difpofitions ; & rencontrant par-tout, plus d'écueils, plus de réfiftance , & plus d'obftacles, qu'il n'avoit cru y en éprouver ; — il épuifa

fes Etats d'hommes , & d'argent (*a*) pour perpétuer des guerres inutiles. — Philippe III. n'hé-
rita ni des talens, ni des vertus, ni des vices
de Philippe II. ; — plus hypocrite que légiflateur , plus fainéant qu'ambitieux, auffi indolent
que monarque , il fut auffi peu propre à règner
après Philippe II., qu'à réparer les maux de la
monarchie ; — Philippe IV fut digne fils de
Philippe III., négligeant tout ce que fon père
avoit négligé , pour ne s'occuper que des quef-
tions de controverfe ; — Charles II. donna
d'abord quelques efpérances ; mais plus enclin
à la diffipation qu'à l'étude, il négligea toutes
les affaires ; & dégoûté du travail & de la
royauté , par l'épuifement affreux où fe trouvoit l'Efpagne , il mourut accablé d'ennui,
laiffant avec douleur fa fucceffion à un petit-
fils de France , dans un état plus malheureux,
& plus obéré qu'il ne l'avoit reçue ; — c'eft à
la fuite de ces quatre règnes, plus malheureux
les uns que les autres, que l'Efpagne eft tom-
bée fucceffivement, dans cet état d'épuifement
& de misère , où l'a trouvée la guerre de la
fucceffion.

MILORD SPITEAL.

La vérité de votre raifonnement hiftorique,
ne détruit pas, que fi le gouvernement en Efpagne, a méconnu fes vrais intérêts ; que les
fujets ne devoient jamais méconnoître leurs avan-

(*a*) J'ai lu dans un manufcrit à l'Efcurial , que Philippe
II avoit fait périr dans tontes fes guerres 900,000 hommes,
& qu'il avoit dépenfé trois milliards de plus que les revenus de la monarchie ; ce qui feroit à notre façon de
compter quinze milliards au moins de dépenfes extraordinaires.

rages ; — quel eſt l'avantage des ſujets ? .. c'eſt
l'aiſance , ... c'eſt la proſpérité , ... c'eſt le
commerce.

LE COSMOPOLITE.

Vous avez raiſon ; — mais quand cette aiſance , cette proſpérité, ce commerce, un gouvernement ſe l'approprie toute , ... que voulez-
vous que faſſent les ſujets ? l'oiſiveté les gagne
avec le découragement ; & la pareſſe s'aſſocie
avec la miſère ; — voilà tout ce qu'a gagné
l'Eſpagne , ſous ſes cinq Rois de la maiſon d'Autriche.

MILORD SPITEAL.

Toutes les négligences des Rois Autrichiens
en Eſpagne , ne me perſuaderont jamais , que
ſi les ſujets Eſpagnols , avoient été des hommes
aimant le travail , qu'ils n'euſſent toujours pu
travailler : qu'ils n'euſſent préféré eux-mêmes , de
mettre en œuvre leurs belles laines de Caſtille,
& leurs ſoyes de Valence , ... plutôt que de
les racheter toutes œuvrées, des nations à qui ils
les avoient vendues ; — cette indolence , cette
vérité connue , ... parle au cœur de tous les
humains qui raiſonnent un peu.. ..

LE COSMOPOLITE.

Je raiſonne , graces à Dieu ! & elle ne parle
pas au mien, qui ai ſuivi pendant dix ans cette
nation, ſon gouvernement, & ſes ſyſtêmes ; —
trois vices capitaux ont dévoré l'Eſpagne ſous la
maiſon d'Autriche : .... l'ambition , l'intérêt,
les mauvais principes ; — trois vices plus deſtructeurs la déchirent encore dans ce moment ; ...
l'avarice , le préjugé, l'ignorance ; — tant que
l'Eſpagne ne purgera pas ſon adminiſtration
de ces trois tyrans, jamais elle ne rétablira ſa
puiſſance , & jamais elle ne l'élévera dans ce haut

période de profpérité, & de gloire, où fa fituation, fes propriétés & fes richeffes femblent le
lui donner à defirer. — Plus étendue, & plus
fertile que la France, elle compte moins de fujets, & moins de production qu'elle ; — mai-
treffe des plus riches mines d'Amérique, c'eft elle
de toutes les nations de l'Europe, qui a le moins
de repréfentans, le moins d'argent monnoyé ; —
avec 7 à 800 lieues de côtes maritimes en Europe, & 5 à 6000 dans fes colonies, elle occupe à peine 2 ou 300 vaiffeaux marchands dans
tous fes commerces ; — toutes ces erreurs ne
viennent pas des fujets ; .... ce font les fautes
du gouvernement qui, ne connoiffant point les
vrais intérêts del'économie politique, laiffe infruc-
tueux tous ces avantages.

V an M agde bourg.

Mais, en quoi le gouvernement a - t - il tant
de tort?

L e C osmopolite.

En ce qu'il a mis conftamment des entraves
par tout. — qu'il a voulu fe mêler de tout, —
& qu'il a voulu s'approprier tout ; — dans un
état bien adminiftré, le Souverain n'empiéte jamais fur les droits des fujets : — témoin ce Roi
de Hongrie, qui en faifant brûler un vaiffeau
marchand, richement chargé pour compte de
la Reine fon époufe, difoit: *que feront les fujets,
fi les Rois font le commerce* ; — en Efpagne,
c'eft tout le contraire, ... le gouvernement ne
fe fert des fujets que pour s'en approprier tout
le travail. — Pour bien vous faire fentir cette
vérité ; reprenons les chofes depuis les premières erreurs du gouvernement fous Charles V,
& defcendons infenfiblement dans toutes celles
qui les ont fuivies, & qui fe continuent encore,

même fous le règne préfent ; — je vous ai déja dit, que trois vices capitaux, avoient dévoré anciennement l'Efpagne : .... l'ambition, ... l'intérêt, ... & les mauvais principes ; — que trois vices plus deftruĉteurs, la déchiroient encore dans ce moment, l'avarice, l'ignorance, le préjugé ; — par la connoiffance de tous ces défavantages ; vous conviendrez avec moi, que toute la décadence de l'Efpagne, n'a été opérée que par les erreurs du miniftére, & non par l'innapplication des peuples.

Van Magdebourg.

Voyons, notre ami, comment vous vous tirerez de cette queftion : — car vous avez affaire ici à forte partie. — Le milord n'eft pas efpagnol, ... je ne le fuis certainement pas auffi ;... & je crains bien que St. Albin ne foit un peu des nôtres....

St. Albin.

Je ne hais pas les Efpagnols, le peu que j'en connus, m'ayant paru des gens honnêtes, affez intéreffans.

Van Magdebourg.

Il feroit difficile que vous en euffiez connu beaucoup : — ces gens-là ne voyagent point ; & par orgueil ils méprifent toutes les nations civi-lifées.

Milord Spiteal.

Ils ont bien tort, ... ne connoiffant rien de fi mal élevé, de fi ignorant & d'auffi gauche qu'un efpagnol.

Van Magdebourg.

Ces gens-là ne fréquentent point, n'étudient point, ne cherchent point à s'inftruire, que voulez-vous qu'ils foient ? — Je parierai prefque, (fi on vouloit s'amufer de faire chez toutes les nations de l'Europe, le dénombrement de tous les Espagnols qui voyagent chez elles,) que la quantité ne se monteroit peut-être pas à 200…

MILORD SPITEAL.

A deux cent ! … vous êtes fou ! — parbleu pas à la moitié ! … à moins que vous n'y compreniez tous les ambassadeurs, les envoyés, les résidens, les consuls, secretaires & marmitons de l'ambassade, car sans tout ce monde, je parierai bien dix contre un, que vous ne trouverez pas vos deux cent.

LE COSMOPOLITE.

Quoiqu'il en soit, deux cent ou deux mille, ce n'est pas de quoi il s'agit. — Nous en étions sur les vices destructeurs de leur gouvernement sous la maison d'Autriche ; l'ambition, l'intérêt, les mauvais principes. — L'ambition qui devoit faire le bonheur de l'Espagne sous Charles V.… qui devoit publier sa prospérité & sa gloire dans tous les siècles ; qui devoit la rendre la première nation de l'Europe, … n'a servi à forger pour elle, qu'une chaîne d'humiliation, de décadence & de misère. — Les nouveaux pays de l'Amérique, loin de n'être envisagés par l'héritier de Ferdinand & d'Isabelle, que comme des pays relatifs, qui ne devoient être encouragés, qu'entant qu'ils favoriseroient tous les débouchés de l'agriculture & de l'industrie de la métropole, furent considérés par cet ambitieux monarque, comme un vrai mobile de toutes les grandeurs, de toutes les richesses, de toutes les propriétés.— En conséquence, Charles V. dédaigna l'économie politique ; & tournant sans cesse ses regards, & tous ses desirs sur l'Amérique, … sur son or, … sur la monarchie universelle, — il perdit de vue le seul systême qui pouvoir faciliter à ses successeurs un espoir aussi insensé. L'Espagne, qui fleuriſſoit ſous Ferdinand & Iſabelle ; qui poſſédoit vingt millions d'ames de population ; ... qui tiroit vanité des 60,000 métiers battans que l'on comptoit dans ſa ſeule ville de Seville, éprouva bientôt par cet égarement , une décadence conſidérable dans ſa population ,... dans ſon agriculture, ... dans ſon induſtrie : — Charles V. ne l'imaginoit pas. — L'or , ... l'argent ,... la fortune rapide de quelques aventuriers échappés à l'intempérie de l'Amerique , éblouiſſoient autant le monarque eſpagnol , que les miniſtres , que tous les habitans des villes maritimes. — Tous n'avoient des yeux que pour l'Amérique , & tous ne reſpiroient que pour l'Amérique. — Le gouvernement , loin d'arrêter une telle fureur ;.... loin de contenir les émigrations trop conſidérables de ſes ſujets , ... les toléra , ſe figurant que cette tranſplantation d'une portion de ſes citoyens, dans un pays auſſi fourni d'or & d'argent , doubleroit le numéraire de toutes ſes richeſſes. — Le temps , qui explique les erreurs des hommes , fit bientôt voir à l'Eſpagne combien elle s'étoit trompée ; & l'ambition qui auroit dû coopérer à ſa plus grande gloire , confondant ſes erreurs avec l'abus que l'on avoit fait de ſes vrais intérêts , ne montra plus au ſucceſſeur de l'ambitieux Empereur , qu'une monarchie ébranlée dans tous ſes fondemens , qui avoit abandonné des richeſſes réelles , pour ne courir qu'après des idéales.

Milord Spiteal.

Dans les premiers temps de la découverte de l'Amérique , les nations civiliſées ne connoiſſoient point auſſi préciſément qu'aujourd'hui l'eſprit de conſervation & de ſyſtême. — Ce ſont les grands tréſors de l'Amérique qui ont éclairé cette partie : — ainſi il n'eſt pas étonnant que Charles V.

& Philippe II. se soient laissés éblouir par l'or &
l'argent du nouveau monde, & qu'ils ayent né-
gligés les vraies richesses de la métropole.

Le Cosmopolite.

Cela est vrai : ... mais surabondance de bien
ne doit jamais nous faire oublier en systême d'administration, que la vraie richesse est celle du travail ; & que sans travail point de richesse. — En
conséquence, l'or & l'argent de l'Amérique ne
devoit être considérés par le cabinet de l'Espagne,
que comme les réprésentans des superflus, de
l'agriculture & de l'industrie de la métropole.—
L'opinion contraire a été cause que la population, l'agriculture & l'industrie de l'Europe s'est
perdue insensiblement ; & que l'Amérique, par
une avidité mal raisonnée, a dévoré la prospérité
de la capitale, au lieu de l'enrichir. De-là, la
perte du travail & de toutes les richesses premières, qui unissant tous ses désavantages à ceux des
mauvais principes de l'administration, a écarté
tous les encouragemens & tous les concours des
nations étrangères, qui auroient pu conserver à
l'Espagne sa population, son agriculture & son
industrie.

Van Magdebourg.

Il auroit été difficile, mon cher ami, que les
nations étrangères eussent voulu se prêter à favoriser l'Espagne dans ses découvertes : elles étoient
toutes possédées du même vertige....

Le Cosmopolite.

Ce n'est pas ce que je prétends dire.

Van Magdebourg.

Voyons.

Le Cosmopolite.

Dans les premiers temps de la découverte de
l'Amérique, tous les habitans de l'Europe, éblouis

par fon or & fon argent, ambitionnerent de participer à toutes fes richeffes. — Charles V. joignoit à fes riches poffeffions l'Efpagne, la Flandres, les états d'Autriche & de Hongrie ; la Bohême, le Milanois, les états de Naples & de Sicile &c. — Si cet Empereur avoit été un vrai légiflateur de même que Philippe II ; — fi l'un & l'autre avoient mieux connu l'efprit de confervation & de fyftême, que celui de l'intrigue ; — s'ils avoient fçu affocier l'efprit de fpéculation avec celui de l'économie politique, ... ils auroient apperçu que la découverte de l'Amérique avoit déja englouti la majeure partie de la portion la plus utile de fes fujets ; — que l'induftrie, que l'agriculture fe reffentoit de cette émigration ; — que les villes, que les campagnes devenoient défertes. — En conféquence, pour ne plus affoiblir la population de la métropole, & pour réparer celle qu'elle avoit déja perdue, il auroit été de l'adreffe du cabinet d'Efpagne, de faire un parti avantageux à tous les étrangers qui auroient voulu s'établir dans fes états d'Europe, en ne leur laiffant de libre que le commerce de l'Amérique ; & au lieu de les effaroucher, de les rebuter par des fervitudes, telles que celles des billets de confeffion &c. les flatter, les careffer, leur accorder des marques d'honneur & d'eftime ; & faire jouir tous leurs enfans des droits des citoyens.

ST. ALBIN.

Il eft certain que fi dans ces premiers temps, le miniftère de l'Efpagne avoit eu l'adreffe de pratiquer ce que vous venez de dire, qu'il y auroit eu des millions & des millions de François, d'Italiens & d'Allemands qui auroient été s'établir en Efpagne, & qu'ils y auroient confervé la population & tous les arts utiles.

LE COSMOPOLITE.

Il en auroit réfulté trois grands avantages pour elle. — Le premier, c'eſt qu'elle auroit réparé ſa dépopulation, ſans affoiblir l'accroiſſement de celle de ſes colonies. — Le ſecond, c'eſt que loin de penſionner l'induſtrie étrangère, (comme elle a été forcée de le faire,) elle auroit fécondé la ſienne, en arrêtant les progrès de celle de ſes voiſins. — La troiſième, c'eſt que toutes les richeſſes de l'Amérique ſeroient demeurées conſtamment dans ſa métropole, & qu'elles n'auroient point ſervi à ſolder uniquement l'Eſpagne avec le commerce étranger. — De ce défaut de prévoyance, ſe ſont établies de règne en règne les erreurs de Charles V. & de Philippe II. ; & c'eſt de la perſévérance de toutes ces erreurs, que ce ſont perpétués juſqu'à nos jours, les vices deſtruĉteurs d'avarice, d'ignorance, de préjugé, qui interceptent encore la proſpérité de l'Eſpagne.

ST. ALBIN.

Notre cher Coſmopolite, je ne vois pas que vous ſoyez fondé de taxer aujourd'hui l'Eſpagne d'ignorante.

LE COSMOPOLITE.

Elle le ſera moins, ſi vous voulez, que ſous Philippe IV. & Charles II. — mais elle l'eſt toujours autant aujourd'hui, proportion gardée, qu'elle l'étoit alors, vis-à-vis des autres nations :— car, ſans paſſion, quels ſont les progrès de l'Eſpagne ? —

ST. ALBIN.

Ma foi, des progrès très-conſidérables, depuis la guerre de la ſucceſſion.

LE COSMOPOLITE.

Bien : — comparez ſes progrès avec ceux de la France, de l'Angleterre, de la Pruſſe, de la
Suede,

Suede , du Dannemarc & de la Ruffie ? & vous verrez fi l'Efpagne , avec plus de moyens , plus de propriétés , plus de reffources , s'eft autant avancée que la moindre de toutes ces nations ?

St. Albin.

Non , elle ne peut pas même être comparée à la plus petite : la plus arriérée de toutes ces nations , avec un trentième au plus des avanta-ges que poffède l'Efpagne , exerçant un com-merce maritime vingt-fois plus répandu que celui de cette monarchie.

Le Cosmopolite.

Vous voyez donc que l'ignorance, l'avarice & le préjugé tyrannifent toujours cette nation.

Milord Spiteal.

Hé! pourquoi ne pas y ajouter auffi l'orgueil, la fainéantife & la pareffe ?

Le Cosmopolite.

Parce que les derniers font indépendans des premiers , & qu'il ne faut jamais confondre en queftion de politique , les vices d'un mauvais gouvernement avec ceux d'un penchant arbitraire.

Van Magdebourg.

Vous avez beau prêcher , mon cher Cofmo-polite , vous ne façonnerez jamais vos Efpagnols ; & les torts que vous trouvez à leur gouvernement, ne dénaturent point leur nonchalance , leur fans-fouci , leur mal-propreté : ces vices font dans le fang de la nation.

Le Cosmopolite.

Les fujets font ce que les Rois veulent qu'ils foyent.—Sous Charles V. & Philippe II. l'Efpagnol a été guerrier & conquérant. — Sous Philippe III. il a été hiftorien & poëte. — Sous Philippe IV. théologien & jurifconfulte. — Sous Charles II. fainéant, hypocrite & pareffeux. — Depuis les

règnes des Bourbons, ils fe font un peu rani-
més ; mais le miniftère s'en occupe fi foiblement,
qu'il exifte encore un fond d'ignorance & d'irréfolution chez les fujets, qui femble demander à
la légiflation de réfoudre le plan de vie qu'un
chacun doit embraffer.

S t. A l b i n.

Ma foi, le plan de vie eft favorable aujour-
d'hui. — L'Efpagne fous Charles II. n'avoit que
40,000 hommes de troupes réglées, elle en
compte actuellement 150,000. — Elle n'avoit que
5 à 6 mauvais vaiffeaux de guerre, on lui en
connoît plus de 70 du premier rang dans fes ports.
Elle ne poffédoit que 40 millions de livres de revenus, elle jouit de 150 millions au moins dans
ce moment : — ce n'eft pas une petite révolution
en 75 ans.

L e C o s m o p o l i t e.

Cela eft vrai. — Mais comparez-la avec celle
de la Pruffe, de la Suede, du Dannemarc, de
la Ruffie & de l'Angleterre même ? — Balancez les opérations de l'économie politique de toutes ces puiffances avec celle de l'Efpagne ? & vous
verrez fi cette monarchie, (excepté depuis 10
ans,) a fait le moindre progrès dans le commerce, l'induftrie, les arts, les fciences, la navigation & les découvertes utiles ?

V a n M a g d e b o u r g.

Du côté du commerce, nous pouvons dire que
non : — fa navigation pour fes colonies n'étant
pas plus confidérable aujourd'hui qu'à la mort de
Charles II.

L e C o s m o p o l i t e.

Hé ! celle de l'Europe, la trouvez-vous bien
augmentée ?

S t. A l b i n.

Egalement. . . . .

Le Cosmopolite.

Donc, c'eſt la faute du gouvernement, ſi la nation eſpagnole depuis 1700, n'a pas fait les mêmes progrès que la France & l'Angleterre dans cette carrière ; parlant ſans paſſion, je vous demande un peu ſi en ſyſtême d'adminiſtration, (dans l'économie politique,) il eſt une ignorance plus deſtructive, que celle qui oſe entreprendre de vouloir régler la portée des ſpéculations d'un commerce maritime, celle du départ & du retour des vaiſſeaux marchands, de ſes négocians?

Van Magdebourg.

Non, ... rien de plus abſurde que toutes ces gênes-là. — C'eſt au négociant à faire ſon compte ; à régler ſes expéditions ; — à prendre la circonſtance qui lui paroît la plus avantageuſe à ſon entrepriſe. Si on ôte cette liberté au négociant, le commerce ne ſera plus une ſcience.

Le Cosmopolite.

C'eſt cependant ce que fait encore l'Eſpagne. — Eſt-il également une avarice plus mal entendue, plus mal raiſonnée de la part d'un miniſtère, que celle qui force le commerce d'une nation de ſe ſervir des vaiſſeaux du gouvernement, pour importer les retours de leurs entrepriſes, afin de ſoumettre ce même commerce de lui payer un frêt exorbitant ſur des retraits, qui ne ſont que les produits d'une opération mercantile, entrepriſe d'entrée en Amérique ſur les propres vaiſſeaux de ces mêmes négocians qui ſont forcés (par cette tyrannie) de faire leurs retours en Europe aux trois quarts vuides.

Milord Spiteal.

C'eſt pourtant ce que fait encore l'Eſpagne. — Cette méthode eſt auſſi injuſte que tyrannique. —

Il y a de la cruauté de forcer un négociant qui a son vaisseau, de charger ses effets sur un autre vaisseau, pour faire naviguer le sien à vuide. — Aussi, à combien d'accidens ces malheureuses maximes n'exposent-elles pas le commerce d'une place ? — Voyez le sort de la flotte qui périt au détroit de Bahama : — celle que nous détruisîmes à Aiguémonte : — les galions brûlés à Vigo : — la prise de la frégate l'Hermione, & des deux galions des Philippines. — Voilà bien 60 millions de piastres fortes au moins de perte seche pour le commerce de l'Espagne, en moins d'un siècle, & sur peut-être 18 à 20 vaisseaux : — quelles imprudences ! ...

Le Cosmopolite.

N'est-ce pas aussi un préjugé destructeur de refuser à un homme domicilié dans vos états, qui contribue à toutes vos impositions ; qui ne consomme que de vos denrées ; qui fait valoir votre agriculture, votre industrie & votre commerce ; qui salarie vos artisans, vos journaliers, vos matelots, d'y travailler ; & cela parce qu'il n'est pas né espagnol ? ... comme si le lieu du domicile n'étoit pas la vraie patrie de l'homme.

Van Magdebourg.

Entreprenez un peu, vous qui raisonnez si bien, de vouloir persuader à un espagnol, que son ministère a tort de gêner le commerce de l'Amérique ; de s'emparer de la propriété d'en importer les retours ; ... d'empêcher un étranger d'y faire des entreprises ? — il vous répondra très - gravement que c'est très-bien fait, que son ministère a raison, parce que sans cet arrangement, ses colonies se perdroient..... Ha ! ames bornées & pusillanimes ! — bientôt vous ne connoîtrez plus que l'habitude comme les brutes !

Le Cosmopolite.

Les erreurs vulgaires ne doivent jamais être accréditées par les opérations légiſlatives. — Le commerce eſt-il un être créateur?

Van Magdebourg.

Sans doute.

Le Cosmopolite.

Eſt-il utile à la ſociété?

Van Magdebourg.

Certainement: — c'eſt lui qui réaliſe les ſuperflus, & qui procure tous ceux qui manquent à une nation.

Le Cosmopolite.

Donc, le commerce veut être encouragé & non vexé : — protégé & non tyranniſé, comme il l'eſt en Eſpagne.

Milord Spiteal.

Si la France, l'Angleterre & la Hollande avoient conſidéré le commerce dans le point d'erreur & d'ignorance que l'a toujours enviſagé l'Eſpagne, . . . jamais ces trois nations ne ſe feroient élevées au degré de proſpérité & de puiſſance où elles ſont généralement parvenues.— Le commerce eſt la ſource des richeſſes : il veut être libre, & c'eſt dans cette liberté que des millions de citoyens y trouvent leurs exiſtences :— mais allez chercher cela en Eſpagne?

Le Cosmopolite.

En conſéquence, il ne faut pas tant invectiver ou mépriſer l'infortuné ſujet eſpagnol : — il ne faut pas lui faire un ſi grand crime de ſa pareſſe ; dès que le gouvernement lui ferme toutes les portes du travail, que voulez-vous qu'il devienne? —

Milord Spiteal.

Vous avez beau vous battre les flancs, vous ne me convertirez pas. — La pareſſe eſt le péché originel de cette nation :... pour vous en convaincre, jettez un coup d'œil sur toutes ses campagnes, vous n'y trouverez ni fruits ni arbres : à peine y voit-on croître des bleds. — Le gouvernement, par des raisons particulières, peut avoir été fondé autrefois d'empêcher les trop grandes fréquentations de ses sujets avec l'Amérique, — mais il n'a jamais mis aucune entrave à l'agriculture. — Pourquoi rester oisif, quand la terre vous offre de l'occupation ? — Pourquoi préférer de vous habiller des étoffes étrangères, quand vous pouvez les fabriquer vous-mêmes ? Pourquoi vendre une matière première que vous pouvez façonner ? — Toutes ces fautes ne viennent pas du gouvernement : ... c'est le vice de la nation.

Le Cosmopolite.

Vous êtes dans l'erreur, mon cher milord, & le procès que vous faites aux sujets espagnols, est la fable du loup & de l'agneau. — 1°. L'agriculture ne languit en Espagne que par le défaut de consommation & de débouché ; le gouvernement n'ayant pas assez ouvert ses fréquentations avec ses colonies, qui étoient les seules propriétés qui pouvoient donner de l'activité à cette richesse locale ; & les mêmes denrées qui croissent en Espagne, se recueillant en France, en Portugal, en Italie, à Naples, en Sicile, dans le golfe de Venise, la Grece, la Turquie & l'Afrique, sont contrariées par celles de tous ces divers royaumes, où les nations consommatrices s'en pourvoyent en retour de leurs commerces avec ces peuples. — En conséquence, n'y ayant que la consommation des colonies qui pouvoit favoriser l'exportation des denrées de la métropole, le gouvernement a méconnu ses vrais intérêts, en bridant toutes les dispositions de ses sujets dans cette

confommation ; & c'eft de la gêne de ces difpofitions, (très-falutaires à un corps politique ,)
que les fujets efpagnols dédiés à cette partie ,
ne fe font pas adonnés à des plus grands défrichemens. — 2°. S'il ne fabrique pas lui-même fes
vêtemens , ... c'eft encore la faute du gouvernement : ... la nature des impofitions de l'état , en
portant prefque toutes fur les comeftibles , fur
les befoins de première néceffité , fur toutes les
aifances de la vie , renchériffent fi exceffivement
la main d'œuvre de toute efpèce , qu'il convient
mieux au fujet efpagnol de s'habiller des étoffes
étrangères , que de celles qu'il pourroit fabriquer
lui-même.— 3°. C'eft la néceffité qui force celui-ci
à vendre une matière première qu'il pourroit façonner, parce que le gouvernement, en favorifant l'introduction dans fes états de l'induftrie étrangère ,
lui rend cette même matière première inutile ; & il
eft forcé de s'en défaire pour payer fon habillement.
Pour bien fentir toute la conféquence; de mon raifonnement, ... jettons un coup d'œil fur l'efprit du
fyftême de l'adminiftration de l'Efpagne , & ba-
lançons - en les défavantages par les avantages
qu'elle auroit pû retirer de fa pefition , fi elle
avoit adopté les mêmes principes qui ont été les
guides de toutes les nations maritimes de l'Europe. — Pour bien approfondir cette vérité , il faut
expliquer impartialement le fyftéme de l'adminiftration de l'Efpagne , fur les trois chefs d'inté-
têts qui forment l'ame d'une adminiftration politique : ... le commerce, l'induftrie , l'agriculture.—
Par l'affiette de ces trois intérêts, par la façon
dont ils font protégés & adminiftrés en Efpagne,
on connoîtra moralement que le défaut de pareffe que l'on inculpe tant à cette nation, n'eft
le fruit ou la contagion que de celle d'un gou-

vernement précaire : ... les miniſtres en Eſpagne, (par un entêtement barbare ,) ayant préféré de perpétuer des ſyſtêmes deſtructeurs , au lieu de prendre pour modele le ſuccès des opérations des nations étrangères. — C'eſt la prévention , c'eſt l'orgueil , c'eſt une vanité mal entendue qui leur a fait rejetter toutes ces lumières , & qui les a portés de s'endurcir ſur des ſyſtêmes entièrement contraires aux progrès du commerce , de l'induſtrie & de l'agriculture. — Si le commerce , ſi l'induſtrie , ſi l'agriculture ſont la richeſſe première d'une adminiſtration politique , ... ces trois ſortes de richeſſes ne prennent leur activité , leur conſervation & leur accroiſſement , que dans la nature & la marche des impoſitions d'un gouvernement. — Si les impoſitions ſont bien raiſonnées , bien réparties , perçues ſeulement ſur des objets indifférens ou neutres , ... elles ſont l'avantage du commerce , de l'induſtrie & de l'agriculture. — Si elles portent bruſquement , peſamment , groſſièrement ſur les objets de première néceſſité , ſur les beſoins des peuples , ſur les matières premières de l'induſtrie , ... elles ſont un mal certain , parce qu'elles renchériſſent tous les ſalaires de la main d'œuvre quelconque : ... pour lors le commerce perd de ſon activité ; & l'induſtrie & l'agriculture périſſent par les impuiſſances du commerce.

· Van Magdebourg.

Si dans les premiers temps de cette république, le gouvernement hollandois avoit monté ſon ſyſtême de commerce & de navigation dans la ſervitude & la partialité de celui de l'Eſpagne , où en ſeroit aujourd'hui la Hollande ?

Milord Spiteal. ·

Hé ! où en ſeroient la France & l'Angleterre ?

LE COSMOPOLITE.

Le commerce n'a jamais été confidéré en Efpagne comme un être créateur, animant & fécondant tous les rameaux d'une adminiftration politique. — Il a toujours été envifagé comme une profeffion de convenance au feul avantage de celui qui l'exerçoit. — En conféquence, le gouvernement a conftamment tenu en inquifition toutes les opérations de fes fujets, & a refufé au commerce cette liberté, cette protection, ces encouragemens qui ont enrichi la France, l'Angleterre & la Hollande. — Un négociant en Efpagne ne peut point avoir de vaiffeau dans le commerce des colonies, fans une permiffion du gouvernement : — il ne peut point faire d'expédition dans ces dites colonies, fans une autre permiffion : — il ne peut point choifir la grandeur du cafque ou du port du vaiffeau de fa fpéculation, fans permiffion. — Toutes les opérations du commerce direct de l'Europe avec l'Amérique fe follicitent du miniftère, avec injonction de la baie de Cadix, à tel port des colonies inclufivement, fans échelle & fans capotage dans aucun autre port ; & pour toutes ces permiffions, il faut payer à l'avance des fommes très-confidérables. — Le Roi, l'amiral, l'églife ont des droits très-confidérables fur toutes ces permiffions.

VAN MAGDEBOURG.

Eft-il rien de plus tyrannique dans le commerce, que les droits que font obligés de payer à l'avance les armateurs des vaiffeaux pour les colonies efpagnoles ? . . . il eft toujours queftion de 20, 30 ou 40,000 piaftrés par permiffion ; & fi le vaiffeau périt, le gouvernement ne rembourfe jamais rien : — c'eft un furcroît de débours pour les malheureux négocians, fans utilité pour le commerce.

LE COSMOPOLITE.

A cet abandon des vrais principes (de toute légiflation politique), il faut affocier une feconde tyrannie de la part du gouvernement, plus deftructive encore (pour le commerce) que toutes celles que vous venez de citer, parce qu'elle arrête un nombre infini d'exportations de la métropole qui occuperoient des millions de citoyens. — Ce font les horribles frêts que font obligés de payer tous les effets que l'on embarque à Cadix pour l'Amérique, y en ayant qui fupportent 2, 3 & 4 fois plus de leurs valeurs premières en frêt feulement, fans les avaries qui font toujours d'un tiers fur le montant du frêt, & que l'on paye conftamment à l'avance. Ces déteftables maximes fufpendent un nombre prodigieux d'exportations, qui feroient d'un très-grand prix pour l'agriculture ; & que l'Efpagne ne peut mettre en crédit, par les prix exorbitans auxquels il faudroit les vendre, fi l'on les embarquoit pour l'Amérique, fur le pied des tarifs actuels de fa navigation : — tels font tous fes fruits fecs, légumes, vin, huile &c. La main d'œuvre & l'induftrie n'eft pas plus favorifée par le miniftère, que les exportations de l'agriculture. — Si le gouvernement tyrannife le commerce par des gênes, par des taxes cruelles, il ruine la main d'œuvre de l'induftrie par la nature de fes impofitions, par la rigueur des droits de frêt dans les exportations aux colonies, & par l'introduction dans la métropole de tous les articles des fabriques étrangères : ... deforte que les droits de douane, de frêt, d'avaries, d'impofitions & d'abus, dévorant tous les profits du travail, dégoûtent le citoyen appliqué, & livrent à l'abandon & au pillage toutes les richeffes de la métropole. — L'agriculture s'arrière par les

mêmes caufes , & fe trouve encore dégradée dans
fon occupation par les inégalités ou les exemp-
tions particulières dans les taxes publiques ; ...
tous les biens-fonds des gens de main-morte , ou
appartenant à des gens attachés à l'églife , ne
contribuant prefque en rien dans les impofitions
générales. — De toutes ces entraves , de cette
immenfité de rigueur , de difproportion & d'inégalité , fe perpétue le découragement des peuples ; & le cabinet de l'Efpagne , loin de redreffer les erreurs de fes fyftêmes, les groffit tous les
jours davantage par fes entétemens , & par le
mépris conftant des vrais principes du commerce
que l'on ne ceffe de lui expofer. — Il a été démontré au miniftère de Caftille que les rentes
provinciales étoient la ruine de fes peuples , &
que fon fyftême de commerce maritime étoit la
ruine de fon agriculture & de fon induftrie ; ...
qu'il falloit redreffer l'un & l'autre. — L'adminiftrateur à qui on en parloit, répondit pour toute
folution , « que les rentes provinciales étoient de
» toute ancienneté en Efpagne , & que cette
» monarchie n'avoit pas befoin des fecours du
» commerce pour être riche. »

M I L O R D S P I T E A L.

J'ai toujours entendu parler des rentes provinciales, comme d'une impofition très-onéreufe
pour les peuples , & perfonne n'a encore pu me
les expliquer.

L E C O S M O P O L I T E.

Je vais vous fatisfaire. — Les revenus de l'Efpagne font confidérés en fyftême de finance , par
rentes générales & par rentes provinciales ; ....
coûtumes d'Aragon , de Bifcaye & cadaftre de
Catalogne. — Dans les rentes générales, on comprend les douanes , les gabelles, le tabac, le pa-

pier marqué , les octrois , les indultes , les affagues , les mines &c. Dans les provinciales, les millons , les quatre droits additionnels , les alcavales (*a*) &c. qui ne font que des impofitions fur le pain , le vin , l'huile , le charbon , les légumes fecs , les viandes fraîches & falées , le gibier , le poiffon falé , les liqueurs , les eaux-de-vie &c.— Toutes ces diverfes rentes en 1767 fe montoient , pour les rentes générales à 280,000,000 de réaux de veillon : — pour les rentes provinciales , à 128,000,000 de réaux de veillon, coûtumes d'Aragon , de Bifcaye , cadaftre de Catalogne , lances & épées , titres de Caftille , fourrages , étapes &c. environ deux cent millions de réaux de veillon : — en tout 608 à 610 millions de réaux de veillon ou 152 à 153 millions de liv. de France,

Van Magdebourg.

Autant que cela ! — Je n'aurois jamais cru l'Efpagne auffi riche dans fes finances.

Le Cosmopolite.

Elle le feroit du double, fi elle étoit mieux fécondée par fes fyftêmes d'adminiftration & de commerce. — Ecoutez Mr. de Pelliffery fur l'Efpagne ? « il dit que cette monarchie eft comparable à un jeune taureau qui ne connoît ni fa force ni fes défenfes.

Milord Spiteal.

N'en déplaife à Mr. de Pelliffery , je croirois bien plutôt que le taureau de l'Efpagne n'a ni corne ni fabot , ... qu'il eft eftropié.

Le Cosmopolite.

Pas fi eftropié qu'il ne tape très-bien quand il veut s'y mettre. — Voyez la fuite de la guerre de

---

(*a*) Toutes les mutations de biens fonds payent auffi les alcavales, qui eft une efpèce de contrôle.

la fucceffion jufqu'en 1719 : — celle de 1738 jufqu'en 1748 : — voyez les progrès de cette monarchie depuis Philippe V.

St. Albin.

Affûrément, ... cette monarchie s'eft très-bien relevée en peu de temps. — Je conviens, (avec fes reffources,) qu'elle n'eft pas ce qu'elle auroit pû devenir, & qu'elle eft encore très - éloignée de ce qu'elle pourroit être.

Le Cosmopolite.

Si l'Efpagne s'étoit dépouillée des préjugés qui la dévorent ; .... qu'elle fe fût conduite par les mêmes fyftêmes de la France & de l'Angleterre ; — qu'elle eût tiré plus de parti de fes liaifons avec fes colonies , ... vous la verriez aujourd'hui dans un luftre bien différent. — Mais l'efprit de parti & d'opinion qui a ruiné l'Efpagne , fous les Rois autrichiens , dure encore dans ce moment fous le règne des Bourbons : les miniftres ayant eu l'entêtement féroce de faire établir comme conftitution de l'état, qu'il falloit s'en tenir rigoureufement à la pratique des fyftêmes de 200 ans , fans confulter les progrès des nations rivales. — Cette opiniâtreté d'antipathie favorife les intérêts mercantils de toutes les puiffances maritimes, & fur-tout ceux de l'Angleterre , plus à portée que toutes les autres , par fes ports de la Jamaïque & par fes fréquentations à Campech, de continüer fon commerce clandeftin avec toutes les colonies efpagnoles.

Milord Spiteal.

Par un état dreffé en 1739 du commerce direct de l'Angleterre avec la Jamaïque, on a trouvé que le commerce de la métropole avec cette colonie , s'étoit monté en 19 ans à 23,985,332 liv. fterl. par une navigation de 5959 vaiffeaux ; —

& que les retours de cette exportation, réalisés dans la métropole, avoient produit 63,519,985 liv. sterl. dont 29,320,134 en fruits & denrées de l'Amérique, & le reste en or ou argent monnoyé au coin de l'Espagne, dont une grande moitié étoit pour compte du commerce direct des propres Espagnols.

LE COSMOPOLITE.

Jugez par là, combien les systémes de l'Espagne sont faux en fait d'administration & de commerce. — Mr. de Pellissery, qui a assez suivi cette monarchie dans ses avantages & ses désavantages, dit dans son mémoire en faveur de la banque royale de Castille, (qu'il vouloit établir avec la maison des Mrs. Ustaris neveux,) « que » les rentes provinciales sont aussi nuisibles à l'ad- » ministration des finances, que les entraves du » gouvernement le sont au commerce maritime » de la nation. » En conséquence, il a proposé au ministère de l'Espagne de les supprimer, & de retrouver le produit de ses impositions sur des acquisitions particulières, que l'administration auroit réuni dans ses fermes générales.

VAN MAGDEBOURG.

J'ai entendu parler dans le temps de cette banque de Castille, ... on la disoit assez bien entendue.

LE COSMOPOLITE.

Très-bien entendue! — vous la verrez, elle est dans ses bucoliques ; .... suivons nos moutons ; — les rentes provinciales étant la ruine des peuples, par les abus, les vexations, & les renchérissemens qu'elles occasionnent sans cesse dans tous les comestibles : & leurs produits étant d'une nécessité absolue au gouvernement : — Mr. de Pellissery avoit proposé à l'Espagne, de les éteindre entièrement, en lui faifant retrouver cette rente avec plus d'avantage, fur l'acquifition de certaines propriétés, abandonnées à une poignée de particuliers.

Van Magdebourg.

Je ne vois pas qu'il foit à la difpofition de l'Efpagne, de pouvoir acquérir aucune propriété, qui la remplifle des 128,000,000 de réaux de veillon, fans que cette acquifition puifle n'être pas onéreufe à fes peuples.

Le Cosmopolite.

Pardonnez-moi ; — des propriétés fimples, & d'abfolues néceflités : — dont jouiflent nombre de Seigneurs de terre, dans bien des monarchies, & que tous les gouvernemens du monde devroient fe les approprier, en économie pour fes peuples ; — ce font les moulins de toute efpèce, les fours publics, & les prefloirs.

St. Albin.

Quelle diable d'idée ! .... vouloir approprier à un gouvernement des objets de détails de première néceffité ; mais votre Mr. de Pelliflery, ruineroit la majeure partie des Seigneurs des terres.

Le Cosmopolite.

Il ne s'agiffoit point de ruiner perfonne, ... mais il s'agiffoit du bien public ; — pour ne ruiner perfonne, l'état devoit racheter des particuliers, tous les moulins à eau, à vent, ou à dos de mulet, fur l'eftime qui en auroit été faite avec 25 pour 100 d'augmentation fur le prix de l'eftime ; — cette feule propriété rempliffoit l'Efpagne, du produit de fes rentes provinciales.

Van Magdebourg.

Détaillez-nous un peu cela, notre ami, ...

ne voyant pas qu'il y ait autant de défavantages pour les particuliers qu'en envifage St. Albin ; — il faut qu'il foit Seigneur de terre.

ST. ALBIN.

Non, je ne le fuis pas ; — mais j'en connois
à qui ces objets font la majeure partie des produits de leurs terres.

LE COSMOPOLITE.

Vous donnez encore plus de crédit à l'obfervation de Mr. de Pelliffery ; — fi pour faire le
bien d'un Seigneur de terre, on oblige tous les
habitans d'une communauté, de ne moudre les
bleds de leur confommation que dans les moulins
du Seigneur ; — combien de pareils privilèges doivent plus exclufivement exifter en faveur d'un
gouvernement. — La fcience d'une légiflation
économique, ne confifte qu'à obferver fcrupu-
leufement, de n'établir les impofitions d'un gouvernement, que fur des objets neutres, qui ne
tyrannifent en rien, ni le travail, ni l'agriculture, ni le commerce ; — il n'eft pas d'objets plus
neutres que ceux d'une dépenfe abfolue pour les
confommateurs ; & dès que ces objets, ou que
cette dépenfe laiffent un bénéfice, en pure perte
pour celui qui l'a fait : ..... il eft de la fageffe d'un gouvernement, de la faire tomber à fon
foulagement, plutôt que de la laiffer, fe verfer
conftamment dans la bourfe d'une poignée de
particuliers.

ST. ALBIN.

Cette queftion dans fon abord, heurte la confiance particulière, ... confidérée comme vous
venez de le faire, elle explique fes avantages.

LE COSMOPOLITE.

Je m'en rapporte affez là-deffus, aux lumières de Mr. de Pelliffery, & il paroît que toutes

fes

les obfervations fur l'Efpagne, ont été faites fur les lieux, & le compas à la main ; les. rentes provinciales font la ruine des peuples, dit ledit Sr. de Pelliffery, & elles font abfolues pour les dépenfes du miniftère, ... il faut éteindre les rentes provinciales, & il faut retrouver leurs produits, pour remplir le miniftère, fans onérofité pour les peuples ; — rien de plus aifé d'éteindre les rentes provinciales, que de les fupprimer ; — rien de plus aifé pour retrouver leurs produits que de racheter au profit de l'Etat, tous les moulins à moudre ; — la dépenfe du moudre, eft d'une abfolue néceffité pour les citoyens ; — il eft prouvé que plus de 40 pour 100 de cette dépenfe, tombent au profit des propriétaires des moulins ; — verfons, dit Mr. de Pelliffery, les profits de cette dépenfe à la fuppreffion, & au recomblement des rentes provinciales.

VAN MAGDEBOURG.

Pour bien affeoir cette combinaifon, favez-vous qu'il faut entrer dans de furieux détails ?

LE COSMOPOLITE.

Certainement ! — vous allez le voir ; 1°. il faut connoître le nombre de citoyens que l'on a à nourrir journellement ; — 2°. la confommation journalière de chaque citoyen ; — 3°. ce que peut produire de pure farine, une mefure de bled ; — 4°. la quantité de pierres à moudre qui doivent travailler conftamment dans une population ; — Mr. de Pelliffery eft entré dans tous ces détails.

ST. ALBIN.

Il faut qu'il ait eu une furieufe patience.

LE COSMOPOLITE.

Il le faut dans ces fortes d'obfervations ; —

par le cadastre de 1762, le ministère de l'Espagne a trouvé que la population de ses Etats d'Europe, se montoit à 11,500,000 ames ; — Mr. de Pellissery, établissant son opération sur cette population, a cherché de connoître le nombre de feux qu'elle pouvoit composer ; .... à quoi pourroit se monter la consommation journaliére de chaque feu, & le nombre de moulins qui pourroient être nécessaires à cette consommation ; — en conséquence il a trouvé que les 11,500,000 ames de l'Espagne, à 6 têtes par feu, (suivant Don Jmo. Ustaris), composoient 1,916,666 feux ; — qu'à une livre de pure farine de consommation par tête, & à 70 livres de pure farine pour une fanégue : .... il falloit à la consommation journalière de l'Espagne, 364,300 fanéques de bled par jour, ... d'où il établissoit, qu'une pierre à moudre à dos de mulet, (comme le font généralement tous les moulins de l'Espagne,) en mettant quatre heures pour moudre une fanégue, & ne travaillant par jour que quatre fanégues, ... il falloit qu'il y eût constamment en service dans toute l'étendue de la monarchie, 95,834 pierres à moudre, & que chaque pierre pouvoit suffire à la consommation journaliére de 40 feux, ou de 240 personnes.

MILORD SPITEAL.

Mr. de Pellissery a très-bien assis ses principes ; — reste à savoir si le total de la population est bien juste, & si l'Espagnol ne consomme pas d'avantage d'une livre de pure farine par jour ; — car vous n'ignorez pas dans les pays chauds, que l'homme consomme plus, que dans les pays tempérés, gras, ou humides.

LE COSMOPOLITE.

Cela eſt vrai ; — mais vous allez voir par le propre relévé qu'en a fait Mr de Pelliſſery, que la conſommation générale d'une population quelconque, calculée ſur celle d'une livre de pure farine par tête, excède la quantité ſupputée en pain ; — Mr. de Pelliſſery pour bien aſſeoir ſa combinaiſon, a diviſé en deux claſſes la popu'ation des 11,500,000 ames de l'Eſpagne, ... l'une en hommes, & l'autre en femmes ; — dans celle en hommes, il a fait entrer $\frac{7}{12}$. deſdites 11,500,000 ames ; .... ce qui lui a donné 6,708,333 hommes , & dans celle des femmes $\frac{5}{12}$ idem 4,791,667 femmes ; en tout 11,500,000.

Après de très - réfléchies, & de très · recherchées informations, ledit Sr. de Pelliſſery a établi trois claſſes de conſommation ; — dans celle des hommes, il a trouvé que la moitié, gens d'un gros travail, journaliers & laboureurs pouvoient conſommer une livre & demi de pain par jour ; — que le quart, gens d'un état honnête, comme la nobleſſe, les négocians, les bourgeois, les perſonnes d'un commerce tranquille, qui ſe nourriſſent de pluſieurs viandes &c, n'en conſommoient peut-être pas une livre , & que le quart reſtant, où il fait entrer les vieillards, les hommes au-deſſus de ſoixante ans, les infirmes, malades, & les enfans au-deſſous de 10 ans, n'en conſommoient pas $\frac{3}{4}$ de livre; — en conſéquence, en établiſſant que 3,354,167 perſonnes, conſomment 1 liv. $\frac{1}{2}$ de pain par jour chacune, il faudroit journellement liv. 5,032,250. que 1,677,084. idem 1 liv. idem 1,677,084. que 1,677,084. idem $\frac{3}{4}$ de liv. idem 1,257,813.

———————

liv. 7,967,147.

Dans celle des femmes, que le quart confommoit au plus une livre & demi de pain par
jour; la demi, une très-petite livre & l'autre
quart ci-devant confommation des hommes ...
. . . . ci liv. 7,967,147.
& l'autre quart, fes trois quarts de
livre; — appréciant ces trois claffes,
le $\frac{1}{4}$ ou les 1,197,918 perfonnes à 1
liv. $\frac{1}{2}$ demandoient . . . .   1,796,877.
     La $\frac{1}{2}$ ou 2,395,836 idem à 1 liv.
idem . . . .   2,395,836.
     Le $\frac{1}{4}$ ou 1,197,918 idem à $\frac{3}{4}$ de liv.
idem . . . .   898,439.
____

Confommation journaliére en pain
des 11,500,000 ames liv. . . . . .   13,058,299.
____

Comme dans une livre de pain,
à peine y en entre-t-il 14 onces de
pure farine, les 11,500,000 livres
de la fupputation de Mr. de Pelliffery
doivent donner en pain travaillé liv.

. . . .   13,142,009.
____

Ce qui vous donne de plus liv. . . .   83,710.
____

Sans la partialité d'un douzième de plus dans
la claffe des hommes que dans celle des femmes, (a) & fans la différence de 13 à 14 onces de pure farine pour une livre de pain.
St. Albin.
Eft-ce qu'il n'entre pas davantage de 14 onces
de farine dans une livre de pain?

____

(a) Comme ce calcul eft très-intéreffant pour des adminiftrateurs, je l'ai donné avec tous fes détails.

LE COSMOPOLITE.

Pas davantage ; . . . . & si la farine est de bonne qualité , il n'en faudra que 13 onces à 13 onces & demi ; — par les détails de tous ces relévés , il s'établit que la consommation annuelle des 11,500,000 ames de l'Espagne , à 1 liv. de pure farine par tête, seroit de 366 liv. l'année, & qu'à 70 liv. de pure farine pour une fanégue , il faut à chaque citoyen 5 fanégues, & 16 liv., & avec le son, 5 fanégues & demi de bled de consommation annuelle. — Les frais du moudre varient dans toute l'Espagne ; — à Cadix, ils sont de 8 réaux de veillon, & 6 quarts ; — à l'Isle de Leon , Port-Royal, Ste. Marie &c., de 6 réaux de veillon ; — dans le général des côtes maritimes à 20 lieues en entrant dans les terres 6 réaux de veillon ; — à Madrid , 7 & 8 réaux de veillon ; — 20 lieues dans ses environs 6 réaux de veillon , & généralement dans tout le reste de l'Espagne de 5 à 6 réaux de veillon par fanégue ; — de toutes ces inégalités, Mr. de Pellissery , établissant un prix général , & ne le fixant qu'à 6 réaux de veillon par fanégue ; — il a trouvé que les 11,500,000 ames de la population de l'Espagne , à 5 fanégues & demi de bled par tête consommoient annuellement 63, 250,000 fanégues.

Approvisionnement des colonies. & de la navigation à 10 pour 100 . . . . . 6,325,000.

En tout fanégues . . . . . 69,575,000.

Ces 69,575,000 fanégues , taxées généralement par-tout à 6 réaux de veillon , ou 51 quarts pour les frais du moudre , font une dépense annuelle d'absolue nécessité pour chaque citoyen de

33 réaux de veillon ou 280 quarts ½, & procuroient une totalité de réaux veillon 417,450,000.

Les frais de régie, & journaliers
des moulins font évalués à 25 pour
100 ... fur 417,450,000 réaux de
veillon, nous aurons 104,362,500.

Dépériffement, &
confervation idem 104,362,500.
pour moins value,   250,470,000.
ou dépenfe ex-
traordinaire à 10
pour 100. . . . . 41,745,000.

De bénéfice libre réaux veillon 166,980,000.
Le produit des rentes provincia-
les fe montoit en 1766 à ...... 128,000,000.

Refte en déficit, fur l'opération
réaux veillon . . . . 38,980,000.

En augmentation de recettes, fans les économies que l'on pourra encore faire dans les régies
des moulins, façon de moudre les bleds, & dans
les 10 pour 100 appliqués aux dépenfes extraordinaires ; — & les rentes provinciales font fup-
primées au foulagement des peuples, fans aucune nouvelle impofition. (a)

ST. ALBIN.

Cette opération qui m'avoit offufqué d'abord,
me paroît actuellement très-fage, & très-bien
entendue ; — d'où vient eft-ce que l'Efpagne ne
l'a pas adoptée ?

LE COSMOPOLITE.

Parce que le miniftère Efpagnol, regarde com-

____

(a) Si la confommation eft au-deffus de mon évaluation,
l'opération eft encore plus riche.

me prophane, hérétique, ou fufpecte, toute bonne idée, qui n'eft point enfantée par un rance Efpagnol.

Van Magdebourg.

Mais l'acquifition (pour le gouvernement,) des moulins à vent, à eau, à dos de mulet, auroit été d'un débours des plus confidérables pour l'Etat?

Le Cosmopolite.

Pas fi confidérable que vous pouvez vous l'imaginer, ces propriétés n'étant pas d'un grand prix; — fuivant la note qui a été fournie à ce fujet à Mr. de Pelliffery, une pierre à moudre, d'une vare d'épaiffeur, coute rendue au moulin 27 piaftres courantes; — les apparaux & dépenfes qui lui font néceffaires, pour être mife en état de travailler 83 piaftres courantes, ... en tout 110 piaftres; — fur 95,834 qu'il en faut journellement en travail, il auroit fallu débourfer . . . . . . P. 10,541,740.

Mr. de Pelliffery ajoutoit de pierres furnuméraires 47,917 pierres, ou 50 pour 100 du premier débours ci . . . . 5,270,870.

pour les augmentations de 25 pour 100 fur les eftimes . . . . . 2,000,000.

____

P. 17,812,610.

Pour les emplacemens qu'il auroit fallu acheter . . . . 17,812,610.

____

En tout piaftres courantes . . . 35,625,220.

____

Van Magdebourg.

Hé! vous ne comptez pour rien, une dépenfe de cette force; — favez-vous que cela fait 534,

378,300 réaux de veillon , & livres tournois
133,594,575.

LE COSMOPOLITE.

Cela eſt vrai ; — mais les débours de cette
opération , ne ſe ſeroient point montés réellement à cette quantité, tout y étant calculé dans
la plus haute proportion ; — toutefois , par la
façon dont s'y prenoit ledit Sr. de Pelliſſery ,
l'Etat ſubvenoit à tout ſans ſe gêner , & pour
ainſi dire , ſans rien débourſer ; — je vous ferai
appercevoir cela , quand nous en ferons à l'établiſſement de la banque de Caſtille.

MILORD SPITEAL.

J'adopte aſſez l'idée de Mr. de Pelliſſery ; —
je trouve très - équitable qu'un Souverain en ſa
qualité de légiſlateur , faſſe ſervir au ſoulage-
ment des taxes publiques , une dépenſe d'abſolue néceſſité pour les citoyens ; dès que celle-
ci laiſſe un bénéfice aux agens de cette même
dépenſe , & qu'elle ne tombe au profit que d'u-
ne très - petite partie de particuliers. — Cette
opération eſt d'autant plus équitable que dans
beaucoup de gouvernemens , comme ſous les
Comtes de Flandres , & dans pluſieurs provinces de l'Eſpagne , que les Souverains ſont Seigneurs du vent. — Pourquoi ne point mettre en
crédit une prérogative auſſi peu onéreuſe , dès
qu'elle tourne à l'avantage de toute une nation ,
& que nombre de particuliers , Seigneurs de
terres , ont réunies à leurs domaines.

VAN MAGDEBOURG.

Vos obſervations , Milord , ſont très - juſtes ,
& il ſeroit à ſouhaiter que toutes les adminiſ-
trations politiques , (plutôt de ne s'occuper que
d'impoſitions , que de droits ſur les peuples) ,
tournaſſent leurs ſpéculations ſur ces ſortes d'ob-

jets ; — les moulins de toute efpèce font néceffaires , ... les fours publics font néceffaires , ...
les preffoirs font également néceffaircs , ... il
feroit très-fage que les gouvernemens réuniffent
dans leurs domaines tous ces objets, les peuples
fupporteroient bien moins d'impofitions.

LE COSMOPOLITE.

Il eft conftant, que fi les légiflateurs vouloient
fe donner la peine de calculer la nature des
dépenfes de leurs fujets, & de réfléchir un peu
fur tous les menus détails des agens qui y font
indifpenfables ; ils trouveroient par les économies
des dépenfes particulières en faveur de ces dits
agens, & d'une néceffité forcée pour les peuples, qu'ils pourroient foulager leurs fujets d'un
gros tiers des impofitions qu'ils leur payent,
en réuniffant aux domaines de l'Etat, les profits
que retirent de fes propriétés, un très-petit nombre de particuliers.

ST. ALBIN.

Ces acquifitions deviendroient bien lucratives,
pour une adminiftration , dans une monarchie
auffi peuplée que la France.

MILORD SPITEAL.

Elles feroient utiles à toutes les nations pro-
portionnément à leur population.

LE COSMOPOLITE.

L'entêtement qui a perpétué en Efpagne, des
impofitions deftructives depuis Ferdinand &
Ifabelle, ne veille pas avec plus d'économie les
autres portions de l'adminiftration ; — les négligences, les abus, les mauvais principes, qui
ont dégradé les finances de l'Etat, depuis la
découverte de l'Amérique, font toujours les mêmes depuis trois fiècles ; .... les adminiftrateurs,
les receveurs , les employés , & généralement

tous les comptables, s'enrichissant toujours aux
dépens du prince , & des sujets ; — ces désavantages, unissant leurs préjudices à ceux que
causent aux recettes générales , les péculats, les
concussions , les infidélités, qui se pratiquent in-
punément dans nombre de régies , non-seulement
arrêtent les progrès de l'industrie , mais elles
provoquent encore tous les sujets à l'oisiveté ,
& à la paresse. — Dans tous les gouvernemens
du monde , les bureaux ou recettes générales
des douanes , forment à l'administration d'une
nation , une des branches des plus essentielles
de leurs revenus ; — l'institution en est bien la
même en Espagne ; .... mais le ministère des
finances aussi peu avisé , que prévoyant dans la
forme de ses tarifs : .... loin de les expliquer
d'une manière capable de favoriser l'industrie
de la nation , en gênant la consommation de
celle de ses rivaux , les a établi de façon qu'ils
ne favorisent que la fraude & le monopole ; —
de cette mal-adresse grossière , se pratiquent journellement des connivences entre les contribuables & les préposés du prince , qui dévorent
(de quatre façons bien remarquables ,) les finances de l'Etat. — Première façon de frauder. — Les tarifs de l'Espagne, loin d'être ex-
pliqués par des dénominations claires & préci-
ses , article par article, comme ils le font chez
toutes les nations ; .... loin d'établir le droit
préfix que doivent payer toutes les marchandises, dans leurs exportations, comme dans leurs
importations ; .... loin de mettre un frein à
la déprédation subalterne & à toute connivence
particulière , n'expliquent que les prix des divers
articles contribuables , & laissent à l'opinion arbitraire d'un préposé , (que l'on nomme viste ,)

le foin d'expliquer fi telle marchandife , ou telle marchandife , font de première , de feconde , ou de troifième qualité ; — de ce libre arbitre , s'en enfante mille moyens de connivence & de fraude que toute la bonne volonté d'un miniftre ne pourra jamais arrêter ; — 1°. il n'y a pas un exemple en Efpagne , dans les expéditions des marchandifes en douane , que l'on y ait pefé la marchandife fi elle eft de poids , ou que l'on en ait vérifié les aunages , fi elles font de telle claffe. — Le contribuable exhibe fa facture au vifte , qui règle fur cette facture , la qualité , le prix , & le montant des droits que la marchandife aura à payer. — 2°. La façon de prendre ces droits , eft une algèbre véritable ; toutes les appréciations étant à 8 ou 10 pour 100 , fur des multiplications par nombre fixe de 2890,2680,2200 &c. ; — de ce farcafme de chiffre & de combinaifon , on ne retire que des maravédis , qu'il faut encore divifer par 68 , & après par 34 pour en faire des réaux de veillon , & des réaux de veillon en réaux de platte de 16 quarts , ... de façon que la matinée fe paffe toute à chiffrer , au lieu de vérifier les marchandifes.

St. Albin.

Il me fembleroit que cette bonne foi devroit faire le bien du commerce , fans nuire à la contribution.

Le Cosmopolite.

Point du tout , elle nuit à l'un & à l'autre : ... 1°. elle nuit à la contribution , en ce que le négociant qui a une forte partie de marchandifes à retirer , avant de le faire , s'abouche avec un vifte du bureau où il aura à payer , & lui avoue affez généralement de bonne foi & la quantité

& la qualité des effets qu'il a à retirer. — Dans ce colloque particulier, le vifte & le contribuable arrêtent de ne déclarer, (fur une facture fuppo-fée,) qu'une partie des effets en contribution ; fur quelle facture l'officieux vifte claffe la qualité de la marchandife & apprécie le droit qu'elle doit payer. — Cette opération faite, le négociant ayant fatisfait aux droits & retiré fa marchan-dife, … la partie fouftraite à l'appréciation, fe calcule par fol & denier dans le particulier ; & le montant des droits qu'elle auroit dû acquitter au prince, fe partage entre le négociant & le vifte.

MILORD SPITEAL.

Cette façon de voler fon prince & de fe met-tre à couvert de toutes les recherches, eft affez bien imaginée. — Avouez que vos Efpagnols font d'habiles gens ? …

VAN MAGDEBOURG.

Mais le mal gagne : … les négocians étrangers établis en Efpagne, (où ils ne font que les com-miffionnaires de ceux des autres places de l'Eu-rope,) ne font pas d'autre commerce. — Tous les avis qu'ils vous donnent, tous les comptes en participation qu'ils vous propofent, ne font que pour s'attirer des commiffions: — n'ayez peur qu'ils y gardent jamais aucun intérêt ? — Ce font des correfpondans de Rouen, de Lyon, de Paris, de Londres, d'Amfterdam, de Hambourg, de Si-léfie, de Suiffe &c. qu'ils ont l'adreffe d'y affo-cier, fans que ni les uns ni les autres le fachent ; & auxquels ils paffent très - rigoureufement dans les comptes de ventes, tous les droits de douane à plein, comme s'ils les avoient bien payés, ne faifant pas grace d'une obole fur le huitième d'une aune ; hé ! fi quelquefois l'on s'en plaint, … ils vous répondent gravement que tel eft l'ufage.

LE COSMOPOLITE.

Je puis certifier cette vérité, ayant vu de mes propres yeux une partie de mousseline de plus de 40,000 piastres, depuis 100 sols jusqu'à 10 liv. l'aune, n'être appréciée par un viste que pour 5 mille piastres & à 5 réaux de platte la vare. — Par la force de cette infidélité, jugez de toutes celles que l'on commet sur les épiceries, les toileries, les lainages, les dorures, les étoffes de soye, la quinquaillerie, mercerie, chapellerie &c. — La déprédation est immense dans cette partie. — Pour reprendre nos observations sur la bonne foi qu'approuvoit tant notre ami de St. Albin, je dirai 2°. que cette façon d'opérer nuit au commerce, parce que la marchandise souftraite aux droits, n'en est pas vendue par ce stratagême meilleur marché que les autres. — Seulement, pour attendre l'occasion favorable pour la retirer de la douane avec plus d'avantage, ... les négocians y laiffent chaumer souventefois ladite marchandise des quinze & vingt jours ; & très-souvent la marchandise s'y gâte ou s'y avarie.

ST. ALBIN.

Mais cette façon de fervir fes fupérieurs ou fes correfpondans est très-odieufe.

LE COSMOPOLITE.

Ne vous impatientez point tant encore, parce que tout n'est pas là, & qu'il n'y a pas d'autre façon d'opérer en Efpagne. — Tel est le vice des fermes en régie dans une adminiftration trop répandue : ... la légiflation ni l'activité d'un miniftre ne pouvant jamais furveiller ou prévenir tous les ftratagêmes qui peuvent fe pratiquer dans ces fortes de percéptions. — Si ce n'étoit toutes ces facilités abufives, comment un viste, qui commence gueux comme un rat de cave ; ... qui n'a d'autre capital que fon favoir faire ; ... à qui le gouvernement ne donne (dans une ville auffi chère que Cadix), que 30,000 réaux de veillon d'appointement, (*a*) pourroit avoir journellement un carroffe à fa folde, (qui coûte à Cadix 15,000 réaux de veillon d'entretien); ... une maifon au moins de 6 à 7000 réaux de veillon de loyer, quatre ou cinq domeftiques à fon fervice, une femme & des enfans à nourrir, les refrefcos & la converfation cinq à fix jours de la femaine &c. — fans les tours de bâton de fa place, tout cela ne pourroit fe faire. — Cette façon de voler fon prince, n'eft pas la feule qui foit praticable dans les fermes en régie, & que l'on pratique dans tous les bureaux des douanes de l'Efpagne ; elle gagne des chefs jufqu'au moindre des employés:— 2e façon de frauder. — Affez généralement, les places les plus confidérables du commerce maritime de l'Efpagne, comme Cadix, Alicante, Valence &c. font affifes fur des côtes fans port fermé, & par des mouïlages ouverts & libres, comme la baie de Cadix, la rade d'Alicante &c. — Les vaiffeaux marchands, dans ces fortes de mouillages, font dans l'impuiffance de pouvoir aborder les quais des bureaux des douanes pour y débarquer leurs cargaifons. — En conféquence, ils font forcés de garder conftamment dans leur bord les effets dont ils font chargés, jufqu'à ce que les confignataires les faffent retirer, au rifque & péril du pour compte.— Dans cette façon de pourvoir au déchargement des navires, arrivant fouventefois des avaries ou des naufrages, ... ni les capitaines, ni les bureaux des douanes ont voulu fe charger du foin des débar-

______

(*a*) 7500 Livres.

quemens : ... c'eſt au conſignataire de la marchandiſe à y pourvoir. — A cet effet, un capitaine
qui arrive, n'eſt tenu de remettre au bureau de
la douane de ſon mouillage, qu'un manifeſte de
ſa cargaiſon, dans lequel il ne fait mention que
du nombre de balles, de caiſſes ou de barriques
qu'il a, de telle marque & de tel numero, à la
conſignation d'un tel, ſans ·expliquer la qualité de
la marchandiſe ; & ce tel en vertu de ce manifeſte, ſe procure une permiſſion du bureau de la
douane, par laquelle on lui permet de débarquer tant de balles, tant de barriques ou tant de
caiſſes de tel numero & de telle marque, ſans
autre dénomination. — Ces effets ſont reçus au
débarquement par les magaſiniers & portes - faix
du département, qui les mettent ou qui devroient
les mettre dans les magaſins de la douane. —
Mais par des arrangemens particuliers entre les
magaſiniers, portes-faix & conſignataires, ...
ſi ces effets ſont riches ou de contrebande, on
ſubſtitue d'autres balles, d'autres caiſſes ou d'autres barriques, avec les mêmes marques ou numero que les premières, que l'on enferme dans
les magaſins de la douane ; & celles qui auroient
dû y être placées, ſont portées furtivement chez
les négocians où la marchandiſe ſe vérifie, s'apprécie, ſe taxe ; & en bons frères, cette ſociété
loyale ſe partage les droits qui auroient dû appartenir au gouvernement.

ST. ALBIN.

Quelles abominations !

LE COSMOPOLITE.

Vous n'êtes pas au bout. — Ces abominations
ſont ſi inévitables dans les fermes en régie, que
je ſuis perſuadé, dans la ſeule partie des douanes,
que le Roi d'Eſpagne eſt volé d'une ſomme auſſi

confidérable que celle qu'il en retire. — Si la contagion a gagné des chefs aux rats de cave :... fi chaque claffe d'employés a fon efpèce de tripot,... la troifième façon de ruiner l'Efpagne eft dévolue aux propres gardes de l'adminiftration , & la quatrième à certains adminiftrateurs : — 3ᵉ. façon de frauder généralement les monnoies de l'Ef-pagne, (plus riches que toutes celles des autres nations de l'Europe,) gagnent à être exportées & procurent de 6 à 7 pour 100 de bénéfice à celui qui en fait le commerce. — Ce gain très-confidérable & très - folide en temps de paix , excite la cupidité de tous les négocians , & épuife cette monarchie de fes matières d'or & d'argent à un tel point , ... qu'avec 14,000 millions de piaftres fortes , (ou 70 milliards de livres tour-nois,) que l'on compte que l'Efpagne a retiré de fes Amériques depuis 1492 jufqu'en 1769, (*a*) à peine cette monarchie pourroit-elle trouver dans fa métropole de 6 à 700 millions de piaftres de numéraire , en monnoie , vaiffelle & bijoux d'or & d'argent. — Le gouvernement qui n'a jamais attaché que des obfervations de paffage fur tous ces défavantages , ayant apperçu , après un laps de temps très - confidérable , la défertion conti-nuelle de fes monnoies , a cru arrêter le défor-dre en publiant quelques ordonnances de police & de févérité , qui en ne prohibant que la fortie des matières d'or & d'argent de toute efpèce , n'ont point altéré le denier de fin de ces mêmes monnoies , qui eft l'aimant féducteur , qui pro-voque cette défertion & qui entretient conftam-ment la cupidité du commerce. — En confé-

quence,

(*a*) Cette note m'a été donnée par un Commis de la Se-crétairerie des Indes ; elle eft très-fûre.

quence, ... le commerce toujours avide de ſes bénéfices, pour ſe ſouſtraire des gênes & des entraves du gouvernement, a eu recours aux gardes de ce même gouvernement ; & s'arrangeant avec ceux-ci pour le tiers ou la demi du droit qu'il auroit à payer au prince, (s'il avoit la liberté d'extraire les monnoies de l'état,) ce même garde lui facilite l'évaſion de toutes les ſommes qu'il deſire d'exporter, moyennant un ou un & demi pour 100 de bénéfice.

MILORD SPITEAL.

Mais les négocians peuvent ſe trouver expo-ſés : — un garde n'a qu'à garder l'argent que l'on lui confie ; . . . comment le réclamera ce négo-ciant ?

LE COSMOPOLITE.

Ho que non, que le négociant ne s'expoſe pas ! — Tout ſe fait ſûrement & avec pruden-ce : — 1°. le négociant ne fait jamais aucune avance au garde : — 2°. c'eſt qu'il ne débourſe jamais ſon argent, que quand la ſomme à dé-bourſer eſt déja en ſûreté.

ST. ALBIN.

Je ne vois pas de quelle façon peut s'arranger un pareil grimoire ?

LE COSMOPOLITE.

Il s'arrange très-cavalièrement & très-ſolide-ment. — 1°. Les gardes connoiſſent tous les né-gocians qui font le commerce des éſpèces. — 2°. Ils ſont au fait des vaiſſeaux ſur leſquels il faut les embarquer. — 3°. Il n'y a point de garde dé-dié à cette partie, qui n'ait à ſa bienſéance 3, 4 ou 500 piaſtres fortes en propriété : — aſſiſtés de ce capital, . . . ces honnêtes gens guettent ſans ceſſe de ſavoir quels ſont les négocians qui peu-vent avoir beſoin de faire tenir des piaſtres dans tel ou tel navire. — Assurés de leurs recherches, ils s'arrangent avec cesdits négocians,) soit pour la somme, soit pour leur bénéfice) ; & prenant sur eux de leurs propres deniers de 5 à 600 piastres fortes, dans les tournées qu'ils sont obligés de faire avec leurs bateaux, ils abordent le vaisseau où doit être déposé l'argent qui est remis au capitaine sur sa simple reconnoissance ; & ceux-ci en vertu de cette dite reconnoissance, vont chez les négocians retirer le montant des sommes déposées, avec un ou un & demi pour 100 de bénéfice, suivant la convention. — Ce grimoire dure tout le temps qu'il convient à ce négociant, qui quelquefois n'a pas d'autre commerce, très-assuré qu'il ne sera jamais trahi, parce que tous les gardes sont intéressés dans ce maquignonage, les uns ayant la partie de l'argent, les autres celle du tabac, ceux-ci celle des liqueurs, des cartes, de la cire d'Espagne, des dentelles &c.

VAN MAGDEBOURG.

Hé bien ! ne conviendrez-vous pas, après tous ces procédés odieux, que vos Espagnols sont des vilaines gens, des fainéans, des paresseux, des lâches, qui préfèrent de voler leur prince, leurs concitoyens, plutôt que de s'adonner à des occupations utiles ? — Peut-on plus crapuleusement trahir les intérêts d'une nation ? … peut-on être scélérat à aussi bon marché : … car c'est être scélérat, que de tromper son prince & ses citoyens ? — n'est-il pas affreux de ne voir des hommes ne s'étudier sans cesse qu'à mettre en œuvre des ressorts destructeurs pour le gouvernement qui les salarie, plutôt que de fortifier ses intérêts par leur intégrité & par leur zèle ? — Que diriez-vous d'un serviteur que vous nourririez bien, que vous habilleriez bien, que vous coucheriez bien, & qui vous trahiroit ? …

MILORD SPITEAL.

Je dirai que c'eſt un malheureux, un coquin, un ſcèlèrat à faire pendre.

LE COSMOPOLITE.

Je n'en diſconviens pas : — mais la choſe ne prouve point que les fripponneries de quelques particuliers puiſſent jamais excuſer les fautes d'un gouvernement , ... ſur - tout quand ces fautes ſont les écueils où vont échouer tous les écarts des ſujets. — Ne difons - nous pas tous les jours à la Divinité , « Seigneur ne nous induiſez point » en tentation ? » ... Pourquoi le gouvernement eſpagnol ſe met-il dans le cas que ſes ſujets lui faſſent un jour le même reproche ? — L'homme eſt foible : ... l'intérêt , le mauvais exemple , l'amour du faſte & des richeſſes, excitent en lui une certaine cupidité qui eſt l'interprête de toutes ſes actions. — Dans cette agitation journalière , ſi le gouvernement , par ſes mauvaiſes diſpoſitions économiques , lui facilite les moyens de ſatisfaire toutes ſes paſſions , de ſe livrer à tous ſes deſirs , à tous ſes penchans , à tous ſes vices ; ... de ſuccomber à toutes ſes tentations , ... c'eſt la faute du gouvernement qui induit à erreur ſon ſujet & qui le rend coupable. — Pourquoi ne pas prévenir tous les ſtratagêmes de ſéduction ou de péculat , dès que vous avez les moyens de le faire ? ... ne le faiſant point , les torts des ſujets étant poſtérieurs à ceux de l'adminiſtration , c'eſt l'adminiſtration qui eſt la ſeule coupable, parce qu'elle eſt ſeule la cauſe de tous les égaremens de ſes employés.

VAN MAGDEBOURG.

Vous avez raiſon : .... mais parce que mon voiſin veut ſe noyer , eſt-il dit que je doive me noyer auſſi ?

LE COSMOPOLITE.

Non. — Mais tout légiſlateur d'une adminiſtration politique , doit empêcher qu'aucun de ſes
citoyens puiſſe ſe noyer. — Si le gouvernement
eſpagnol avoit mis plus de prévoyance & plus de
réflexion dans ſes ſyſtêmes : . . . s'il avoit mieux
étudié ſes intérêts ; . . . ceux de ſa conſervation ; ...
celle de ſes peuples , il auroit expliqué ſa décadence par le propre examen de ſon adminiſtration ; & ſon adminiſtration , par celle de ſes rivaux. — En conſéquence , il ſe ſeroit convaincu ,
qu'il eſt une certaine portion de recettes dans
l'adminiſtration des finances , qu'il eſt auſſi imprudent que dangereux de vouloir la perpétuer
en régie , parce qu'elle offre trop de moyens aux
ſubalternes de frauder , de vexer ou d'abuſer un
miniſtère. — La partie des détails eſt incompa-
tible avec la haute police d'une adminiſtration : ...
un adminiſtrateur ne pouvant jamais deſcendre
dans les menus détails des régies qui la compo-
ſent , ni y obſerver cette inſpection journalière ,
telle que peuvent ſe la permettre des particuliers
chargés , en forme d'entrepriſe , de toutes les
menues recettes. — Une légiſlation bien raiſonnée , de deux maux évite le pire. — S'il eſt des
maux d'abſolue néceſſité dans la politique , il eſt
des maux auſſi d'abſolue néceſſité en ſyſtême
d'adminiſtration. — Ceux de la régie , de la portion que l'on appelle vulgairement fermes générales , ſont de cette nature ; leurs détails journaliers & compliqués rempliſſant le grand réſer-
voir des finances , & la déprédation en arrêtant
le cours. — Dans cette poſition , ... tous les
droits du prince qui ſont dépendans de cette portion , comme les douanes , les gabelles , le tabac , le papier marqué , les alcavales , les millons ,

les quatre droits additionnels, (ou les moulins à moudre, fi l'opération avoit lieu,) comme ils exigent une infpection journalière & fuivie de la part de l'adminiftration, ils ne peuvent l'être utilement que par une fociété réunie en ferme générale. — A défaut, un adminiftrateur forcé de s'en rapporter à des prépofés fubalternes, doit s'attendre à être conftamment trompé, (auffi cruellement que je l'ai démontré) ; ceux-ci trouvant mieux leurs avantages à abufer de la confiance de leurs fupérieurs, que de fe renfermer ou de fe reftreindre aux juftes falaires attachés à leurs régies ; … au lieu que les gérens pour leur compte, intéreffés au bon ordre & à la fidélité des régiffeurs, voyent tout par leurs yeux & par leurs mains, fe tranfportant fans ceffe de province en province ; & par des infpecteurs ambulans, attachés à la partie, ils vérifient fans ceffe caiffe & regiftres des comptables, de façon que tout au plus, les régiffeurs à peine ont-ils le temps de remplir leurs courans, — tandis que dans les fyftêmes de l'Efpagne, ceux-ci affez généralement éloignés de 100 à 150 lieues des regards d'un miniftre, ne comptent que tous les mois avec la fupériorité, & ne font furveillés que par des adminiftrateurs particuliers, qui font auffi fort intéreffés à accorder la rhubarbe, pourvu que l'on leur paffe le féné. . . .

Van Magdebourg.

Il eft conftant que le peu de prévoyance de l'Efpagne, fait fon mal & celui de fes peuples.— Mais ce défaut de bon principe ne détruit pas, que fi les douaniers, les viftes, les magafiniers, les gardes &c. étoient plus honnêtes gens qu'ils ne le font, qu'il n'y auroit point tant d'abus, tant de fraudes, tant de péculat dans fes régies : …

d'où il faut conclure que ces mauvais penchans
font dans le cœur de la nation : — Par conféquent, c'eft la nation qui eft viciée.

LE COSMOPOLITE.

Dites le gouvernement. — Les fujets font toujours ce que les Rois veulent qu'ils foient. —
L'Efpagne auroit les fiens honnêtes, appliqués,
laborieux, fi elle les encourageoit au travail, &
fi elle leur évitoit les occafions de mal-faire. —
Les encouragemens au travail ne peuvent être
plus fimples : ... Mr. de Pelliffery vous les fait
appercevoir dans la manière d'éteindre les rentes
provinciales, d'en foulager les peuples, fans affoiblir les recettes publiques. — Le moyen de leur
faire éviter les occafions de mal-faire, fe trouvera
dans le redreffement des tarifs, qui donneroit
une forme plus claire & moins abufive à l'appréciation & perception des droits de douane, &
qui rangeroit les monnoies de l'état à la parité
de celles de fes voifins : — 4ᵉ façon de frauder. — Si les viftes, fi les gardes-magafins, porte-
faix & gardes volent les finances de l'état, ...
il eft certains douaniers ou chefs des départemens
de certaines villes maritimes, qui ne font ni plus
délicats ni moins intègres. — Le crime de péculat régne dans toute l'adminiftration fubalterne;
& certains chefs des douanes frontières & villes
maritimes, font plus grecs dans cette partie que
le fameux Sinon de Virgile. — Du moment qu'un
des dits adminiftrateurs eft entré en exercice dans
quelqu'un des bureaux de douane des villes maritimes, frontières, il commence par faire le
chien couchant auprès du miniftère, en lui infpirant des méfiances fur le compte de tous les employés de fon département, afin que s'il arrivoit un
jour que quelques-uns de ceux-ci fe plaigniffent

de leurs supérieurs, celui-ci pût rappeller au ministre qu'il l'avoit prévenu dans le temps que les subalternes ne faisoient pas leurs devoirs ; & qu'en ayant voulu les y assujettir, il s'en étoit fait des ennemis, raison pour laquelle ils se plaignoient de lui auprès de la supériorité. — Avec ces ruses d'attente, Mrs. les douaniers se livrent sans crainte au plus horrible des péculats, abusant des deniers de leurs recettes, & faisant servir les propres fonds du prince à la ruine de la monarchie.— A cet effet, les monnoies de l'Espagne gagnant 6, 8 & 9 pour 100 à être exportées dans l'étranger, . . . les douaniers des villes frontières maritimes, de compte à demi avec un protégé ou un apadrinado, (qu'ils appellent,) font sortir dans des caisses bien fermées des milliers de piastres, sans que le gouvernement puisse s'en appercevoir ; l'apadriné seul, dans les bureaux des douanes, paroissant embarquer pour son compte lesdites caisses, comme contenant des fruits du pays, du tabac ou du chocolat ; & le douanier, pour favoriser son protégé, lui accorde officieusement une guie de grace, par la protection de laquelle guie, rien ne se vérifie aux bureaux de sortie, & tout s'embarque avec sûreté. — Ce maquignonage s'exerce très - heureusement & plus particulièrement que nulle part à Barcelone, à Mataron, à St. Phelippe, à Palamos & à Roze, avec la ville de Gênes, y ayant cent petits bâtimens de cette nation & des Catalans même, qui chargent sans cesse dans ces ports des vins & des eaux-de-vie pour cette ville ; & sur lesquels bâtimens, l'apadriné embarque, (de la façon que nous l'avons dit,) 4, 5 & 6 mille piastres par bâtiment. — La France profite bien un peu de ce brocantage, mais Gênes l'emporte de 19 par 20 sur elle :

cette ville pouvant fournir des millions & des millions de remifes en papier fur l'Efpagne, ce que ne peuvent point faire les places de commerce de Marfeille & du Languedoc :... & comme du moment de l'arrivée des piaftres à Gênes, le correfpondant eft obligé de remettre en papier à l'apadriné de Barcelone la contre-valeur de ce qu'il a reçu, Mrs. les douaniers de cette ville préferent de faire affaire avec Gênes plutôt qu'avec la France, très-affurés que dans 20 ou 30 jours au plus, ils toucheront par le courier les retours de leurs envois, ce qu'ils ne pourroient pas fe promettre avec les villes de Marfeille & de Montpellier.

Van Magdebourg.

Il n'eft pas furprenant, après de telles déprédations, que l'Efpagne foit fi mal argentée, malgré les immenfes tréfors qu'elle a retiré de fes Amériques.

Milord Spiteal.

Les concuffions & les voleries ne finiffent point en Efpagne : de l'adminiftration à la juftice, tous les fujets fe prêtent la main ; un alcalde, un régidor vexant fes citoyens avec autant de tyrannie & d'impunité que les douaniers de Barcelone volent ouvertement leur prince. — Généralement tous les fouverains font mal récompenfés de leur confiance :.... par tout ils ne rencontrent que des ingrats ;.... mais en Efpagne l'outrage eft plus fanglant, les régiffeurs, les employés, les chefs de la juftice facrifiant à une lâche cupidité la gloire, la réputation, l'autorité de leurs fouverains. — Sans tous ces relâchemens & tous ces crimes, je fuis perfuadé que l'Efpagne jouiroit du double de fes revenus.

LE COSMOPOLITE.

Je fuis bien de votre fentiment. — Toutefois ces chofes n'arriveroient point, fi les pères confcrits de l'adminiftration étoient des hommes ; s'ils étoient plus inftruits, plus éclairés qu'ils ne le font, s'ils vouloient généralement plus s'appliquer. — Mais l'habitude, mais la pareffe, mais l'irréfolution expliquant tous leurs doutes, les chofes fe perpétuent de vice en vice, de génération en génération, & l'adminiftration fe dévore fans ceffe par fes mauvais principes. — Pour mettre fin à tous les moyens actuels des régiffeurs de frauder & d'abufer de la confiance du miniftère, les adminiftrateurs de l'Efpagne devroient redreffer les appréciations de leurs tarifs, & établir plus de parité dans le denier de fin des monnoies de l'état vis-à-vis de celles de fes voifins. — Ces deux prévoyances arrêteroient beaucoup la dofe des préjudices ; & les employés, plus gênés dans leurs moyens de méfufer de leurs régies, n'auroient plus la même facilité d'exercer auffi librement qu'ils le font aujourd'hui, toutes les rufes, tous les ftratagêmes qui favorifent leurs fripponneries. — L'Efpagne feroit bien mieux fervie. — Mr. de Pelliffery a très-bien donné à entendre ces deux opérations au miniftère, dans fon mémoire du 17 Février 1769, en addition à celui de fon établiffement pour une banque royale.

VAN MAGDEBOURG.

Il faut que Mr. de Pelliffery foit un furieux obfervateur, pour s'être tant occupé des intérêts des diverfes nations.

LE COSMOPOLITE.

Un homme fage s'occupe de tout ce qui peut être à l'avantage de fon femblable. — Mr. de Pelliffery, dans tous les pays où il a voyagé,

s'eſt appliqué d'y approfondir les intérêts des peuples chez qui il s'eſt trouvé ;.... de connoître
quelles étoient leurs conſtitutions, leurs ſyſtêmes
d'état, l'eſprit de leur gouvernement ; ... quels
étoient les avantages ou les déſavantages de leurs
poſitions locales, celles de leur commerce, de
leur induſtrie & de leur agriculture. — En conſéquence, ayant fait un ſéjour de huit à neuf ans
en Eſpagne, il a étudié avec beaucoup d'attention la conſtitution de cette monarchie, la marche de ſes intérêts, les avantages & les déſavantages de ſes ſyſtêmes. — En France, il s'eſt
occupé de ceux de la France ; & je lui ai ouï
dire pluſieurs fois que s'il étoit miniſtre en Eſpagne, dans dix ans, il voudroit en doubler tous
les intérêts, tous les revenus, toutes les richeſſes ; que s'il étoit miniſtre de l'Angleterre, dans
dix ans il voudroit être le maître de la navigation & des trois quarts du commerce maritime
de l'Europe ; — que s'il étoit miniſtre de la
France, il voudroit dans cinq ans en doubler
toutes ſes richeſſes, tous ſes commerces, tous
ſes intérêts, augmenter conſidérablement ſes poſſeſſions, diminuer de près de la moitié les impoſitions de l'état, en lui conſervant toujours ſes
mêmes recettes ;.... ruiner l'Angleterre & la
Hollande dans tous leurs intérêts maritimes, &
élever à un tel degré de ſupériorité la puiſſance
de la France, qu'elle s'établiroit pour toujours,
dans le monde politique, l'amie & la protectrice
de toutes les nations civiliſées.

Milord Spiteal.

Il ſeroit très - avantageux, pour tous les gouvernemens politiques, que tous les citoyens qui
ſe dédient aux charges de l'adminiſtration d'une
nation, euſſent eu la précaution de ſe meubler

l'esprit auparavant de toutes les observations aux-
quelles s'est appliqué votre Mr. de Pellissery. —
Les hommes en seroient bien plus heureux, &
les administrateurs bien plus éclairés & bien plus
sages.

Van Magdebourg.

Mes amis, ainsi va le monde : … ce sont les
chevaux qui courent les bénéfices, & ce sont les
ânes le plus souvent qui les possédent. — En fait
d'administration, c'est à-peu-près la même chose : … la cabale choisit les ministres : …. les
peuples pâtissent des fautes d'un gouvernement,
& les gens en place sont les seuls à couvert des
vicissitudes publiques. — Ce malheur a toujours
existé & existera toujours : … il faut céder à la
nécessité : — ainsi le veut la fortune ennemie,…
dit Mitridate dans Racine.

Milord Spiteal.

Quels étoient les moyens dont Mr. de Pellissery desiroit que l'Espagne fit usage, pour arrêter
les fraudes exercées dans ses bureaux des douanes
& pour les émigrations de ses monnoies ?

Le Cosmopolite.

Deux moyens bien simples. — Pour les droits
des douanes, … celui de simplifier tous ses tarifs
& de les établir sur des appréciations plus briè-
ves & plus intactes. — Pour les monnoies de
l'état, …. de les remonter à l'appréciation de
celles de ses tarifs & dans le même denier de fin
que celles de ses voisins.

Van Magdebourg.

Est-ce qu'en Espagne les monnoies de l'état
ne font pas les mêmes dans les comptes de l'administration & du commerce, que celles qui ont
cours dans la circulation publique ?

Le Cosmopolite.

Non certainement, elles ne font pas les mêmes. — Vous avez en Efpagne une infinité de monnoies idéales des plus extravagantes, depuis le maravedis de veillon jufqu'à la piaftre forte, feule monnoie réelle.

Milord Spiteal.

Qu'eft-ce que c'eft qu'un maravedis?

Le Cosmopolite.

Le maravedis eft une monnoie arabe, prefque idéale aujourd'hui, qui équivaut à un denier de France. — Tous les tarifs, toutes les écritures ou aĉtes publics, toutes les opérations du commerce ne fe font en Efpagne qu'en maravedis ou autres monnoies idéales, fe compofant toujours par le maravedis. — Vous avez le maravedis de veillon, ... le réal de veillon, ... le réal de platte de 16 quarts, ... la piaftre de huit réaux de 16 quarts, ... de huit réaux moins un maravedis, ... le ducat de change, ... le ducat en marchandife, ... la piftole de change &c. — Toutes ces monnoies font idéales, auffi défavantageufes au commerce, que nuifibles à l'agriculture & à l'induftrie ; .... fautives & abufives pour les impofitions. — Mr. de Pelliffery a expliqué tous ces défavantages, en prouvant au cabinet de l'Efpagne que ce font les erreurs de fes fyftêmes qui perpétuent le découragement, l'oifiveté & la pareffe de fes fujets ; — en conféquence, qu'il faut les changer. — A cet effet, puifque les tarifs aĉtuels des bureaux des douanes font confus & défavantageux à toutes les régies ; qu'ils favorifent la fraude & la confommation de l'induftrie étrangère ; qu'il faut les redreffer. — Dans ce deffein, fans rien innover qui puiffe renverfer l'ordre des traités avec les nations maritimes ; ... fans prati-

quer aucune opération douteufe ; — fans ren-
cherir fur la dofe des défavantages , ... il faut
remonter les tarifs dans leurs appréciations ,
les rendre plus claires, plus briéves & plus pré-
cifes , foit pour le tant pour 100 des droits qui
doivent être payés comme pour la vérification
des aunages,... fans être continuellement obligé
de chercher l'une & l'autre opération par des
nombres fixes de 2930, 2880, 2500 &c. & finir
après par des divifions & des redivifions qui ne
font que des grimoires en pure perte pour l'adminiftration.

Van Magdebourg.

Mr. de Pelliffery ne propofoit pas une petite
befogne : — confidérez l'échelle qu'il falloit dé-
monter & remonter ?

Le Cosmopolite.

Qu'importe l'échelle !... d'ailleurs elle reftoit
affez généralement la même :... ce n'étoit que
les appréciations feules qu'il falloit redreffer ; —
c'eft-à-dire,... qu'au lieu de 10 pour 100 de droit
fur une aune de mouffeline , eftimée à 100 fols
qui doivent être cherchés par une multiplication
de 2895 & par deux divifions de 68 & 34, ...
que vos tarifs difent rondement 10 fols par aune
ou un réal de platte par aune.

Van Magdebourg.

Mais pour les marchandifes , dont les tarifs
n'expliquent pas les droits fuivant leurs qualités,
ou s'ils les expliquent ; ... qu'ils peuvent laiffer
des équivoques en pour & en contre entre l'adminiftration & le contribuable :.... comment
arranger cela ?

Le Cosmopolite.

Rien de plus facile. — Ces fortes de marchandifes , ... ou les marchandifes qui feroient fufcep-

tibles de diftinction de qualités, on les réunit en bloc, & l'on ne fait qu'un prix réuni pour toutes les qualités. — On arrête ce prix fur la proportion de celui de toutes les qualités calculées féparément, & rapprochées dans une feule & unique appréciation.

Van Magdebourg.

Je fens cela : — mais le négociant peut être fruftré dans cette façon de percevoir des droits, fa marchandife pouvant être inférieure au prix du tarif. . . . .

Le Cosmopolite.

Ce fera un petit malheur : par contre il fera favorifé, fi elle eft fupérieure audit prix. — Ainfi ces viciffitudes particulières & de mifère, ne peuvent point occuper une adminiftration générale, ni l'engager de perpétuer des méthodes qui gênent fes intérêts. — La régie & perception quelconque de tout droit de douane, veut être claire, brième & précife. . . .

Milord Spiteal.

Hé ! fous quelle dénomination de monnoie, Mr. de Pelliffery vouloit remonter les tarifs de l'Efpagne ?

Le Cosmopolite.

Sous une dénomination qui feroit devenue réelle après l'opération, & qui auroit laiffé des avantages très-confidérables dans les dépenfes.— Les regiftres du département des finances en Efpagne, font tenus en réaux de veillon & écus de veillon. — En conféquence, Mr. de Pelliffery vouloit que tous les tarifs des douanes fuffent appréciés en écus de veillon, & que tous les droits fe payaffent fous cette dénomination & taxation.

Van Magdebourg.

Mais comment arranger cette taxation dans une monnoie idéale qui offre mille rompus ?

LE COSMOPOLITE.

1°. Cette monnoie n'étoit idéale que dans ce moment, & devoit devenir réelle par l'opération qui devoit établir les monnoies de l'Espagne à la parité de celles de ses voisins. — 2°. De rompus, il ne pouvoit y en avoir, en divisant l'écu de veillon en douze parties égales. — En conséquence, une aune de drap d'Elbeuf, estimée 3 piastres la vare & qui doit payer 10 pour 100 de droit, — au lieu de faire une multiplication de 2890 ou de 2680, & deux divisions de 68 & 34 pour ces 10 pour 100 : — le tarif dira précisément 4 douzième $\frac{1}{2}$ d'écus de veillon par vare, parce que 3 piastres, par exemple, font 45 réaux de veillon ou 4 écus $\frac{1}{12}$ de veillon d'aujourd'hui, & que 10 pour 100 sur 45 font bien 4 douzième $\frac{1}{2}$ d'écus de veillon à venir.

VAN MAGDEBOURG.

Pas tout-à-fait, mon cher Cosmopolite : — il y a 1 sixième de trop sur la demi ; & sur une quantité de vares, la chose fait un objet.

LE COSMOPOLITE.

Cela peut être vrai : . . . . mais ces sortes de rompus doivent toujours tomber à l'avantage d'une administration. — Vous voyez que cette façon de redresser une régie ; . . . d'en écarter les moyens de fraude & de tricherie, n'est pas bien dangereuse ni convulsive.

ST. ALBIN.

Non certainement : — on ne peut admettre plus de simplicité ni plus de clarté dans un objet de cette importance.

MILORD SPITEAL.

Hé ! dites encor plus de bien public : . . . car toutes les friponneries qui se font dans toutes les régies de l'Espagne, font le mal de tous les citoyens.

LE COSMOPOLITE.

Il devroit en être de même pour les monnoies de l'état, cette partie précieuse étant dans un abandon & une négligence qui sentencie tous les systêmes de l'Espagne. . . . Qui le croiroit jamais que l'Espagne, riche en matière d'or & d'argent avant la découverte de l'Amérique, fût plus pauvre aujourd'hui que sous Ferdinand & Isabelle ! ... malgré qu'elle ait retiré de ses Amériques en 277 ans (*a*) 14,000 millions & plus de piastres fortes de 100 st. qui forment un capital de 70 milliards de liv. de France : .. personne ne croira cette vérité.— Cependant le fait n'est que trop certain ; & il est très - réel aussi, nonobstant toutes ses immenses richesses, que l'Espagne ne seroit pas en situation de pouvoir réaliser dans ce moment, dans sa métropole, pour trois milliards de liv. de France de numéraire, en monnoie, vaisselle, bijoux ou matière d'or & d'argent. — Mr. de Pellissery le fait très-bien appercevoir à ce gouvernement dans son mémoire du 17 Février 1769. — En parlant des préjudices que cause à l'état & au commerce la cherté des changes sur l'étranger, occasionnée par la désertion des monnoies, — il dit : « de » ces deux préjudices, il en dérive un troisième » qui est le ver rongeur de l'état, auquel le gou- » vernement n'a pas fait attention, parce que » ses progrès sont cachés, lents & insensibles ; » & dont la force du mal ne peut s'appercevoir » que dans celui qu'entraîne toujours le désor- » dre, ... ou par le secours des combinaisons » publiques. » — En effet est-il rien de plus défavantageux

---

(*a*) Depuis 1492 jusqu'en 1769, 14,281 millions.

favantageux pour une nation relative, que la défertion des monnoies de l'état ?

V a n   M a g d e b o u r g.

Mon cher ami, il eft bien difficile à une nation qui doit, & qui n'a pas fuffifamment à donner des denrées en contre - valeur de ce qu'elle
reçoit, ... de ne pas fe folder avec les monnoies
de l'état : — la chofe me paroît impoffible.

L e   C o s m o p o l i t e.

1°. Pourquoi recevoir plus de fon voifin, que
l'on ne peut lui donner en compenfation ? — 2°.
Pourquoi conferver des monnoies plus riches que
celles de ces mêmes voifins, fi vous êtes dans la
malheureufe néceffité de leur en donner : toutes
vos obfervations confirment ce que je vous ai
toujours dit : ... que c'eft le mauvais ton du gouvernement de l'Efpagne qui a entraîné la décadence de la nation, & non les penchans des fujets
à l'oifiveté, qui a occafionné celle du gouvernement. — Mr. de Pelliffery dit très-judicieufement
dans ce même mémoire : « fi les perfonnes char-
» gées de veiller à la confervation & à l'amélio-
» ration du commerce de l'Efpagne, avoient
» été des gens éclairés dans cette partie, depuis
» un fiècle feulement, elles auroient apperçus, ...
» que la façon malheureufe dont l'Efpagne fol-
» doit fes commerces avec les nations étrangè-
» res, pouvoit avoir un adouciffant ; & qu'une
» fois que les monnoies de l'état devoient rem-
» plir le vuide des denrées du pays, contre la
» balance des effets reçus, ... ces dites monnoies
» extraites de l'Efpagne donnant 6 & 8 pour
» 100 de bénéfice à ces mêmes étrangers, ... le
» miniftère pouvoit très-bien fe les approprier,

» & faire entrer ce bénéfice en déduction du
» folde de fes commerces avec les nations étran-
» gères. »

Van Magdebourg.

Je ne crois pas que ce bénéfice eut été d'un
bien grand avantage.

Le Cosmopolite.

D'un très-grand avantage. — Savez-vous que
l'Efpagne refte débitrice au commerce étranger
de plus de 70 millions de piaftres ? — Entendez
Mr. de Pelliffery dans fon mémoire de 1769 : —
voyez ce qu'il en dit & les preuves qu'il en donne.
« Cette couronne, (dit-il,) avec une vafte éten-
» due de côtes maritimes en Europe & en Amé-
» rique, n'a qu'un commerce très-limité avec fa
» propre navigation & chez les nations étrangè-
» res : on auroit de la peine dans les divers ports
» de France, d'Angleterre, d'Hollande, d'Italie,
» de Suede, de Dannemarc, Hambourg, Dantzic
» & le refte de la Baltique, d'y compter 50
» bâtimens d'un très-petit port : l'on n'en compte
» guère plus dans celui de l'Amérique, deforte
» que l'Efpagne, avec 6 à 7 mille lieues de côtes
» maritimes en Europe & en Amérique, occupe
» au plus de 100 à 150 bâtimens à fon commerce
» en long cours, dont la valeur aux trois quarts
» n'eft compofée que des articles d'induftrie que
» les nations étrangères apportent chez elle. —
» Ces articles font les 11 douzième des effets
» œuvrés, fabriqués ou recueillis chez ces dites
» nations, comme foiries & dorures de toute
» qualité;... toileries, lainages, chapelerie,
» bas, papiers, épiceries, quincailleries, cryf-
» taux & glaces;... fer, acier, plomb & étain:...

» planches, duelles, folives, poutres, bois de
» charpente & de conftruction ; cordages, chan-
» vre & lin ; — goudron, bré, fuif & réfine ; ...
» cire ; — viandes falées, poiffon falé ; ... beur-
» re, fromages, légumes fecs ; farine &c. dont
le total eft évalué :

    » Pour la France année commune de 48 à 50
» millions de piaftres courantes ci P. 48 millions.
    » Pour l'Angleterre de 30 à 35
» millions . . . . 30 idem.
    » Pour la Hollande , Flandre ,
» Suiffe, Suede , Dannemarc, Ham-
» bourg , Dantzic & golfe Baltique
» de 40 à 45 . . . . 40 idem.
    » Pour toute l'Allemagne , états
» d'Autriche , de Savoie , Naples ,
» & Sicile , Gênes & le refte de
» l'Italie de 15 à 20 millions ... (*a*) 15 idem.

    » Année commune en tout P. 133 millions.

» dont l'évidence fe trouve prouvée par la fup-
» putation de la propre confommation des fujets,
» établie dans la plus baffe proportion.
    » En 1762 il s'eft trouvé dans l'Efpagne euro-
» péenne 11,500,000 ames de population, ...
» que chacune de ces 11,500,000 ames confom-
» me l'année, des effets de l'induftrie ou du com-
» merce étranger : ... favoir

(*a*) Le départ des flottes pour le Mexique, regle le plus
ou le moins de commerce de toutes ces nations avec l'Efpagne.

» Toilerie : : 5 vares toile, à 20 quarts feule-
    ment la vare. . . . Piaft. effect. 6,761,250:
» Lainages . . 3 vares à 4 réaux de platte effect. 13,800,000.
» Soiries . . . 3 dits à 6 réaux idem. . . . . . 20,700,000.
» Epicerie . . que chaque tête confomme par
    jour un maravedis d'épicerie (*b*)
    nous aurons 366 m. l'année. . . 2,783,823:
» Chapelerie. que la moitié de la population,
    foit en hommes, nous aurons
    5,750,000, & que le tiers de ces
    11,500,000, confomme l'année,
    en chapeau de fabrique étrangè-
    re, de 10 ₧. de pl. effect. ce fera 1,916,666.
Eventails & ⎱ que la moitié, idem foit en fem-
Mercerie . . ⎰ mes, & que la demi d'elles, con-
    fomment toutes les années pour
    10 ₧. effect. idem. 2,875,000:
Quincaillerie. fupputons la fans diftinction à 2
    ₧. de perte effect. par tête. . . . 2,300,000:
Papeterie. . . que l'Efpagne européenne con-
    fomme 400,000 rames de papier
    toutes les années à 15 ₧. de veil-
    lon la rame 300,000:
» Poiffon falé. que le tiers de l'année foit en
    jours d'abftinence, nous aurons
    122 jours, & que les 11,500,000
    ames confomment par tête 2 on-
    ces de poiffon falé, à 10 quarts
    la livre, nous aurons 5 marave-
    dis par jour & 9 réaux de platte
    effectif l'année 10,350,000:

           Piaftres effectives . . . 64,786,739.

que l'Amérique, déduit le poiffon falé, con-
    fomme la moitié de celle de l'Europe. . . 27,218,369:
Différence de la Piaftre effective à la Piaftre
    courante, environ. . . . . 30,368,336.

        En tout, Piaftres courantes . . 121,473,444:

» quotien à peu près égal à celui du commerce étranger,
» qui ne varie que par les articles que l'on n'a pu fupputer.

(*b*) Un denier un peu plus. La confommation eft plus
forte, par rapport à la forte confommation du chocolat.

» De cet examen, il nous reste l'évidence que
» le commerce de l'Espagne est passif dans ses 8
» dixièmes, soit en Europe, soit en Amérique. ...
» Par conséquent, il n'est pas étrange que cette
» partie salutaire, ne coopère en rien au salut
» de l'état ; & qu'au lieu de consolider les playes
» de la patrie, en versant utilement dans le sein
» des citoyens les 360 millions de piastres qui
» leur manquent toutes les années pour remplir
» leurs dépenses, elle ne leur apporte que de
» très-légers secours, qui loin de cicatriser au-
» cun des ulcères mères de leurs nécessités,
» n'applique que des appareils qui en perpétuent
» toujours les vices.

» Ces vices s'appercevront plus aisément, &
» dans toutes leurs énormités, par la façon dont
» l'Espagne s'acquitte avec le commerce étran-
» ger ; & cette couronne connoîtra sensiblement
» par ce calcul, ... que sa décadence, sa dépo-
» pulation, la perte de son industrie & de ses
» commerces, ne sont les effets que de ses pro-
» pres fautes, s'étant refusée à l'étude des moyens
» qui pouvoient seuls conserver la partie la plus
» absolue à une nation relative.

» Le commerce actif de l'Espagne avec les
» nations étrangères, gît tout dans ses seules
» denrées d'Europe & de l'Amérique ; ses arti-
» cles d'industrie, chers & limités, ne pouvant
» faire cause avec celles-ci par leur rareté, par
» leur cherté & par les sages réglemens de ses
» voisins, desorte que l'Espagne ne peut s'acquit-
» ter avec le commerce de ceux-ci, que par ses
» seules denrées d'Europe & de l'Amérique, qui
» sont supputées se monter année commune, ...
» pour celles de l'Amérique :

T 3

» Cochenille, 12 à 1500 furrons, à 1000 P.
　le furron. . . . . P. C. 1,500,000.
» Indigo, 800 à 1000 furrons, à 400 P. le furr.　400,000.
» Cuirs, de 25 à 30,000, à 5 P. la piéce. . .　150,000.
» Cacao, 4000 fanegues, à 40 P. la fanegue .　160,000.
» Vanille, laine de Vigonne, cuivre, drogue-
　rie &c. pour environ . . . . . .　2,000,000.
» Bois de Campêche & de teinture, environ
　20,000 quintaux, à 3 P. le quintal . . .　60,000.

　　　　　　　　　　Piaftres Courantes. 4,270,000.

　　　　　　Denrées d'Europe.

» Soies brutes & organfins pr. env. 4,000,000.
» Laines (*a*) pour environ . . . 6,000,000.
» Vins, eaux-de-vie, fruits & légum. 5,000,000.　} 25,000,000.
» Huile & blé (articles cafuels) . 2,000,000.
» Soudes, barilles, fel, courdo-
　nans, fparts &c. pour . . 8,000,000.

　　　　　　　　　Piaft. Cour. 29,270,000.
Et pour combler la mefure . . . . . 20,730,000.

　　　　　En tout Piaftres Courantes 50,000,000.

» de façon que l'Efpagne n'a un commerce actif
» avec les nations étrangères que de 50 millions
» de piaftres, ... tandis que celles-ci en ont un
» avec elle de 121 millions : — ce qui conftitue
» l'Efpagne débitrice de 71 millions de piaftres
» au moins.

　　　　M I L O R D　S P I T E A L.

Comment diable ! ... un vuide de cette force ! ...
mais la chofe ne fe peut pas : ... avec un déficit
auffi terrible, il ne devroit pas refter un maravedis phyfique à l'Efpagne. »

　　　　L E　C O S M O P O L I T E.

Auffi qui eft-ce qui a dévoré les 71 ou 72 milliards retirés de l'Amérique depuis 284 ans ? —

(*a*) Les droits de fortie fur les laines, ont produit jufqu'à 9 millions de réaux de veillon, 2,250,000 liv.

fi ce n'eft ce terrible vuide : ... d'ailleurs il ne faut pas croire que ces 70 millions s'acquittent tous en argent. — Il eft prouvé dans la circulation mercantile de l'Europe, que les anticipations en papier fur l'exportation & l'importation d'un commerce, faites par traites ou remifes, font toujours d'une groffe moitié dans toutes les opérations. — *Joignez à cette réalifation les valeurs* reçues en fruits, denrées, matières premières &c. — vous trouverez que le vuide de 70 millions du commerce de l'Efpagne fe réduit peut-être à un débours en argent de 8 à 10 millions de piaftres au plus.

Van Magdebourg.

Ce qui eft toujours un vuide très-deftructeur, & des plus confidérables dans la fpéculation politique.

Le Cosmopolite.

Dans peu nous verrons cela plus précifément:— fuivons Mr. de Pelliffery. — Dans le même mémoire dont je viens de citer un paffage, il dit encore : « le trop riche denier de fin des mon-
» noies d'or & d'argent de l'état, proportionné
» à la parité de celles des nations relatives, nour-
» rit le vice de ce préjudice, en ce que le denier
» des changes du commerce étant toujours réglé
» dans l'étranger par le produit de la monnoie
» y exportée, ... il s'enfuit que fi une piaftre
» forte, dont fon pair avec la France eft de
» 100 fols tournois, vient à fa décompofition à
» en produire 107 ou 108 ; ... celle en papier
» fur la France doit, (dans la même proportion,)
» repréfenter la même différence. »

Van Magdebourg.

Cette queftion eft inégale. — Mais allez faire entendre cela au cabinet de Madrid, lui qui a eu la mal-adreſſe d'établir un giro royal, où le Roi lui-même fait le commerce des monnoies de l'état en pays étranger.

LE COSMOPOLITE.

Mr. de Pelliſſery, dans ce même mémoire, releve bien cette lâche avarice du miniſtère de l'Eſpagne, en diſant : « l'Eſpagne ne ſeroit point » tyranniſée par tous ces préjudices, ſi elle vou- » loit refléchir ſur la nature de ſes maux. — » Mais prévenue de ſes coûtumes de trois cent » ans, fière de ſon ancienneté, elle mépriſe la » politique moderne ; — & les hommes des au- » tres nations, ne ſont point des hommes pour » elle. — Cette erreur groſſière groſſit les maux » de l'Eſpagne ; & le gouvernement, loin d'y » apporter du ſecours, en élargit tous les jours » les playes par des créations entièrement con- » traires au bien de ſes peuples.

» Celui de l'établiſſement du giro du Roi en » Eſpagne, en eſt un des plus dangereux & des » plus préjudiciables en matière d'état. — Auſſi » ne puis-je concevoir comme il a pu être fondé » par un célèbre miniſtre. — Quel préjudice peut- » être plus grave, pour un état relatif, que » celui de la perte de ſes monnoies ? — S'il n'y » a point de préjudice de les extraire, de les » perdre ou de les laiſſer ſortir, pourquoi punit- » on de mort les extraċteurs chez bien des na- » tions ? & pourquoi l'Eſpagne a-t-elle dans ſon » code des loix cette même ordonnance ? — » Cependant l'établiſſement du giro du Roi a été » fondé pour extraire les monnoies de l'état ; & » ce commerce procurant au fiſc royal 4 ou 5 » pour 100 de bénéfice libre, le miniſtère veut » ne point réfléchir que ſon exemple eſt ſuivi » du moindre de ſes ſujets ; — que la conſtante

» fortie des monnoies de l'Etat aggrave tous les
» befoins des peuples, déprécie tous les capi-
» taux, toutes les propriétés en terres & denrées
» de la nation ; ... que la population fe perd
» dans les pays défargentés ; ... que l'induftrie
» va s'établir chez les nations rivales : ... enfin
» que la décadence devenant générale, tous les
» refforts du gouvernement s'affoibliffent, & le
» corps politique d'une nation ne conferve plus
» aucune majefté ni aucune puiffance. »

MILORD SPITEAL.

Mr. de Pelliffery a très-grandement raifon : —
que l'on ôte ou que l'on refferre les repréfentans
de la circulation publique ; ... adieu la population ! — adieu l'induftrie ! — fans population,
plus de puiffance, *plus de commerce* ; & fans
repréfentans, plus d'induftrie.

VAN MAGDEBOURG.

Si l'on ôte au commerce fes repréfentans, plus
d'induftrie : ... le fait n'eft que trop certain ; ...
celui - ci n'ayant plus les moyens de payer fes
mercenaires, de fatisfaire à fon courant, à fes
fpéculations, il déferte ; & le pays qu'il fécondoit,
qu'il enrichiffoit, tombe dans la mifère.

LE COSMOPOLITE.

Voilà pourtant la fource de tous les maux &
la caufe phyfique de la décadence de l'Efpagne.—
Le gouvernement, en s'établiffant le premier négociant de fes états, le plus grand fpéculateur,
le plus riche cambifte, ... a forcé à l'oifiveté &
à la pareffe tous fes fujets. — Quel eft le citoyen
qui fera affez téméraire, (avec de telles maximes,)
de vouloir fe méfurer avec fon fouverain dans la
carrière du commerce ? ... quand l'un n'a que
des articles de concurrence à exporter, & l'autre *des articles privilégiés* ; — quand l'un n'a ni

frêt, ni douane, ni avarie, ni confulat, ni affu-
rance, ni change à payer, & que l'autre fupporte
toutes ces dépenfes, courtages, changes & re-
changes indifpenfables ; — quand l'un eft le maître du temps du départ de fes fpéculations, &
que l'autre eft forcé d'attendre le bon plaifir ou
la convenance de ce terrible concurrent : — d'un
côté pleine liberté & point de charge ; .... de
l'autre, charge, recharge, tyrannie, oppreffion,
defpotifme ; & de rien en rien, maître de fon
temps, de fes fpéculations, de fes idées de commerce : ... vous avouerez avec moi que ce ne
font pas là les vraies idées que doivent avoir des
légiflateurs ?

Van Magdebourg.

Vous penfez jufte, mon ami : — qui dit commerce, dit un état libre, une profeffion fans
contrainte, fans fujétions civiles ou militaires,
foumife feulement à des droits de convention,
de citoyens ou à des obligations locales ; ....
mais toujours libre dans fes propriétés, dans fes
fpéculations, dans fes entreprifes. — Si on gêne
le libre arbitre du commerce, l'arbitraire de fes
opérations, de fon travail, ... cette profeffion ne
fera plus une fcience, une étude, un devoir fuivi
pour tous les fujets : — elle reffemblera à mon
tourne-broche qui ne fait du bruit que quand ma
cuifinière me regale d'un morceau de rôti.

Le Cosmopolite.

C'eft pourtant là ce qu'a toujours fait & ce
que fait encore l'Efpagne. — Vous voyez donc
que ce ne font fûrement pas les mauvais penchans des fujets qui s'oppofent à la profpérité
de la nation, ... mais bien le gouvernement qui
s'oppofe à celle des fujets ? ... Donc les fujets
n'ont aucun tort vis - à - vis de l'autorité ,

s'ils ne veulent rien faire : — tous les torts font du côté de l'adminiftration. — C'eft pour les faire ceffer, & pour arrêter tous leurs préjudices, que Mr. de Pelliffery, après avoir repréfenté au cabinet de l'Efpagne, combien les rentes provinciales étoient défavantageufes à l'état ; combien l'adminiftration des douanes étoit nuifible au fifc royal ; combien les émigrations des monnoies étoient contraires aux opérations du commerce :... il propofe à ce même cabinet la façon d'éteindre les rentes provinciales, fans affoiblir les recettes de l'état ; ... celle de redreffer fon adminiftration des douanes, fans s'expofer à aucun inconvénient ; & enfin celle de conferver les monnoies de la nation, fans nuire aux opérations du commerce.

Van Magdebourg.

Prenez garde, mon cher Cofmopolite, vous allez toucher une terrible partie. — C'eft de la marche des monnoies d'une nation ; ... c'eft du cours de convention qui y eft attaché, que fe déterminent tous les intérêts utiles & politiques d'une monarchie.

Le Cosmopolite.

Je fais cela, & Mr. de Pelliffery l'a bien vu de même : ... car vous devez vous appercevoir, en voulant éclairer l'Efpagne fur fes défavantages, qu'il n'a pas commencé fes opérations par le redreffement des monnoies de l'état, mais bien par la marche de fes fyftêmes d'adminiftration & par les abus dans les recettes :... il a gardé celle-ci pour la dernière de toutes, & il a établi la rentrée des rentes provinciales & celles des droits de douane fur le taux & dénomination de fon redreffement. — En conféquence, la piaftre effective de l'Efpagne étant la monnoie déterminée de la nation ; & cette piaſtre dont la parité eſt celle de 100 ſols tournois de France, en étant décompoſée en France, produiſant de 108 à 109 ſ., Mr. de Pelliſſery dit à l'Eſpagne, augmentez votre piaſtre de 9 ſols. —

Van Magdebourg.

Si l'Eſpagne faiſoit cette opération, elle mettroit le déſordre & la confuſion dans le commerce.

Le Cosmopolite.

Point du tout : ... au contraire, plus de clarté dans les affaires. — Je vous ai déja dit que le commerce & les finances étoient aſſiégées en Eſpagne de mille diſtinctions de monnoies idéales, qui ſe terminoient pour les écritures du commerce au réal de platte de ſeize quarts, & que les écritures des finances ſont toutes en écus de veillon de 11 réaux de veillon. — En conſéquence, Mr. de Pelliſſery dit au cabinet de l'Eſpagne, puiſque tous les engagemens du commerce de vos ſujets ſont en réaux de platte de 16 quarts ; & que les écritures de vos finances ſont toutes en écus de veillon, ... pour ne cauſer aucune révolution, aucune nouveauté, aucun chiſme, ne conſervez dans le cours de vos monnoies réelles que ces deux dénominations. — A cet effet, au lieu de donner à votre monnoie réelle le nom de piaſtre forte, comme elle l'a aujourd'hui, donnez-lui à l'avenir celui de double écu de veillon ; & pour rapprocher ce double écu de veillon à la proportion de douze réaux de platte de 16 quarts ou 24 réaux de veillon de 8 quarts, ... diminuez votre réal actuel de veillon d'un demi quart, & augmentez votre écu de veillon de 2 quarts & demi, ce qui l'établira à 96 quarts, au lieu de 93½ qu'il vaut aujourd'hui ;

& votre piaſtre forte, (dorénavant appellée double écu de veillon,) au lieu de 170 quarts d'au‑
jourd'hui, repréſentera à l'avenir 192 quarts ou
12 réaux de platte de 16 quarts.

Van Magdebourg.

Mon ami, cette opération paroît ſimple dans
le raiſonnement, mais elle eſt déſavantageuſe dans
la pratique. — 1°. Vous augmentez votre écu idéal
de veillon de 2 quarts & demi, en voulant le
rendre réel; ... ce qui fait près de 3 pour 100.—
2°. Vous voulez dorénavant que la demi piaſtre
forte de 85 quarts, repréſente à l'avenir votre
écu réel de veillon qui en vaudra 96 ; ... & en
conféquence, vous l'augmentez de 11 quarts ou
de 13 à 14 pour 100 : ... ſavez-vous que voilà
une furieuſe augmentation ? ...

Le Cosmopolite.

Doucement, ... entendons-nous & dans peu
vous verrez que cette augmentation n'eſt pas auſſi
furieuſe & auſſi déplacée que vous le penſez : ...
n'avez-vous jamais tiré à droiture des piaſtres de
l'Eſpagne ?

Van Magdebourg.

Pardonnez-moi : ... qu'a de commun ce fait
avec ce que nous diſons ?

Le Cosmopolite.

Vous allez le voir : comment les avez-vous
raiſonnées ? ...

Van Magdebourg.

Différemment : ... c'eſt le prix du change qui
a fait mon gain.

Le Cosmopolite.

Laiſſons le change & toutes les autres ſequel-
les de dépenſes. — Une piaſtre forte pour combien
la troqueriez-vous monnoie d'Hollande ?

Van Magdebourg.

J'en ai vendu à divers prix depuis 53 , 54 jufqu'à 55 fols pour une piaftre.

St. Albin.

En France , les changes du Roi & toutes les cours des monnoies les prennent à 106 fols : — le commerce de 108 à 109 & quelquefois à 110 f.

Le Cosmopolite.

Donc , fi la piaftre forte d'Efpagne, décompofée en France ou en Hollande , donne à fon propriétaire 6 , 8 & 9 fols de bénéfice, elle vaut 6 , 8 & 9 fols de plus qu'elle n'a cours en Efpagne. — Avec cette évidence incontestable , le miniftère de l'Efpagne ne commettra jamais aucune injuftice, quand il augmentera le cours des monnoies de l'état à cette dernière parité. — En conféquence , 9 fols de France étant repréfentés en Efpagne par 15 quarts & demi ou feize quarts effectifs , il exifte que la piaftre forte contient intrinféquement 16 quarts de plus en valeur qu'elle n'a cours. —

Van Magdebourg.

Je veux vous accorder cette obfervation qui eft jufte. — Mais pour arriver aux 22 quarts qu'il vous faudra pour completter les 192 que vos piaftres fortes doivent repréfenter à l'avenir pour faire deux écus de veillon : ... où prendrez-vous les 6 quarts qui vous manquent ?

Le Cosmopolite.

Dans la même monnoie, qui eft trop riche depuis le billon jufqu'à la piaftre forte. — Mais fans toucher à cette même monnoie de billon , & lui confervant toujours fa dénomination de quart : — Mr. de Pelliffery en établit une plus grande quantité pour repréfenter une piaftre forte.

VAN MAGDEBOURG.

Vous avez raison : — mais vos 22 quarts ne font pas tous trouvés pour cela ?

LE COSMOPOLITE.

Pardonnez-moi. — Suivez-moi bien : ... par l'augmentation du produit de la piastre forte en France ou en Hollande, nous avons gagné 16 quarts. . . . .

VAN MAGDEBOURG.

Oui : ... reste 6 quarts à chercher.

LE COSMOPOLITE.

Ils font trouvés avec avantage. —

VAN MAGDEBOURG.

Voyons.

LE COSMOPOLITE.

Vous allez le voir : ... le réal de veillon effectif vaut actuellement huit quarts & demi.

VAN MAGDEBOURG.

Oui.

LE COSMOPOLITE.

Par l'opération, Mr. de Pellissery le réduit à 8 quarts : ... voilà un demi quart de gagné.

VAN MAGDEBOURG.

Très-bien.

LE COSMOPOLITE.

La piastre forte se compose aujourd'hui de 20 réaux de veillon de 8 quarts & demi : en réduisant le réal de veillon à 8 quarts, le ministère économise 10 quarts par piastre forte pour son augmentation : — 10 quarts joints aux 16 d'intrinseque de plus, que nous avons trouvé par piastre forte, vous donnent 26 quarts ; — l'opération n'en ayant besoin que de 22, elle laisse encore les monnoies de l'état plus riches de quatre quarts, que toutes celles des nations relatives en liaison avec l'Espagne.

M i l o r d S p i t e a l.

Cet arrangement en bouche ou fur le papier, ne fouffre pas le moindre inconvénient. — Mais le commerce : ... mais les engagemens particuliers : ... les contrats, les billets, les lettres de change s'accommoderont-ils de cette révolution ?

L e C o s m o p o l i t e.

Cette révolution n'innove rien dans le droit écrit des fujets, ni dans la balance économique de la légiflation, ... qui eft ce qu'il faut toujours obferver dans ces fortes d'opérations, quelques abfolues qu'elles puiffent être. — Mr. de Pelliffery s'y eft conformé très - rigoureufement. — Auffi voit-on dans toutes fes hypothèfes, combien il s'eft appliqué de prévenir route efpèce de confufion, de froiffement ou de choc dans la circulation civile & politique du gouvernement, en faifant légitimer par l'autorité le réal de platte idéal de 16 quarts du commerce, afin de conferver conftamment à ceux-ci, (dans les nouvelles dénominations des monnoies,) la valeur réelle & repréfentative de fes engagemens. — Par cette précaution, il avoit prévu & arrêté toutes les conteftations nées ou à naître : .... feulement il s'enfuivoit la feule différence pour les créanciers, qu'ils auroient moins reçus de matières repréfentatives, en recevant toutefois la même valeur de numéraire de leurs crédits.

S t. A l b i n.

La marche de cette opération me paroît bien conçue : — refte à favoir, fi de la théorie à la pratique, il ne fe feroit point rencontré quelque empêchement phyfique, plus défavantageux en lui-même, que le préjudice que peut éprouver actuellement l'Efpagne dans les émigrations continuelles de fes monnoies ?

L e

LE COSMOPOLITE.

Il ne pouvoit en réfulter aucun préjudice, ...
fi ce n'eft l'impuiffance où l'on mettoit le commerce étranger, de n'être plus le vampire d'une
nation qu'il épuifoit depuis plufieurs fiècles.

VAN MAGDEBOURG.

Cette opération fe feroit-elle étendue jufques
dans l'Amérique ?

LE COSMOPOLITE.

Certainement. — La piaftre forte qui n'a cours
dans le nouveau - Monde que pour 8 réaux de
platte effectifs de 22 quarts, devoit y en repréfenter 10 de 17 quarts.

VAN MAGDEBOURG.

Mais vous arrétiez par là l'importation en Europe des matières d'or & d'argent de l'Amérique.

LE COSMOPOLITE.

Point du tout, ... elle fe feroit faite plus abondamment que par le paffé : — 1°. parce qu'il
reftoit encore 22 quarts de profit par piaftre
forte, qui vous donnent de 13 à 14 pour 100 de
bénéfice : — 2°. parce que le commerce de l'Europe avec l'Amérique devoit être rendu libre
après l'opération ; qu'il n'y auroit plus eu de
droit d'indulte à payer ; & que l'opération & la
liberté du commerce auroit ruiné tous les interlopes des Anglois & des Hollandois, qui font
les grands ecornifleurs des matières de l'Amérique. — Par conféquent, avec moins de liberté
& moins d'entraves, il feroit arrivé une plus
grande quantité de matières d'or & d'argent dans
la métropole.

MILORD SPITEAL.

Mon ami, les Anglois fe moquent de tous les
réglemens & de tous les gardes - côtes de l'Efpagne. — Ils vont où ils trouvent du profit ; &

ils en trouveront toujours dans l'Amérique espagnole, parce que leur navigation est de 30 pour
1 meilleur marché que celle de l'Espagne.....
Une livre de canelle pour l'Amérique paye un
denier sterlin de frêt chez nous : ... en Espagne
l'on parle de 3 à 4 piastres. ——

LE COSMOPOLITE.

Cela est vrai, ... mais quand tout sera rap-
proché en Espagne à la même parité que chez
vous ; ... que les frêts d'entrée en Amérique seront presque pour rien ; ... que les matières d'or
& d'argent ne donneront plus comme par le passé
33 pour 100 de bénéfice rubis sur l'ongle, ... que
ferez-vous avec vos interlopes ? — Est-ce 5 & 6 p.
100 de bénéfice sur ces retraits qui engageront vos
négocians à risquer leurs effets en Amérique ,
exposés à tous les instans de les voir confisquer,
vaisseaux & cargaisons.

VAN MAGDEBOURG.

Ma foi, il est constant, si l'on ôtoit les bénéfices des matières d'or & d'argent dans les retraits
du commerce en interlope avec l'Amérique, que
ce commerce tomberoit absolument ; ... y ayant
trop de perte de temps, trop de risques à passer,
pour pouvoir réaliser en fruits ou en marchandise
du pays les retraits d'un tel commerce.

LE COSMOPOLITE.

Vous convenez donc, que c'est le seul bénéfice de 33 pour 100 (a) sur les matières d'or &
d'argent de l'Amérique, qui excite le commerce
clandestin de l'Angleterre & de la Hollande dans
les colonies espagnoles. —— Que le gouvernement
supprime ce bénéfice ; ... qu'il en fasse jouir ses

(a) Ces 33 pour 100 sont d'entrée à Cadix ; car si c'est
pour Londres ou Amsterdam il y en aura 40.

fujets du nouveau - Monde ; .... qu'il ouvre au commerce direct de la nation tous les ports de l'Amérique par une navigation auſſi à bon compte que la vôtre ? ... que feront vos vaiſſeaux contre-bandiers ? — iront-ils aborder des pays pourvus abondamment de tout, alimentés de tout, & à tous les inſtans ſurveillés par les propres indivi-dus du commerce, qui auront intérêt alors de vous deſſervir, plutôt que de vous favoriſer. ? — C'eſt la dernière des erreurs, des abſurdités, des démences, que de s'entêter à vouloir continuer des ſyſtêmes de commerce qui laiſſent conſtam-ment à des voiſins actifs 33 pour 100 de profit ſur des retours, ſans les bénéfices de l'impor-tation.

VAN MAGDEBOURG.

Mon cher ami, l'ignorance & l'intérêt cauſent toutes les erreurs du cabinet de l'Eſpagne ; & de l'une & de l'autre erreur, ſe perpétue l'impuiſ-fance du miniſtère de pouvoir changer la marche de ſes ſyſtêmes de commerce. ....

1°.Parce que le Roi, en Eſpagne, a ſon fermier iſolé de croupiers & de toute reſſource.

2°. Parce que le Roi eſt le premier négociant de ſes états, ... s'étant approprié le commerce de l'argent-vif, des cartes & cartons, des liqueurs, des eaux-de-vie, du plomb geboyé &c.

3°. Parce que le Roi affréte ſes vaiſſeaux au commerce par le ſyſtême actuel ; ... ce qui ne pourroit plus avoir lieu avec la liberté.

4°. Parce que le ſixième au moins des revenus de l'Eſpagne eſt fondé ſur les produits du commer-ce du roi; ... ſur les indultes de 9 pour 100, ſur les matières d'or & d'argent; ... ſur les 4 ou 4 $\frac{1}{2}$ pour 100 de frêt ſur ces mêmes matières & ſur les nolis exhorbitans des cochenilles, vanilles &c.—

De sorte que si le cabinet de l'Espagne aujour-d'hui pour demain renverfoit son fyftême actuel de commerce, ... que l'état perdroit au moins un fixième de fes revenus.

MILORD SPITEAL.

L'on diroit prefque que Van Magdebourg vou-droit devenir l'avocat de l'Espagne.

VAN MAGDEBOURG.

Non certainement, & je tombe d'accord avec le Cofmopolite, que le gouvernement efpagnol eft très-défavantageux aux progrès des arts & des fciences ; ... au fuccès du commerce & de l'in-duftrie ; ... à l'occupation & à la profpérité des peuples. — Je dirai plus : ... il rétrécit le cœur de l'homme, en le privant de cette liberté d'agir & de penfer, qui porte au merveilleux & à l'utile toutes les idées d'une nation. — Mais ce gouver-nement eft ainfi monté, ainfi établi ; .... avec des fyftêmes (relatifs à fa conftitution) depuis plus de trois fiècles : .... que voulez-vous qu'il faffe ? — il faut un peu fe mettre à fa place. —

ST. ALBIN.

Je crois, Van Magdebourg, que vous vous mettez dans une mauvaife place, n'y ayant au-cune loi qui dife que les erreurs d'une légiflation puiffent être irréparables.

LE COSMOPOLITE.

Dites-moi un peu, Van Magdebourg, fi vous aviez fait un faux calcul dans une fpéculation mercantile, vous entêteriez-vous fur votre erreur?

VAN MAGDEBOURG.

Non certainement, les erreurs ne font profi-tables en rien, & fur-tout en fait de commer-ce. — Le négociant ne connoît que le profit réel.

LE COSMOPOLITE.

Il doit en être de même dans les fpéculations

politiques. — L'Eſpagne peut très-bien avoir entendu ſes intérêts, il y a 300 ans : — alors ſon plan d'adminiſtration pouvoit être bon ; … mais aujourd'hui il eſt erré. …

1°. Parce qu'il eſt imprudent à une monarchie telle que l'Eſpagne, d'être ſans arcboutans, ſans croupiers, ſans établiſſement de politique, à la dévotion du miniſtère.

2°. Parce qu'il eſt abſurde, dans un royaume trop répandu, que le Roi ſoit ſon fermier, & ſe trouve réduit à la néceſſité d'attendre du jour à la journée la majeure partie de ſes revenus, ſans pouvoir dire certainement, j'ai tant à dépenſer, ſoit en temps de paix, ſoit en temps de guerre.

3°. Parce qu'il eſt imprudent d'avoir établi une portion très-conſidérable des revenus de l'état, ſur le produit d'un commerce maritime que l'on ne peut exercer ſans riſque en temps de guerre, avec une marine auſſi limitée que celle de l'Eſpagne, & dont l'inexercice prive les finances de l'état d'une rentrée très-conſidérable, dans un temps où il eſt conſtitué dans des plus fortes dépenſes.

4°. Parce qu'il eſt contre nature, contre toute légiſlation, contre tous les principes, de gêner les revenus publics, le commerce des ſujets, le travail & les occupations utiles de ſes peuples, par des entraves, des excluſions & des contraintes dans la circulation générale. — Toutes ces erreurs, filles du cabinet de l'Eſpagne, ſont la ruine de la nation. — Pour vous donner un témoignage ſenſible de cette vérité, — faites attention à la note (10) du mémoire de Mr. de Pelliſſery de 1769 que je vais vous citer dans tout ſon contenu. « Ses coûtumes anciennes ſont ſi

» ruineufes pour le commerce actif de l'état,
» que l'on voit des vaiffeaux marchands pour
» les colonies, recueillir dans la feule entrée de
» ce commerce 5 & 600,000 piaftres effectives
» de frêt, tandis que la bonne politique deman-
» deroit qu'ils n'en fiffent peut-être pas 4000,
» afin que les articles de l'induftrie & les den-
» rées de la métropole, produites à bon marché
» dans ces nouveaux domaines par la confom-
» mation, en étendît toujours plus la débite.—
» Car enfin, où eft l'équité, qu'un quintal de fer
» qui a couté 4 piaft. ou 15 L.T. en Europe, paye
» de frêt en Amérique, 9 P. f. de 100 f. ou 45 L.

» un quintal d'acier, coute 10 P. ou 37 l. 10 f. paye 16. P. f. ou 80. l.
» un quintal de cire, idem 60 dites 225 . . . idem 92. idem 460.
» un baril eau-de-vie, idem 15 dites 56. 5. idem 40. idem 200.
» une rame de papier, idem   2 dites   7. 10.   idem   3. idem   15.
» une livre de canelle, idem   2 dites   7. 10.   idem   3. idem   45.
» une piéce de Braban crus   8 dites   30 . . . idem 13. idem   65.

» qu'une arrobe de raifins fecs, d'amandes, de
» figues, d'avelines &c. d'huile d'olive, du vin
» & autres femblables, payent 6 & 8 fois la
» valeur première, fans les avaries qui font tou-
» jours d'un tiers en fus du frêt. — Comment
» eft-il poffible qu'avec d'auffi tyranniques pro-
» portions, que le commerce actif de l'Efpagne
» puiffe fe foutenir, & qu'elle puiffe jamais jouir
» d'une agriculture & d'une induftrie floriffan-
» te; ... même d'une marine de confidération?...
» la chofe eft impoffible. » — De ce défaut des
vrais principes, (dit Mr. de Pelliffery,) naiffent
tous les défavantages de l'Efpagne. — Par conféquent, Van Magdebourg, ce miniftère ne peut
jamais être excufé, ni forcé de perpétuer aucun
fyftême deftructeur.

V A N M A G D E B O U R G.
Mais, mon cher ami, donnez-lui en d'autres?—

faites-lui retrouver 25 ou 30 millions de livres qu'elle perdroit en changeant son système de commerce & de navigation avec ses colonies ; ... en abandonnant ses droits d'indulte & de frêt, son commerce particulier sur l'argent-vif, les liqueurs, les cartes &c. — comment retrouver cette rente annuelle ?

LE COSMOPOLITE.

Comment Mr. de Pellissery lui a-t-il fait retrouver ses rentes provinciales ? .... en sachant se retourner, en sachant combiner les avantages par les désavantages. — Il faut savoir perdre, afin de plus gagner. — Le laboureur ne fait-il pas des avances à la terre ? ... il en seroit de même de de la part du gouvernement de l'Espagne. — Il est de science certaine aujourd'hui, que le commerce est l'ame de toutes les richesses, de toutes les prospérités, de toutes les aisances ; — que c'est lui qui féconde l'agriculture & l'industrie d'une nation ; . . . . . qui grossit les revenus publics ; . . . . . . qui salarie le travail journalier des sujets. — Si l'Espagne paroît abandonner 30 millions de revenus annuels, pour réhabiliter tous ces rameaux précieux de son administration, elle doit considérer d'une part, que ses revenus des douanes quintupleront en recette ; & qu'en ouvrant à tous ses ports de l'Europe la libre fréquentation de l'Amérique, elle fournit des écoulemens à son industrie & à son agriculture, qui fertiliseront toutes les terres de la métropole à 50 lieues à la ronde de toutes ses villes maritimes ; de l'autre, qu'en donnant plus d'activité à ses peuples, plus de moyens de dépenser & de se rendre utiles, qu'elle triple ou quadruple toutes les opérations du commerce utile & politique des sujets : ... par conséquent, grande circulation , grand revenu dans le fifc royal, dit Mr. de Pelliffery.

V a n M a g d e b o u r g.

Mais tous ces beaux raifonnemens font d'un produit fuppofé & à venir, au lieu que l'abandon des 30 millions d'aujourd'hui eft réel. — Quand à une monarchie qui n'a que 150 millions de revenus, on lui en ôte 30 , il n'en refte plus que 120 : — avec 120 millions, on ne fatisfait pas à une dépenfe abfolue de 150 ; car vous favez auffi bien que moi , . . . fi les particuliers réglent leurs dépenfes fur leurs revenus , que les gouvernemens réglent leurs revenus fur leurs dépenfes.

L e C o s m o p o l i t e.

Votre réflexion eft très - jufte. — Pour vous tirer d'inquiétude là-deffus , confidérons un moment quelle eft la proportion actuelle du commerce que fait l'Efpagne avec fes colonies , & nous examinerons après ce qu'il pourroit être avec d'autres fyftêmes.

V a n M a g d e b o u r g.

Avec tout le pathétique de vos raifonnemens , je ne vois pas encore la rentrée des 30 millions d'abandonnés.

L e C o s m o p o l i t e.

Ne vous impatientez pas , vous ferez bientôt fatisfait. — Le commerce de l'Amérique ne s'eft fait jufqu'à préfent que par la feule baie de la ville de Cadix, & il confifte tous les trois ans en une flotte pour le Mexique de 15 à 16 vaiffeaux marchands, riches de 28 à 30 millions de piaftres de 3 liv. 15 f. — ce qui reviendroit à 15 millions de piaftres par annnée : . . . . il y a encore pour cette vice-royauté les affagues confiftant en 4 ou 5 vaiffeaux qui partent dans les intervalles des flottes, affez généralement riches de 7 à 8 millions

de piaftres, ce qui établiroit le commerce an-
nuel de l'Efpagne avec le Mexique de 18 à 20
millions de piaftres, une année comportant l'au-
tre ... ci . . . . 20 mill.
Elle expédie encore annuellement à la mer du Sud,
  2, 3 & 4 Vaiffeaux, riches de 5 à 6 millions . 6 dits.
Pour Bonnes aires, 2 ou 3 Vx., riches de 2½ à 3 m. 3 dits.
Pour Carthagene, 4 ou 5 dits idem . 4 à 5 m. 5 dits.
Pour Campeche, . 2 ou 3 dits idem 1800 à 2 m. 2 dits.
Pour Honduras . . 3 ou 4 dits idem . 3 à 4 m. 4 dits.
Pour Cumana, . . 1 ou 2 dits idem de 800 à 1 m. 1 dits,
Pour la Havane, 25 ou 30 dits idem de 4 à 5 m. 5 dits.
  Voilà à quoi fe monte le commerce libre ——————
de l'Amérique. . . . . Piaftres. 46 mill.

Il refte celui de la compagnie de Caraque & de
St. Domingue, qui peut être de huit à dix vaiffeaux toutes les années & de 3 à 4 millions de
piaftres : — ce qui peut établir une quantité de
50 millions de piaftres toutes les années.

MILORD SPITEAL.

Mais je n'aurois pas cru que ce commerce fût
encore fi confidérable : — voilà bien près de deux
cent millions de livres tournois.

VAN MAGDEBOURG.

Cela ne m'étonne pas. — Je connois les vaiffeaux qui vont en flotte ou à la mer du Sud :...
ils font d'un très-gros port, y en ayant beaucoup
qui pourroient porter 60 canons montés.

LE COSMOPOLITE.

Autre imprudence de la part du miniftère. —
Pourquoi permettre que fes fujets expofent mal
à-propos dans un feul rifque , la majeure partie
des fonds du commerce d'une nation ?

VAN MAGDEBOURG.

Il eft certain qu'il eft très-imprudent à un gouvernement d'engager fes fujets de mettre en péril
trop de richeffes dans les hafards d'un feul navire.

LE COSMOPOLITE.

Vous voyez cependant que c'eſt ce que tolére & autoriſe même l'Eſpagne par tous ſes régle-mens. . . . .

MILORD SPITEAL.

Auſſi conſidérez les pertes immenſes qu'elle a faites en naufrages ou en priſes pas ſes ennemis?

LE COSMOPOLITE.

Cette imprudence arrête les progrès de ſa na-vigation. — Les 50 millions de piaſtres, à quoi je viens de vous démontrer que ſe monte le com-merce de l'Amérique, ... à 100,000 piaſtres pour une cargaiſon, occuperoient 500 vaiſſeaux en France, en Angleterre, en Hollande, ... tandis qu'en Eſpagne, elles n'en occupent au plus que ſoixante & dix à ſoixante & quinze.

MILORD SPITEAL.

Non ſeulement, cette ſomme feroit travailler 500 vaiſſeaux marchands en Angleterre, mais mille & quinze cent, y ayant une groſſe moitié de notre navigation en long cours, qui n'exporte pas & n'importe pas des cargaiſons riches à 50,000 livres tournois : ... témoins tous nos bâtimens chargés de morue, de duelles, de planches, de bois de charpente & de conſtruction, de légumes, du bled, du riz, du cochon ſalé, du goudron, de la bré, de la réſine & autres productions de nos colonies : ... toutes ces cargaiſons ſont de très-peu de valeur.

LE COSMOPOLITE.

A plus forte raiſon, la choſe vous prouve com-bien le miniſtère eſpagnol eſt peu calculateur & peu praticien de l'arithmétique politique.

VAN MAGDEBOURG.

Mais, mon cher ami, avant de rien innover, il faut retrouver 30 millions de liv. en recette.

LE COSMOPOLITE.

Je vois que ces 30 millions vous tiennent au cœur, il faut vous satisfaire.

VAN MAGDEBOURG.

Il y a bien d'autres choses aussi qui me tiennent au cœur.... Je vous attends pour connoître de quelle façon vous ferez débourser à l'Espagne 34 mil. de piastres pour l'achat de ses moulins, en voulant lûi faire abandonner encore dans ses rentes provinciales, autres 32 millions de liv. tourn. — L'idée est fort bonne, je dirai plus, elle paroît nécessaire :... mais je la crois impraticable dans la position actuelle de l'Espagne.

LE COSMOPOLITE.

C'est ce qu'il faut vous démontrer. — Nous avons dit que le commerce que fait l'Espagne avec ses colonies, ne s'est fait jusqu'à présent, que de la seule baie de Cadix par une navigation de 70 à 75 vaisseaux marchands riches à 50 millions de piastres.

VAN MAGDEBOURG.

Bien. . . . .

LE COSMOPOLITE.

Que le Roi d'Espagne exerçoit dans ce commerce un droit d'indulte, de frêt & d'entreprise sur les 50 millions, qui lui procuroient plus de 30 millions de livres tournois de bénéfice. . . .

VAN MAGDEBOURG.

Très-bien. . . .

LE COSMOPOLITE.

Que ce bénéfice formoit la sixième partie des revenus de l'état.

VAN MAGDEBOURG.

Encore mieux.

LE COSMOPOLITE.

Hé bien, l'utilité la plus absolue étant le salut

des peuples , l'état malgré tous fes befoins , doit
abandonner ces 30 millions & fe contenter de
les retrouver feulement dans les augmentations ,
en recettes de fes bureaux des douanes. — A cet
effet , le miniftère , après avoir pourvu à la confervation des monnoies de l'état en Europe &
en Amérique; … après avoir donné une nouvelle
forme à tous fes tarifs ; & après avoir rétabli
l'ordre dans fon adminiftration , … doit rendre
le commerce de fes colonies libre à tous fes fujets , dans tous fes ports de la Bifcaye , de l'Afturie , de la Galice , de l'Andaloufie , de Grenade , de Murcie , de Valence & de Catalogne.

Van Magdebourg.

Hé bien ! vous croyez que cela remplira le
miniftère des 30 millions qu'il abandonne ?

Le Cosmopolite.

Certainement , & avec de très-grands avantages. — Examinons : … jufqu'à préfent le commerce de l'Amérique n'a été pratiqué que par la
feule ville de Cadix ; — qu'à l'avenir il foit exercé
par les villes maritimes de St. Ander & de Bilbao ; — par la Corogne & deux ou trois autres
ports de l'Afturie & de la Galice ; … par Seville , St Lucar , le port Ste. Marie & Cadix ; —
par Malaga & Almerie ; — par Alicante & Valence (où l'on peut faire un très-beau port) ; —
par Barcelone , Mataron , St. Philippe , Palamos
& Roze. — Je vous demande un peu , fi les bureaux des douanes de ces treize ou quatorze ports
maritimes , ne rendront pas davantage au fifc
royal de 30 millions ?

Van Magdebourg.

Non , je ne le crois pas , au moins de plufieurs
années , nombre de ces villes n'ayant pas le moindre petit vaiffeau.

L E C O S M O P O L I T E.

Il faut vous guérir. — Cadix a-t-il des vaiſ-
feaux ?

V A N M A G D E B O U R G.

Certainement.

L E C O S M O P O L I T E.

Bilbao, St. Ander, la Corogne, Malaga, Alicante & Barcelone ont-ils des vaiſſeaux ?

V A N M A G D E B O U R G.

Peu ou beaucoup toutes ces villes en ont, &
même Seville, Almerie, Mataron & St. Philippe
en ont auſſi : — mais St. Lucar, le port Ste.
Marie, Valence, Palamos & Roze, ... tout cela
n'a à peine que des bateaux de pêcheurs.

L E C O S M O P O L I T E.

Dès que vous convenez que Cadix, Bilbao,
St. Ander, la Corogne, Malaga, Alicante & Barcelone ont des vaiſſeaux, ... voilà déja ſept villes
maritimes en état de pouvoir commencer le commerce de l'Amérique : combien voulez-vous que
chacune de ces ſept villes faſſe d'expéditions dans
les colonies, la première année de la liberté ?

M I L O R D S P I T E A L.

Ma foi, je crois que Cadix en fera beaucoup.

L E C O S M O P O L I T E.

Encore.

M I L O R D S P I T E A L.

Encore, ... je parierai bien pour plus de 4
ou 500 expéditions.

L E C O S M O P O L I T E.

Je ſuis bien de votre avis : — mais n'en ſuppoſons que 300. — A combien (les unes dans les
autres) évaluez-vous leurs cargaiſons ?

M I L O R D S P I T E A L.

Mais, vu la richeſſe actuelle des vaiſſeaux eſpagnols, je les évaluerois bien de 5 à 600,000
piaſtres.

LE COSMOPOLITE.

Cela pourroit très-bien être : ... la cupidité, la nouveauté, l'amour du gain pourroit même les porter plus haut. — Toutefois, pour ne point établir de calcul trop enflé, ne les évaluons les unes dans les autres qu'à 300,000 : — fur 300 bâtimens que nous avons fuppofé, nous aurons 90 millions de piaftres. — Le commerce annuel de l'Efpagne avec fes colonies, n'étant aujourd'hui que de 50 millions, il nous refte fur les 90 millions, 40 millions d'accroiffement : — 40 millions d'accroiffement à 10 pour 100 feulement de droits de douane fur l'exportation & l'importation de ce commerce, (y comprenant ceux du commerce que la liberté y attirera de plus de la part des nations étrangères,) procurera de bénéfice, dans la recette de la douane de Cadix, 400,000 de piaftres. — Voilà déja une terrible avance pour le recomblement de nos 30 millions de liv. — il nous refte fix villes majeures à examiner. — A combien fuppofez-vous, Van Magdebourg, que chacune de ces fix villes puiffe étendre le nombre de fes expéditions?

VAN MAGDEBOUEG.

Bilbao fera la plus forte après Alicante & Barcelone. — J'affurerai prefque que Bilbao fera plus de 200 expéditions ; .... Alicante & Barcelone de 200 à 250 à elles deux ; — St. Ander, la Corogne & Malaga une 50°. chacune : ... deforte que cela feroit, ... 2 & 3 difent cinq & une c'eft fix : ... tout cela pourroit faire de 6 à 700 expéditions.

LE COSMOPOLITE.

Réduifons cette quantité à 500 : — à combien voulez-vous évaluer leurs cargaifons ?

V an M agdebourg.

Mais l'intérêt, la foif des richeffes, donnera furieufement de l'ardeur à tous les négocians : ... je crois que fans exagération on peut bien les évaluer de 4 à 500,000 piaftres.

Le Cosmopolite.

C'eft trop : ... beaucoup de ces villes n'ayant pas la dixième partie des liaifons, des fréquentations & des richeffes de la ville de Cadix. — Toutefois les unes dans les autres, on peut les mettre à 200,000 piaftres : — 200,000 piaftres multipliées par 500 bâtimens, forment un capital de 100 mil. de piaftres ; ... 100 millions de p. à 10 pour 100 de droits de douane, d'entrée & de fortie fur le commerce direct de la nation, procurent encore au fifc royal 10 millions de piaftres de rentrée, lefquelles jointes aux 4 millions de plus trouvés dans les accroiffemens de la douane de Cadix, vous donnent un capital de 14,000,000 de piaftres ou 52,500,000 liv. tourn. .... qui recomblent furieufement aux 30 millions que pourroit abandonner l'Efpagne. — Que fera-ce, quand toutes les villes maritimes que nous n'apprécions point, fe feront mifes en état de partager leurs productions avec l'Amérique ; .... quand le temps & l'expérience aura formé les peuples à ce commerce ; ... quand l'agriculture & l'induftrie fe feront ranimées par l'exportation, par la confommation & par des plus grands débouchés ? ... c'eft alors, moncher Van Magdebourg, que vous verrez cette Efpagne, (que vous traitez témérairement d'ignorante, de pouilleufe, d'impuiffante,) que vous la verrez, dis-je, fraîche, animée, active, étalant par tout une majefté, une puiffance, une richeffe que ni l'Angleterre ni la Hollande ne pourront jamais égaler !

Van Magdebourg.

L'Efpagnol riche en proverbes, dit par fa propre expérience, ... *del dicho à l'écho ay gran trecho.* — Il en fera de même de tous vos beaux raifonnemens & de tous les calculs de Mr. de Pelliffery. — L'Efpagnol eft une bête d'habitude, incapable d'innover ni de fe corriger. — Le plan que vous venez de nous expliquer eft très-judicieux & très-praticable avec une nation active, laborieufe : ... mais en Efpagne, ... cette opération eft auffi impénétrable, auffi inconcevable que le myftère de l'ange de St. Auguftin, qui vouloit faire entrer toute l'eau de la mer dans un petit trou de la terre qu'il avoit creufé avec fon doigt. — Le miniftère lourd & ignorant de cette nation, rend l'opération impraticable : — 1°. par le préjugé qui ruinera toujours les meilleures difpofitions ; .... les adminiftrateurs ne voulant jamais convenir de leur tort : .... par conféquent, ils ne conviendront jamais que la liberté eft l'ame du commerce & de toutes les richeffes ; ... que les richeffes font les agens du travail. — A cet effet, 2°. ils ne voudront jamais permettre que les étrangers domiciliés en Efpagne, faffent le commerce des colonies fous le pavillon efpagnol, encore moins qu'ils apprennent à le faire à fes fujets.

Le Cosmopolite.

Le préjugé meurt avec la liberté ; ... & la raifon d'état qui n'admet point pour étrangers des hommes domiciliés dans fa métropole, regardera à l'avenir tous fes citoyens comme fes fujets. — Le Flamand, le François, l'Italien ou le Suiffe établis en Efpagne, contribuant aux taxes de l'état, confommant les denrées de la nation, y exerçant tous les arts utiles, participeront doréna-

dorénavant aux faveurs du gouvernement, comme tout le reste de la nation : ... telle est la loi & les prophètes. — On est revenu de ces temps d'ignorance, où l'on disoit en Espagne, voilà un François qui se retire avec 100,000 piastres : ... ce sont 100,000 piastres qu'il emporte à l'Espagne.

ST. ALBIN.

Mais si ce François n'avoit rien quand il y est arrivé, — il emporte bien 100,000 piastres.

LE COSMOPOLITE.

Non, il ne fait qu'emporter avec lui une partie du gain de son travail dont vous, nation chez qui il a vécu, avez hérité.

VAN MAGDEBOURG.

Vous aurez de la peine à nous résoudre cette question, & de me prouver que moi, qui vais chez vous avec rien & qui m'en retire au bout de 30 ans avec 100,000 piastres, je n'emporte pas 100,000 piastres de chez vous.

LE COSMOPOLITE.

Le fait est pourtant bien clair & en voici la preuve. — Pour que ce François ou ce négociant se retire de chez vous avec 100,000 p. au bout de 30 ans il faut qu'il y ait travaillé ou négocié. — Combien voulez-vous qu'il ait fait de commerce dans ces trente années ? ... est-ce beaucoup que de supposer 50 mille piastres par année ?

VAN MAGDEBOURG.

Non assurément !

LE COSMOPOLITE.

Donc 50,000 p. d'affaires par année, ... dans 30 ans, vous donnent un capital de 1,500,000 p. — 1,500,000 p. ont dû payer au moins 10 pour 100 de droits de douane à l'état, soit d'entrée comme de sortie. — Par conséquent, il est resté à la nation de chez qui ce F. se retire P. 150,000 en bénéfice.

Il sera bien resté également dans le pays, pour les dépenses de ce même commerce, en primes d'assurance , en port & report, en magasinage , en emballage, en censeries & autres menus frais pour autres 10 pour 100 : ... ce qui fait une seconde fois 150,000 idem.

Ce François a vécu pendant ces 30 ans : ... ce n'est pas beaucoup que de supposer, qu'en loyer de maison , salaires de domestiques , de commis, en habits, hardes, meubles & linge & en nourriture, qu'il puisse avoir dépensé 1000 p. par an : ..... voilà encore . . . . 30,000 idem.

En tout . . . P. 330,000 en bénéfice.

Donc, qu'un François , qui au bout de 30 ans, se retire de l'Espagne avec 100,000 piastres , n'emporte pas 100,000 piastres , ... au contraire, il y en aura laissé 330,000 : — ce qui prouve que les étrangers sont des hommes utiles , & non onéreux ou à charge à une nation. — En conséquence , le gouvernement espagnol ne les traitera plus à l'avenir & avec la liberté, avec la même rigueur qu'il le faisoit dans les temps de servitude : — au contraire , on les flattera, on les caressera pour se les attacher ; & comme le ciel est très-beau en Espagne , que les alimens y sont bons, que la vie y est agréable , ... tous les

étrangers s'y fixeront. — Voilà une augmentation
sûre dans la population.

MILORD SPITEAL.

Je sens toute la force du raisonnement de notre
sage Cosmopolite, & je suis persuadé que le ministre le plus endurci dans ses préjugés, s'il les
entendoit, qu'il ne pourroit y résister. — Mais
combien de temps ne faudroit-il pas employer,
pour les inculquer bien profondément dans vos
têtes incrédules d'Espagnols.? . . . .

VAN MAGDEBOURG.

Cependant à la solidité de tous ces beaux raisonnemens, s'oppose toujours une impuissance
physique que vous n'appercevez pas. — Comment
voulez - vous que l'Espagne, dans l'état de gêne
& de servitude où elle tient actuellement son
commerce de l'Amérique, puisse admettre une
liberté générale dans toutes ses villles maritimes ? . . . puisque pour faire exercer aujourd'hui
ce misérable commerce de 50 millions de piastres, elle est nécessitée d'avoir recours aux nations
étrangères (qu'elle déteste), sans quoi ce commerce ne pourroit avoir lieu.

MILORD SPITEAL.

En quoi a-t-elle recours aux nations étrangères ? . . . ce commerce leur est interdit. — J'ai
toujours ouï dire qu'il n'y avoit que les seuls
Espagnols qui eussent le droit de faire ouvertement le commerce des colonies.

VAN MAGDEBOURG.

Oui : . . . mais comment le font - ils ? . . . en
armant leurs vaisseaux avec le secours des sommes données à la grosse par les capitalistes de
Paris, de Londres, d'Amsterdam, de Gênes ,
d'Hambourg &c.... par les achats faits à 30 &
40 mois de terme chez les François, les Anglois,

les Hollandois, les Allemands, les Flamands ;
les Genois, les Hambourgeois &c. établis à Cadix ; . . . par les avaries exorbitantes qu'ils font
payer d'avance fur tous les effets que l'on embarque pour l'amérique. — Sans toutes ces reffources, les 50 millions en queftion ne fe monte-
roient peut-être pas à 10 millions, étant avéré
que dans une flotte riche de 30 millions de p.
à peine y en a-t-il un quart qui ait été payé ou
acheté comptant.

Le Cosmopolite.

Cela n'eft que trop vrai.

Van Magdebourg.

Donc, fi la ville la plus riche & la plus opu-
lente de toute l'Efpagne, eft fi pauvre de fes
propres deniers, ... que feront tant d'autres
villes que vous rendez participantes dans ce commerce, & qui ne jouiffent encore d'aucun de fes
avantages ?

Le Cosmopolite.

Celui qui a pefé l'Efpagne, . . . qui l'a calculé
dans fes befoins & dans fes reffources, a pourvu
à cet inconvénient. — Mr. de Pelliffery, qui a
porté un coup d'œil jufte fur le vuide & le défavantage des fyftêmes de l'Efpagne, a fenti la
néceffité & le befoin préfent, (fur toute chofe,)
des fecours d'un crédit public dans toutes les
places maritimes de cette monarchie, afin que
les fujets puffent s'en remédier, pour accélérer
les opérations de leur commerce. — A cet effet,...
ni l'état ni les fujets étant affez argentés, pour
faire mouvoir une circulation politique, telle que
la préfente à l'Efpagne la nature de fes commerces, — Mr. de Pelliffery a imaginé en 1766 un
établiffement en banque, par le fecours duquel
les fujets efpagnols pourront faire virer dans leurs

opérations mercantiles, la majeure partie de leurs immeubles qui feront libres d'hypothèques.

ST. ALBIN.

C'eft fans-doute cette banque de Caftille dont vous nous avez parlé.

LE COSMOPOLITE.

Oui : ... la propofition avoit d'abord été pour la feule ville de Cadix ; & en 1769, elle fut en faveur de toute l'Efpagne, en établiffant le bureau général de cette banque à Madrid ; & dans les villes maritimes des provinces, des filles dépendantes, fubordonnées & dotées par le bureau général.

VAN MAGDEBOURG.

Vous nous avez promis de nous faire voir ce plan.

LE COSMOPOLITE.

Oui, je l'ai ici, ... je vous le montrerai. — Cet établiffement étoit d'une richeffe, d'une exécution & d'une reffource des plus heureufes pour l'Efpagne : il s'agiffoit 1°. d'établir un croupier argenté & de toute folidité, à la dévotion de l'état, des citoyens & du commerce.

2°. De repartir ce croupier dans toutes les villes maritimes de la monarchie.

3°. De faire fervir tous les immeubles de la nation, libres d'hypothèques, à l'exploitation & circulation du commerce intérieur & extérieur de l'Efpagne, afin d'en doubler les repréfentans & les opérations.

4°. De fixer au 3 pour 100 d'intérêt toutes les conftitutions de l'état & du commerce.

5°. De liquider toutes les dettes exiftantes de l'Etat, des villes & des provinces, de la monarchie, par la feule & unique conftitution des intérêts actuels pendant 25 ans.

Voilà qu'elles étoient les utilités de la banque de Castille.

MILORD SPITEAL.

Mon ami, voilà de grands projets & de bien belles choses, si toutefois elles sont faisables dans un pays où la prévention & l'habitude tiennent lieu de capacité.

LE COSMOPOLITE.

Cela est vrai : ... mais il faut croire que les ministres de l'Espagne se lasseront un jour de penser au rebour des vrais ministres, & de ne point connoître que la politique moderne n'admet depuis long-temps pour base fondamentale de tous ses systêmes, ... que le plus ou le moins de commerce ; ... que le plus ou le moins d'industrie ; .... que le plus ou le moins de ressources. ....

VAN MAGDEBOURG.

Jamais, mon cher ami, jamais vous ne viendrez à bout de faire comprendre à ces gens-là de pareilles distinctions ! — ils sont bornés, ignorans & sans idée de l'économie politique. — Je dirai plus, ils sont plus bêtes que le coq, qui tournoit dans son bec la perle enfouie dans le fumier : — c'est crier après des corneilles, que d'espérer de leur faire un jour entendre raison. — Mais voyons votre plan ou celui de Mr. de Pellissery.

LE COSMOPOLITE.

Il faut auparavant que je vous en mette au fait. — La banque royale de Castille établissoit son domicile dans Madrid même. — Elle devoit avoir deux natures de fonds capital, l'un en comptant & l'autre en virement de parties à l'instar de votre banque d'Amsterdam. — Celui en comptant devoit être de 40 millions de piastres fortes ou

200 millions de livres tournois. — Celui en papier ou en virement de parties ; ... de ce que les particuliers, le gouvernement ou les diverses communautés du royaume auroient voulu s'en assister.

VAN MAGDEBOURG.

Hé bien ! mon ami, vous voilà forcé de convenir que les Hollandois ont de la tête, ... puisqu'après plus de deux siècles d'expérience, les nations rivales les plus puissantes se soumettent à adopter leurs établissemens de commerce.

LE COSMOPOLITE.

Mais jamais les nations policées ne vous ont refusé les justes éloges qui sont dus à vos établissemens de politique, & à la sage constitution de votre gouvernement. — C'est la Hollande qui a éclairé l'Europe ; ... qui a appris à ses habitans la science des calculs, des combinaisons, des spéculations de politique. — Si les Portugais ont été vos guides & ceux de l'Europe entière dans la hardiesse de la navigation & des découvertes utiles : s'ils ont à se glorifier d'avoir donné le jour aux premiers hommes qui ont ôsé franchir courageusement le grand espace des mers qui séparent l'Europe des côtes de la Chine & de l'Inde : vous avez été aussi les premiers citoyens qui ayent le mieux saisis les vrais principes du commerce ; ... qui ayent le mieux connu ses intérêts, le physique de ses richesses ; ... & c'est de vous que l'ont appris les nations d'aujourd'hui les plus éclairées. — Ce bienfait est une reconnoissance que vous doivent généralement tous les gouvernemens sages, & qui doit se publier de proche en proche. — Sans vous, les arts, l'industrie & le commerce ne jouiroient peut-être pas de la célébrité où ils sont aujourd'hui, & l'homme seroit privé de bien des jouissances. ....

St. Albin.

Hé ! peut-être auffi de beaucoup de chagrins.

Le Cosmopolite.

Cela eft vrai encore : ... tous les états de la
vie ayant leurs avantages & leurs défavantages.—
Mais ainfi foit qu'il n'exifte point de rofe fans
épine, il faut croire que dans tout il y a des
inconvéniens.... C'eft à notre fageffe, à notre
prudence, à notre difcernement de les éviter.—
Il eft du fort de l'homme de ne chercher qu'à
faire fon bonheur, il ne peut y parvenir que par
la méditation ; ... qu'en donnant de l'élévation
à fon exiftence ; .... qu'en fe tirant de cet état
d'oifiveté & d'habitude où fe perpétuent les brutes, & cet état, (malheureufement,) eft un
mélange de jouiffance & de chagrin, dont le bien
& le mal ont toujours partagé l'opinion des hommes, & la partageront fans ceffe tant qu'il en
exiftera.... N'établiffons aucun fentiment là-deffus : ... difons feulement que tous les inconvéniens étant impénétrables & de ces inconvéniens
naiffant un bien réel au profit de la république
des hommes, ... foyons reconnoiffans aux Hollandois de ce qu'ils ont été les premiers à expliquer la fcience politique du commerce, dès
qu'il eft de fait aujourd'hui que c'eft le commerce
qui eft l'ame de toutes les richeffes ; & que fans
le commerce, les arts & les occupations utiles
n'auroient point encore acquis ce degré de beauté
& de fpéculation qui occupe fi fort toutes les
nations. — A mon particulier, j'applaudis beaucoup au mérite des braves Flamands qui ont
fondé votre république, & à tous les bienfaits
dont ils ont enrichis l'Europe ; ... voyant avec
douleur, que fi le gouvernement de la Hollande
s'endort trop long-temps fur fes avantages ; ...

que s'il ne porte pas affez à temps fes regards
& fes fpéculations dans des climats lointains où
il puiffe conferver fes commerces ; ... que la puiffance de la Hollande s'éclipfera un jour ; & que
ne reftant plus de cette célèbre république, que
des provinces dominées par les flots , fans ferti-
lité & fans reffource , qu'elle rentrera une autre
fois dans l'obfcurité d'où elle a eu la force de
fe tirer.

MILORD SPITEAL.

Ne voilà-t-il pas à préfent qu'il va donner de
l'humeur à notre brave Van Magdebourg ? —
Pourquoi ne pas le laiffer fur la bonne bouche
des juftes éloges que vous venez de donner à fes
ancêtres ? ... allons il n'y a pas de la charité
à cela ? ...

VAN MAGDEBOURG.

Je l'écoute ; mais cela ne me chagrine pas ,
parce que tout ce qu'il fuppofe , peut être , comme ne pas être , & dans cette incertitude , je
ne faurois m'inquiéter d'un événement qui n'ari-
vera peut-être jamais ; laiffons cette converfation , qui eft très-indifférente à notre objet , &
reprenons notre banque de Caftille ; de quelle
façon Mr. de Pelliffery compofoit fon fond capital de 40 millions de piaftres en comptant.

LE COSMOPOLITE.

Ce fonds s'établiffoit moitié pour compte du
Roi , & moitié pour compte des particuliers.

VAN MAGDEBOURG.

Mauvaife befogne , mon ami , mauvaife befogne ! — Les Rois font des mauvais affociés ,
de mauvais voifins , de mauvais amis : ... ils ont
toujours de leur côté la raifon d'état qui les tire
d'affaire ; & le particulier qui a la témérité de
s'affocier avec eux, perd toujours fon argent. —

D'ailleurs comment le Roi d'Espagne qui n'a que 152 millions de revenus, pouvoit-il en détacher 100, pour les mettre dans cette banque?

LE COSMOPOLITE.

Doucement. — Cette opération n'étoit susceptible d'aucun risque pour les intéressés, quoique le Roi d'Espagne y entrât pour la demi, & il n'étoit question d'aucun débours pour les finances de l'état. 1°. Le fonds de 40 millions de p. se réalisoit : ... la demi des particuliers, par 20,000 actions de mille piastres fortes chaque, & la demi pour compte de l'état ou du Roi, par une loterie en viager de 200,000 billets de 100 piastres fortes chaque billet.

VAN MAGDEBOURG.

Mais j'ai toujours ouï dire qu'en Espagne, il étoit de la constitution de l'état, que le Roi ne pouvoit point établir ni loterie ni rente viagère.

LE COSMOPOLITE.

Cela est vrai, ... comme il est vrai aussi que le Roi promet en montant sur le trône, de ne jamais faire de paix avec les infidèles. — Cependant ce Roi-ci l'a bien faite avec l'Empereur de Maroc, & il a sagement fait : ... il a aussi établi l'exercice de la loterie italienne, & il a encore très-bien fait. — Tous ces préjugés nécessaires dans les temps d'ignorance, sont ridicules aujourd'hui, où l'on ne cherche qu'à éclairer les hommes & qu'à dissiper les erreurs.

MILORD SPITEAL.

Mais croyez-vous que dans Madrid l'on auroit pu trouver de quoi remplir les 200,000 billets de votre loterie & les 20,000 actions ? . . .

ST. ALBIN.

Dans Madrid, comme dans tout le reste du royaume; & même comme l'établissement étoit avantageux, beaucoup d'étrangers s'y feroient intéressés.

Le Cosmopolite.

Si vous connoissiez bien l'Espagnol, vous ne feriez pas cette question. — L'Espagnol est le meilleur sujet, le meilleur vassal du monde ; — obéissant, soumis, respectueux ; .... attaché avec idolâtrie, à son Roi, & à sa patrie ; aimant toutes les nouveautés d'éclat & de réputation ; ... ne voyant son bonheur que dans celui de son pays :... voilà, sans partialité, ce qu'est l'Espagnol. — Avec toutes ces bonnes qualités, (n'en déplaise au milord & à Van Magdebourg,) à l'ouverture des souscriptions de cet éablissement, on se feroit étouffé pour y porter des fonds ; & il n'y a point d'hommes & de femmes qui n'eussent engagés leurs chemises pour le faire réussir, d'autant mieux qu'il étoit aussi avantageux aux intéressés qu'à la nation.

Van Magdebourg.

Quels étoient les avantages des intéressés ?

Le Cosmopolite.

1°. Le Roi, en aucun temps, ne devoit retirer aucun bénéfice de sa demi. — 2°. Tous les bénéfices pendant 20 ans devoient tomber au profit des actionnaires.

Milord Spiteal.

Diable, l'affaire me paroît bien généreuse !

Le Cosmopolite.

Après les 20 ans de jouissance expirés, tous les bénéfices devoient rester à perpétuité au profit de l'établissement.

Van Magdebourg.

Mais au bout des 20 ans de jouissance, les 20,000 actionnaires n'ayant plus de part au profit, les porteurs auroient retiré leur argent.

LE COSMOPOLITE.

Doucement, fuivons la marche de l'établiffe-ment avant de répondre à votre objection. — Le fonds de 40 millions de piaftres fortes en comptant, devoit être réparti par l'établiffement de Madrid dans toutes les places maritimes du commerce de l'Efpagne, fous d'autres établiffemens, relevant & rendant compte à celui-ci, comme caiffier géné-ral de la banque de Caftille. — Tous ces établiffe-mens n'étoient fondés que pour excompter conf-tamment au 3 pour 100 tous les bons papiers de l'état & du commerce; & du produit de ces 3 pour 100, de même que de l'un pour 100 d'inté-rêt fur les crédits accordés en virement de par-ties, ... il devoit en être payé la conftitution viagère des 20 millions de la loterie avec les accroiffemens annuels des intéréts fur les inté-rêts; — & toutes dépenfes prélevées, toutes les dettes douteufes mifes de côté, ... les action-naires fe feroient repartis au fol la livre, toutes les années, les bénéfices qui en feroient reftés.

VAN MAGDEBOURG.

Savez-vous que la conftitution viagère des 20 millions de piaftres eft une furieufe charge pour un établiffement qui n'a des produits qu'au 3 pour 100 avec des frais de régie très-confidérables?

LE COSMOPOLITE.

Cela eft vrai :... mais 1°. la conftitution via-gère des 20 millions de piaftres, ne reffortoit à l'établiffement qu'à 3 ou 3 ½ pour 100 : 2°. c'eft qu'elle s'éteignoit tous les jours, & que l'accroif-fement annuel fur les intéréts n'étoit point à char-ge à l'établiffement. — En conféquence, ce qui ne fe préfentoit dans les commencemens ne de-voir procurer aux actionniftes que 3 ou 4 pour 100 de bénéfice fur leurs débours, ... dans 5 ou 6 ans en auroit procuré 8 ou 10 fans aucun rifque ; .... fur-tout fi les viremens de parties s'étoient établis dans un certain crédit , ... comme certainement la chofe feroit arrivée.

VAN MAGDEBOURG.

La loterie viagère , comment étoit - elle établie ? ... y avoit-il beaucoup de perdans ?

LE COSMOPOLITE.

Aucun : ... feulement une partie des billets auroit perdu 10 & 12 pour 100. — Du refte des 100 piaftres de mife par billet réduites à 88 ou 90 p. par cette perte , ... l'établiffement ou la banque de Caftille en faifoit des intérêts viagers au taux que le fort en auroit décidé, depuis 100 pour 100 jufqu'au 3 pour 100 ; & fur le produit de ces 3 ou 100 pour 100 , il y avoit encore un accroiffement annuel de $\frac{1}{2}$ pour 100 en faveur des jouiffans.

VAN MAGDEBOURG.

Il faut que vous nous montriez le plan de cette loterie : ... j'aime ces fortes de combinaifons.

LE COSMOPOLITE.

Vous le trouverez tout à la fin du formulaire des lettres patentes de la banque de Caftille que je vais vous montrer.

VAN MAGDEBOURG.

Le fonds en virement de parties , comment fe compofoit-il ?

LE COSMOPOLITE.

De la façon que pouvoient le defirer les particuliers , ... ou en argent ou par des hypothèques. — Celui en argent n'auroit été foumis à aucune conftitution , & celui repréfenté par des hypothèques , devoit payer annuellement pendant 15 ans 1 pour 100 d'intérêt à l'établiffement.

Van Magdebourg.

Mais si la banque avoit toujours reçu en virement de partie, peu-à-peu elle se feroit établie à l'inftar de celle d'Amfterdam, qui reçoit toujours & ne rembourfe jamais rien.

St. Albin.

Delà eft venu le proverbe, que la bonne banque eft celle qui reçoit & ne débourfe jamais.

Le Cosmopolite.

Pardonnez-moi, celle-ci rembourfoit toutes les années 4 pour 100 des fonds en virement,... à moins que les particuliers, intéreffés à les recevoir, ne vouluffent les y replacer de nouveau fous la convenance du comptant. — Pour lors ce fonds n'étant dans la caiffe de la banque qu'en forme de dépôt & pouvant lui être utile,... il feroit contre l'efprit de l'établiffement, de gêner la confiance des particuliers. —Vous verrez mieux cela dans ce formulaire des lettres patentes, qui par le fecours de fes notes, ne vous laiffera rien à defirer.

Plan & formulaire des Lettres Patentes de la Banque royale de Caftille.

Moi le Roi, &c. Salut, &c. (a)

Article I. La banque royale de Caftille établira fa circulation fur deux fonds capitaux : ... l'un en comptant & l'autre en virement de parties.

II. Celui en comptant, fera moitié pour compte de S. M. & moitié pour compte des actionnaires.

(a) Mr. l'abbé Billardy eft caufe que cette Banque n'a pu s'établir à Madrid par les crocqs-en-jambes qu'il donna au Sr. De Pelliffery.

III. Celui en virement de parties, fera fans limite pour tous les citoyens qui auront des biens fonds à donner en hypothèque à ladite banque ; ... pour les crédits qui leur en feront ouverts, fous la conftitution d'1 pour 100 d'intérêt par année. (*b*)

IV. Le fonds en argent comptant, excomptera au 3 pour 100 tous les bons papiers à ordre du

---

(*b*) Les viremens de parties connus & ufités dans beaucoup de places de commerce, n'ont jamais fait l'occupation des légiflateurs ; — ils les ont tous laiffé errer, dans les opérations du commerce de leurs fujets, fans y donner la confiftance d'intérêts, dont ils font fufceptibles ; — la Hollande feule en a profité, toutefois imparfaitement : ayant affis les repréfentans de fa banque, fur le refferrement des monnoies de l'Etat, au lieu de les prendre fur les mobiliers de la nation. — Cette faute de calcul de la part de la Hollande, n'a cependant point nui à fon établiffement en banque, par l'ignorance où en étoient encore toutes les nations, dans la circulation des parties arbitraires ; — mais fon établiffement tomberoit aujourd'hui, s'il devoit être créé fur les mêmes fondemens qu'il le fut alors ; étant de notoriété publique, que les monnoies des nations ne fuffifent pas à préfent pour repréfentans dans la circulation générale, & qu'il a fallu que les républicains du commerce y introduififfent des reconnoiffances arbitraires ; telles que les billets à ordre, lettres de change &c. — Or, fi les nations en rendant libres & abondantes les monnoies de chaque gouvernement, dans le commerce de leurs citoyens, ont eu befoin dans leurs opérations mercantiles, de ces nouveaux repréfentans.... Combien de difficultés ne rencontreroit pas aujourd'hui la Hollande, fi elle vouloit établir fa banque fur le refferrement des monnoies de l'état ? — Par conféquent les viremens de parties étant falutaires au commerce & à l'induftrie d'une nation, il faut les établir fur des repréfentans tous différens que ceux de la banque de la Hollande, & réveiller la confiance des fujets par le grand art de l'économie légiflative : .... qui fans ordonner le refferrement des monnoies de l'état, ni fans en altérer le numéraire, peut doubler les repréfentans de la circulation publique, en faifant fervir au profit apparent defdits fujets, la repréfentation du fonds terrier de la nation dans commerce, qui auront au plus un an de terme; prendra & fournira en banque dans tout le royaume au cours du change général.

V. Ledit fonds en argent comptant sera composé, la demi de S. M. par une loterie à fonds perdu de 20,000,000 piastres fortes, & celle des actionnaires par 20,000 actions de mille piastres fortes chaque.

VI.

---

les fonds pécuniers de son commerce; établissant par cette adresse, le fonds terrier & mobilier de l'état; fonds d'agriculture & fonds du commerce.

Le fonds d'agriculture est palpable; le sol terrier d'une nation ne pouvant se distraire.

Le fonds du commerce est arbitraire, & ne peut être créé que par la législation, en association au fonds pécunier de l'état; sur des représentans circulaires, dont le remboursement sera garanti par les produits locaux du commerce & de l'agriculture; or, les revenus de l'agriculture étant la richesse première de toutes les nations, les représentans arbitraires qui sont hypothéqués sur ces revenus, sont des représentans plus solides que ceux de la banque de la Hollande.... Les fonds pécuniers pouvant se distraire; & les propriétés terriéres d'un royaume étant inaliénables. — En conséquence j'ose avancer que le cabinet de l'Espagne ne sauroit trop s'occuper de l'établissement de la banque que je lui propose depuis 1766.... Ses viremens de parties sous 1 pour 100 d'intérêts, sur toutes ses constitutions, facilitant à ses sujets les moyens de reproduire dans leurs commerces les capitaux terriers & mobiliers du royaume; en facilitant à l'état & à ses communautés municipales les moyens d'emprunter sûrement à petits intérêts sans recourir aux impositions. — Exemple:

L'on suppose que l'état ait besoin d'emprunter 100 millions de piastres, elles couteront aujourd'hui au 5 pr. 100 cinq millions de piastres d'intérêts toutes les années; — que cet emprunt dure 25 ans seulement.... à 5 millions de piastres par année, il aura couté à l'état en seuls intérêts.

P. 125,000,000.

Remboursement de l'emprunt...... 100,000,000.

Les 100 millions couteront à l'état au bout de 25 ans, ... P. 225,000,000.

Pa

VI. S. M. accorde aux actionnaires la jouissance pendant vingt ans & un jour, de tous les bénéfices que fera la banque, tant dans son capital en comptant, que de celui de ses crédits en virement de parties ; — bien entendu toutes les charges payées & remboursement fait des parties portées par les articles 7, 12, 14 & 26 des présentes.

VII. La banque royale payera jusqu'à extinction les intérêts de la loterie viagère qui lui est attachée, avec les accroissemens annuels de $\frac{1}{2}$ pour

---

Par le secours de la banque les 100 millions empruntés en virement de parties, remboursables dans 25 ans, avec ses intérêts à 1 pr. 100, ne couteront à l'état que 125 millions au lieu de 225 ; & laissant l'assurance certaine au cabinet du gouvernement, que la dette sera pleinement acquittée à la 25e. année . . . ce qu'il ne peut pas se promettre de l'emprunt au 5 pr. 100, — Remboursement

100 millions pr. 25 ans en virem. de parties P. 100,000,000.
intérêts à 1 pr. 100 par année ; — dans les
25 ans . . . . : 25,000,000.

En tout . . . P. 125,000,000.

Rembours. de 4 pr. 100 par année sur les
125 millions, 5 millions, & dans les 25 ans P. 125,000,000.

Intérêts de 100 millions au 5 pr. 100 pendant 25 ans. . . . . P. 125,000,000.

De sorte que par les seuls intérêts des 25 ans au 5 pr. 100, l'état se libére ; ce qu'il ne peut pas se promettre dans un emprunt à intérêts au 5 pr. 100, sans limite de terme pour son remboursement ; — avantages si évidens & si palpables qu'ils doivent fixer les attentions du cabinet de l'Espagne.*

---

* Si les abus dans les meilleures institutions n'en affoiblissoient la conservation & le mérite, il y auroit moyen dans cette opération de faire encore gagner aux débiteurs la moitié du capital de leurs dettes, sans nuire à l'opération : mais alors tout le monde voudroit être débiteur, & l'institution s'engorgeroit par le défaut de preneurs.

100 fur les intérêts : — S. M. renonçant à cette condition, en faveur des actionnaires, à tous les bénéfices qni pourroient lui en revenir, relativement à fa demi d'intérêt audit établiffement.

VIII. Les 20 ans & un jour de jouiffance expirés pour les actionnaires, le capital de leurs actions fera rembourfé en virement de parties, & la banque de Caftille reftera établie au profit de l'état. (c)

IX. Tous les bénéfices que pourra acquérir la banque royale de Caftille, après l'expiration de 20 ans & un jour de jouiffance des actionnaires, refteront conftamment à fon profit en accroiffement de fon capital.

X. Les actionnaires ne pourront fe répartir les bénéfices de l'année, qu'un mois après l'année expirée, à la compter du lendemain du jour de l'ouverture de fes bureaux.

XI. La banque royale de Caftille recevra à l'intérêt de 3 pour 100 tous les fonds que les

---

(c) Avec le rembourfement des actions en virement de parties, ... la banque, quand l'état s'en chargera, refte affife fur les fondemens de fa création, ... confervant conftamment fon capital en argent comptant de 40 millions de piaftres fortes. ... Et pour le rembourfement du capital des actions converties en viremens de parties, elle le prendra fur fes bénéfices à raifon de 4 pour 100 fur le capital des actions.— De forte qu'étant tenue par l'art. XXVI. des préfentes, de rembourfer toutes les années en argent comptant 4 pr. 100 du capital en virement de parties. ... Quand la banque fera pour compte de l'Etat, elle fera obligée de continuer les mêmes rembourfemens; ... particularité que les fupérieurs ne doivent pas oublier, attendu que fi les rembourfemens prefcrits ne s'effectuoient point, ... la banque par la fuite des temps engloutiroit toutes les monnoies de l'Etat; & la circulation publique ne fe feroit plus qu'en virement de parties, ... ce qui gêneroit beaucoup tous les mécaniques des arts & de l'induftrie.

particuliers voudront y placer, dont elle donnera des annuités payables aux porteurs avec les intérêts additionnés au capital.

XII. Ladite banque payera toutes les années les intérêts de la loterie à fonds perdu qui lui eſt attachée, de même que les accroiſſemens annuels de $\frac{1}{2}$ pour 100 par année ſur les intérêts; — le tout au jour révolu de l'année expirée, ſuivant la date des contrats, qui en ſeront paſſés après le tirage chez . . . . Notaire royal, — ſuivant l'ordre & la teneur des lettres patentes de ladite loterie.

XIII. Il ſera choiſi par S. M. dans le nombre des actionnaires qui auront ſix actions, un ſyndic & quatre directeurs qui régiront les affaires de ladite banque; leſquels ſyndic & directeurs feront inſtallés par lettres patentes de S. M. & obligés en forme de cautionnement, de dépoſer leurs actions dans une caiſſe particulière de la banque, ... pour ne les retirer que quand il plaîra à S. M. de les décharger de la régie des affaires de ladite banque.

XIV. Lesdits ſyndic & directeurs liquideront toutes les années les bénéfices réaliſés par la banque dont ils préſenteront un état à S. M. & les pertes & dépenſes déduites, & les intérêts de la loterie en viager & ſes accroiſſemens d'intérêts payés, ... ils les répartiront aux actionnaires, ſuivant la teneur de l'article X. des préſentes.

XV. Ce même jour il ſera marié & doté de 100 piaſtres fortes vingt pauvres filles natives de Madrid & d'origine eſpagnole.

XVI. Dans l'ordre des excomptes des papiers qu'excomptera la banque royale de Caſtille, ... pour éviter la cacofonie des jours en rompu, S. M. conſent que la banque regarde comme demi mois tous les rompus, depuis 1 jour jufqu'à 15, & pour un mois entier, tous ceux depuis 16 jufqu'à 30 & 31.

XVII. Dans tous les payemens qui feront faits à la banque royale de Caftille, il ne pourra être donné qu'un réal de platte de monnoie de billon.

XVIII. Toutes les dénominations de numéraires dans les actes, engagemens, contrats, écritures & autres titres de la banque royale de C... foit pour des deniers au comptant, ... foit pour des deniers en virement de parties, ... feront toutes en piaftres fortes.

XIX. Tous les particuliers qui voudront avoir en banque un crédit en virement de parties, feront obligés de préfenter à la banque la fomme en argent ou des capitaux libres d'hypothèques, afin que les crédits de la banque & fes intérêts annuels, puiffent être folidement hypothéqués fans aucune concurrence ; — en vertu du contrat qui en fera paffé chez . . . . . Notaire royal affilié aux affaires de ladite banque. (*d*)

XX. La banque royale de Caftille accordera aux particuliers qui defireront avoir des crédits

---

(*d*) Cet article eft d'un avantage fans fin pour les finances de l'Etat, & pour toutes les dépenfes extraordinaires, comme dettes du gouvernement ou dettes des communautés municipales du royaume.

Les finances de l'Etat & communautés municipales du royaume étant expofées, pour l'intérêt général & particulier, à des dépenfes extraordinaires, qui ne pouvant être prifes fur leurs revenus annuels, précifent ceux-ci à des emprunts couteux, fans favoir quand ils pourront en être débarraffés.

Par le fecours de la banque royale de Caftille, ... ces emprunts couteux, chers & fans prefcription de rembourfement, fe trouveront libérés en vingt-cinq ans, par la feule économie des conftitutions actuelles en intérêts.

de virement en banque, ... 25 ans pour la rembourfer des avances dudit crédit, & de fes intérêts annuels à raifon de 1 pour 100 l'année.

XXI. En conféquence, tous les contrats des dits crédits qui en feront paffés à la banque, auront la durée de 25 ans avec ftipulation pour le rembourfement de 4 pour 100 par année, les intérêts des 25 ans à 1 pour 100 additionnés au capital, & la propriété portant hypothèque de ladite créance & de fes intérêts, fera d'un tiers plus confidérable que le capital ftipulé dans ledit contrat : .... de forte que pour une créance de dix mille piaftres en virement-de parties,

---

Exemple.

P. 10,000. empruntés pour 25 ans, au 5 pour 100.
   12,500. intérêt des 25 ans, à raifon de 500 P. l'année.

P. 22,500. à la 25ᶜ. année.

Opération de la Banque.

  10,000. empruntées pour 25 ans, en viremens de parties.
   2,000. Piaft. pour les intérêts de 25 ans à 1 pr. 100 par an.

12,500. Piaft. — fomme du contrat à paffer à la banque.

Rembourfement.

De 4 pr. 100 toutes les années, fur 12,500 P.
500 P. l'année, & pour les 25 ans . . . . . P. 12,500.
  Intérêts du fiftême, ou de la façon actuelle d'emprunter au 5 pr. 100 l'année, fur 10,000 P.
ce fera 500 P. & pour les 25 ans également. . . 12,500.

Refte rien. . . 00,000.

Différence claire & orthodoxe ; —comme les finances de l'Etat & les communautés municipales du Royaume, n'ont point de fonds terrier à hypothéquer, ...elles hypothéqueront le rembourfement annuel de 4 pr. 100 de leurs emprunts en virement, fur une partie déterminée de leurs rentes particulières, qu'elles engageront par contrat, dans l'obligation des autres citoyens de l'Etat.

Y 3

en y joignant 2500 piaſtres fortes pour les intérêts des 25 ans , ... il faudra paſſer un
contrat de 12,000 piaſtres fortes hypothéqué ſur
une propriété libre de la valeur de 16 à 17,000
piaſtres fortes.

XXII. Le rembourſement des hypothèques de
la banque , pratiqués à raiſon de 4 pour 100 par
année , conſerveront conſtamment leurs hypothèques pleines , juſqu'à l'entière & finale définition
des payemens. (*e*)

XXIII. Pour arrêter les faux papiers, & pour
la plus grande aiſance des particuliers , la banque royale de Caſtille ne donnera aucune reconnoiſſance des crédits qu'elle aura accordé en virement de parties.

XXIV. Seulement les particuliers , pourvus des-
dits crédits , en vertu de leurs contrats d'hypothèque , tireront ſur la banque , en forme de
mandats , les ſommes qu'ils jugeront à propos ,
que l'on fera ſortir de leur compte , pour en cré-
diter celui qui ſera ouvert, à ceux à qui ils les
auront cédés.

XXV. Ceux à qui on aura cédé des ſommes en
virement de parties , porteront à la banque leurs
reconnoiſſances pour s'en faire ouvrir un compte
dans les écritures de la banque , & donneront
un réal de platte pour l'ouverture dudit compte : ...

(e) Les intérêts des crédits qui ſeront accordés de virement en banque , ſont tout bénéfice ; ... & quand l'Etat
ſera ſeul propriétaire de cet établiſſement , cette partie bien
aſſiſe & bien en mouvement , lui aſſure un bénéfice annuel
très-conſidérable ; .... auſſi j'oſe avancer que celui-ci ,
joint à celui que procurera le capital en comptant , roulera
au moins de 4 à 5 millions de Piaſtres fortes l'année ; —
objet qui établira avec le temps une caiſſe publique des plus
puiſſante.

ils fe rempliront de la valeur de la fomme portée en crédit, par des affignations particulières, de telles fommes qu'ils jugeront à propos, toujours au-deffus de 100 p. f. — toute indication de moindre valeur étant prohibée.

XXVI. Il fera rembourfé toutes les années par la banque royale de Caftille, en argent comptant & par lettres alphabétiques 4 pour 100 du capital des fommes en virement de parties, afin de balancer ceux de même fomme qui feront acquittés annuellement à la banque.

XXVII. Veut & entend S. M. que tous les effets de virement en banque, foient reçus en payement dans tous fes états, comme monnoie de l'état, & que tous les particuliers, de quel état, qualité & condition qu'ils foyent, ne pourront les refufer fous peine de confifcation de la fomme refufée au profit de S. M. (*f*)

XXVIII. Seulement les opérations de virement en banque, ne pouvant être confondues ni reçues dans les recettes de l'état & dans toutes les dépenfes domeftiques des citoyens, S. M. dit & ordonne que tous les comeftibles, falaires journaliers, main-d'œuvre d'induftrie & de fabrique; — achats dans les fabriques, rentes des terres & des maifons, recettes des finances & autres de cette nature, feront exclues des payemens en virement de parties; & que ceux-ci ne peuvent avoir lieu que dans les achats d'immeubles & de marchandifes, dettes de toutes efpèces, par contrat, crédit ou engagement privé &c. qui

----

(*f*) Le gouvernement ne fauroit trop accréditer cette partie; pouvant fe faire dans la fuite des temps, qu'il s'en trouve chargé par les propres befoins de l'Etat, furtout en temps de guerre.

feront conftamment tenus d'admettre les payemens en virement de parties, fous peine de perdre leurs créances au profit de S. M. (*g*)

XXIX. Tout particulier fera le maître, avant
de recevoir un mandat de virement en banque,
de faire vérifier dans les écritures de ladite banque la validité de l'indication : ce que n'étant
point, le tireur non pourvu en banque, fera
amendé au profit de S. M. de la valeur de la
fomme compromife, & puni comme fauffaire.

XXX. Pour la commodité des citoyens, la
banque établira des maifons de correfpondance
dans toutes les principales villes de commerce
du royaume, où pourront être tranfportées les
remifes de virement en banque, fuivant la convenance des particuliers, . . . toujours fous la garantie de la maifon de Madrid.

XXXI. Tous les effets excomptés par la banque ou pris en change par la banque, feront
tous payés par ladite banque en argent comptant. — Par contre la rentrée de tous les effets
qu'elle aura excomptés, lui fera également faite
en efpèce fonnante, toute partie de virement en
banque étant exclue de ces fortes de payemens
pour la banque & de la part de la banque.

XXXII. Toutes les parties de virement en ban-

(*g*) La teneur de cet article eft propice à la confervation des monnoies de l'Etat ; — il l'eft également aux changes de fon commerce, arrêtant beaucoup d'opérations en
banque qui facilitoient les émigrations des monnoies ; —
la banque royale de Caftille ayant lieu. . . . Le gouvernement avec une ordonnance de police, dans l'ordre des
payemens, acceptations & terme des lettres de change,
peut enlever cette partie aux nations étrangeres, & la tourner toute entière dans les opérations de la banque royale,
en faveur du commerce de la nation ; — en fon temps je
m'en expliquerai plus amplement.

que qui n'auront point été renouvellées ou réclamées depuis dix ans , feront cenfées mortes & tomberont au profit de S. M. la banque ne pouvant garder plus long-temps des comptes en fufpens.

XXXIII. Dans les cas de faillites , ou un failli auroit des fonds en virement en banque , les créanciers feront conftater leurs droits , & en difpoferont en vertu de leurs titres juridiques.

XXXIV. Dans les cas de mort de la part d'un particulier qui auroit des fonds de virement en banque , ... les héritiers en feront mis en poffeffion en vertu de leurs titres juridiques. ..

XXXV. Tout particulier qui aura paffé un contrat à la banque , & qui voudra le libérer avant l'expiration des 25 années accordées , fera le maître de le faire en payant à la banque 99 pour 100 de la fomme qu'il pourra refter devoir fur ledit contrat.

XXXVI. Les particuliers qui defireront fe faire ouvrir des comptes de virement en banque , fans y hypothéquer des capitaux , ... pourront par le moyen du comptant de la fomme defirée , s'en faire ouvrir un , fans aucun débours, en conftitution d'intérêt.

XXXVII. Dans aucun temps , dans aucun cas , & en faveur de qui que ce foit, il ne pourra être ordonné par aucune cour de juftice , aucune retenue ni faifie entre les mains de la banque , foit fur les capitaux en virement de parties , (excepté dans les cas de faillite déclarée), foit fur les falaires , gages & conftitutions à la charge de ladite banque. — Toutes ces opérations de juftice civile pouvant jetter de la confufion dans les maniemens de cet établiffement. — A cet effet,

XXXVIII. Veut & entend S. M. que tous les

cas non prévus par les préfentes , foyent évoqués en fon confeil , pour en être par lui ordonné comme elle jugera convenable.

XXXIX. Il fera nommé par S. M. un avocat , un procureur & un notaire au confeil de la banque royale de Caftiile , lefquels conjointement avec le fyndic & les quatre directeurs , le teneur de livre & le premier caiffier , s'affembleront tous les quinze jours pour délibérer fur les affaires de ladite banque royale.

XL. Le fyndic fera logé avec fa famille dans la maifon des bureaux de la banque , & gardera fous fa clef le porte-feuille des effets excomptés jufqu'à leurs échéances

XLI. Les quatre directeurs ferviront par femeftre & de deux en deux , ils obferveront qu'il en entrera un en fervice chaque quartier de l'année.

XLII. Tous les papiers qui feront préfentés à excompter , feront examinés par le fyndic & les deux directeurs en femeftre , & ils feront admis ou refufés par l'opinion de deux de ceux-ci.

XLIII. Toutes les perfonnes qui négocieront des papiers du commerce à la banque royale de Caftille , feront tenues d'infcrire au dos de chaque effet : « *paffé cejourd'hui à la banque royale de Caftille, valeur reçue comptant &c.... fans* quelle formalité , dans le cas où il feroit méfufé de leurs effets , ... lefdites perfonnes feront tenues de la malverfation & contraintes au rembourfement de la fomme débourfée par la banque royale de Caftille fur l'effet méfufé.

XLIV. La banque royale de Caftille n'endoffera jamais aucun effet, & n'en négociera jamais aucun de ceux dont elle fe fera chargée ; & tout fyndic , directeur , caiffier , teneur de livre & autre qui diftrairoit quelqu'effet du compte de ladite banque royale ou qui auroit là témérité de l'endoſſer, ſera caſſé de ſon emploi ; les actions dépoſées, confiſquées au profit de S. M. & pourſuivi criminellement ſi le cas le requiert.

XLV. Toutes leſ actions, annuités, traites, retraites, quittances, récépiſſés & autres effets en propriété à la banque royale, ſeront généralement ſignés d'un des deux directeurs en ſemeſtre & du chef du bureau de la partie ; ou du ſyndic & du chef du bureau de la partie. — Toute pièce, tout acte qui n'aura pas ces deux ſignatures, eſt déclaré nul par S. M. excepté les lettres de correſpondance, où la ſeule ſignature d'un des deux directeurs ſera ſuffiſante.

XLVI. Il ſera aſſigné au ſyndic huit mille p. fortes d'appointement : — cinq mille à chaque directeur ; huit cent à l'avocat affilié aux affaires de ladite banque royale ; 500 au procureur chargé des affaires en procès & 200 au notaire dépoſitaire de tous les actes appartenans à ladite banque royale. — Les appointemens de tous les commis, chefs de bureaux, employés & autres ſeront établis par le conſeil de ladite B. R.

XLVII. Tous les regiſtres & livres de compte ou de correſpondance de ladite banque royale de Caſtille, comme journaux, grands livres, livres de caiſſe, de correſpondance, des délibérations du conſeil &c. ſeront paraphés à la première & dernière page par le Seigneur miniſtre des finances.

XLVIII. Les écritures des livres de compte de la banque, ſeront tenues en parties doubles pour la plus grande clarté & ſûreté des comptes.

XLIX. Les bureaux de la banque royale de Caſtille ſeront ouverts tous les jours ouvrables ; le matin depuis neuf heures juſqu'à midi & l'après midi depuis trois heures jufqu'à fix , excepté la quinzaine de Pâque , les huit derniers jours du carnaval & les quinze jours que la banque royale emploira à tous les renouvellemens d'année , pour faire le bilan des affaires de l'année expirée.

L. Les perfonnes qui voudront prendre des actions dans la banque royale de Caftille , iront s'infcrire chez Mr.... où elles dépoferont leur argent ; & en vertu du reçu qui leur en fera délivré ; à l'ouverture des bureaux de la banque, elles iront retirer le nombre d'actions qui leur appartiendront.

LI. Toutes les actions & annuités de la banque royale de Caftille feront en imprimé & numérotées , ... portant en tête les armes de Caftille , furmontées par un foleil levant ; — la date du mois & année à la droite & le numero à la gauche , & diront en deffous banque royale de Caftille , avec dénomination du numero tout au long rempli à la main ; — après la date des lettres patentes en imprimé, & foit dans les actions & dans les annuités , le numéraire , la date du mois & jour remplis à la main.

LII. Il fera loué une maifon commode & fûre pour loger les affaires de la banque royale de Caftille , qui fera meublée & deffervie ainfi que le portera ledit confeil.

LIII. La porte de la maifon de la B. R. fera conftamment gardée par deux Suiffes à la livrée de S. M. avec toutes les diftinctions attachées à leurs fervices.

LIV. Cet établiffement fera mis par S. M. fous la protection de St. Ferdinand Roi d'Efpagne , à quel honneur la B. R. de Caftille fera célébrer toutes les années , le jour de la fête de ce St.

Protecteur, une meſſe ſolemnelle en action de grace.

LV. Finalement S. M. pleine de tendreſſe pour ſes peuples, ſe déclare caution de la B. R. de Caſtille, engageant à cet effet ſon intérêt de 20,000,000 de piaſtres fortes en icelle & pour elle, & pour ſes héritiers à perpétuité, toutes les rentes de ſa couronne. (*h*)

Tel eſt le plan de cet établiſſement préſenté depuis huit à dix ans au miniſtère de l'Eſpagne.— Voici actuellement celui de la loterie à fonds perdu, avec accroiſſement annuel de demi pour 100 ſur le capital des intérêts.

(*h*) Cet article de politique n'engage en rien Sa Majeſté, les Rois étant toujours mineurs. — D'une autre part il eſt impoſſible que la banque puiſſe jamais faillir, tant que le royaume d'Eſpagne, ne changera pas de ſouveraineté, de gouvernement, ou de conſtitution politique.

Les utilités riches, & ſimples de cet établiſſement, pour l'Eſpagne, ſans aucun débours, ni charge pécuniaire, pour les finances de Sa Majeſté, doit fixer les attentions, & le zéle du miniſtère; — les tréſors qu'il verſe dans la circulation publique, ſont ſi prodigieux, qu'il y auroit de la témérité d'en négliger la création. — Par lui, on verra le commerce de l'Eſpagne prendre le deſſus, ſur celui que font avec elle les nations étrangères. — Par lui, ... on verra l'Etat conſerver ſes monnoies, & ranger à ſon avantage tous les changes de ſon commerce. — Par lui, ... on verra le commerce maritime de la nation, féconder toutes les parties productives du travail de l'induſtrie, & de l'agriculture. — Par lui, ... on verra s'anéantir pour toujours ces commerces clandeſtins de la part des nations rivales, qui ont ſi fort arriéré le commerce utile & politique de l'Eſpagne, en Europe, & en Amérique.

PLAN DE LA LOTERIE.

Billets 200,000. à cent Piaſtres fortes (a) par Billet. . . . . Piaſtres fortes 20,000,000.

Diviſions des Lots.

Lots & Numeros.	Primes.	Numeraire des Primes.	Lots en intéréts.	Supputation des intéréts.
1	Piaſt. f. 60,000	Piaſtres fortes. 60,000	à 100 pour 100	Piaſtres fortes. 60,000 — —
2	30,000	60,000	75 dits —	45,000 — —
4	80,000	80,000	50 dits —	40,000 — —
8	10,000	80,000	25 dits —	20,000 — —
20	4,000	80,000	20 dits —	16,000 — —
50	2,000	100,000	18 dits —	18,000 — —
100	1,000	100,000	16 dits —	16,000 — —
200	600	120,000	14 dits —	16,000 — —
400	400	160,000	12 dits —	19,200 — —
1000	200	200,000	10 dits —	20,000 — —
2000	160	320,000	9 dits —	28,800 — —
4000	140	560,000	8 dits —	44,800 — —
8000	120	960,000	7 dits —	67,200 — —
16,000	110	1,760,000	6 dits —	105,600 — —
20,000	100	2,000,000	5 dits —	100,000 — —
30,000	90	2,700,000	4 dits —	108,000 — —
118,215	88	10,402,920	3 dits —	312,088 — —

Nº. & Lots. 200,000. . . . . 19,742,920. 1,037,488

pour les dépenſes . . . 257,080. hazards de la lot. à 30 pr. 100. 311,246

Billets . . 200,000. capital Piaſtres fortes . 20,000,000. conſtitution viagere, P.f. 726,242. 3 7/72 p.o

(a) 500 Liv.

Van Magdebourg.

Mais cet établissement est un ouvrage, & je trouve cette opération trés-bien raisonnée. — La loterie est sage aussi, sans partialité ni onérosité pour les preneurs ; ... tout m'y paroît bien tempéré & bien proportionné aux besoins & à la position locale de l'Espagne. — Il est surprenant que ce ministère ne s'en soit pas occupé plus sérieusement.

Milord Spiteal.

Pour s'occuper d'un pareil objet & pour en raisonner toutes les utilités, il faut des hommes qui connoissent les combinaisons & les rapports productifs. — Desirer de trouver cela chez un Espagnol, c'est desirer l'impossible : ... car depuis que l'Espagne existe, ou pour mieux dire, depuis que Ferdinand & Isabelle ont chassé tous les Maures de leur royaume, il ne s'est trouvé encore aucun administrateur qui ait eu la présence d'esprit, de corriger dans les recettes des douanes & dans le code des finances, les expressions arabes de almojarifago, maravedis &c. Si depuis trois cent ans, il ne s'est pas trouvé une tête dans le ministère de Castille pour une si petite misère,... comment voulez-vous aujourd'hui qu'il s'en trouve une en état de pouvoir expliquer toutes les utilités & tous les avantages de l'établissement en banque dont nous nous entretenons ? — N'en déplaise à Mr. de Pellissery, vos Espagnols font des vilaines gens : .... c'est bien peu connoître ce qu'ils valent, que de s'en occuper si gratuitement.

Le Cosmopolite.

Vous êtes prévenu, milord, & certainement vous ne connoissez pas cette nation. — Croyez qu'il y a chez elle des gens très-instruits & d'un grand mérite : .... mais malheureusement ces gens-là fe tiennent cachés , retirés , gardent le filence ; ... foyez très-perfuadé que le tribunal de l'inquifition eft le plus cruel ennemi qu'ait jamais eu l'Efpagne. — Mais laiffons cette queftion qui n'a rien de commun avec notre étabiffement.— Par le fecours de la banque de Caftille , le mi-niftère des finances fe faifoit ouvrir un crédit en virement de parties hypothéquées fur toutes les rentes de l'état; & le Roi , par le moyen de ce crédit , rembourfoit toutes les dettes de Philippe V. .... les 35,625,220 piaftres à quoi fe feroit monté l'achat de tous les moulins & celui d'une fomme équivalente pour la perfection des grands chemins & des ports maritimes.

Van Magdebourg.

Ha ! ha ! ... enfin nous y voici. — C'eft par le fecours des fonds en virement de parties, que l'Efpagne rembourfoit l'acquifition de tous les moulins.

Le Cosmopolite.

Certainement : ... hé ! fans cela , comment auriez-vous voulu que le gouvernement avec 152 millions de revenus annuels eût pu réfifter à une dépenfe de cette force , à celle du rembourfe-ment des dettes de Philippe V. & à la réparation des routes publiques ?

Van Magdebourg.

Je vous entends : ... l'opération étoit prévue de loin.

Le Cosmopolite.

Il y a même plus , ... c'eft que par le fecours des hypothèques en virement de parties , ... toutes les villes & toutes les provinces fe feroient purgées de leurs dettes particulières ; & que celles qui ont des ports maritimes , des rivières navi-gables , des canaux ou des chemins publics en

pro-

proprjété, les auroient réparés, améliorés & per-
fectionnés, sans contracter aucune nouvelle dette.

MILORD SPITEAL.

Toutes ces réparations font bien néceffaires en
Efpagne, ... n'y ayant aucun chemin en bon
état, aucune rivière navigable, ni d'autre port
fermé dans toute la Méditerranée, que ceux de
Barcelone & de Malaga.

LE COSMOPOLITE.

Le miniftère s'eft tellement oublié fur toutes
ces parties effentielles de fon adminiftration, que
les routes publiques font généralement fans terme
ou fans reconnoiffances feigneuriales ; & pour
peu que les chemins foyent gâtés par les eaux ou
par les pluies, ... les voyageurs, les rouliers &
les muletiers empiétent impunément & avec in-
difcrétion fur les terres labourées ou enfemen-
cées : .... de forte (en hyver) que vous avez des
routes publiques, qui s'élargiffent dans les terres
d'un demi-mille & quelquefois d'un mille. — De
ces négligences malheureufes, il s'en occafionne
des dégâts affreux dans l'agriculture, qui détrui-
fent des portions très-confidérables du bled, des
légumes, & même des arbres....

MILORD SPITEAL.

Alte là ! alte là ! pour les arbres : ... il feroit
difficile que cette partie pût être endommagée
en Efpagne, n'y ayant rien de fi pellé, de fi déf-
habillé & d'auffi défert que les trois quarts de fes
campagnes : ... on n'y voit prefque par tout ni
habitans, ni bois, ni chaumières. — Où trouvez-
vous des bois, s'il vous plaît, en Efpagne ? ...
j'ai traverfé toute l'Andaloufie, l'Eftremadoure,
les deux Caftilles, une partie de l'Arragon, le
royaume de Valence, toute la Catalogne &c. &
je vous affure que je n'y ai rencontré que de très-

petits bouquets de bois. — Otez les plaisirs du Roi aux environs de Madrid, les collines de l'Escurial, celles de St. Ildefonse, la Sierra-Morena & les approches de Valence, ... je vous assure que je n'ai trouvé aucun autre principe de forêt.

LE COSMOPOLITE.

Allons! allons! milord, il ne faut pas tant se déchaîner, vous avez d'un côté ou d'autre bien des bois en Espagne. — Qu'ils soyent mal placés & qu'il y ait même des provinces qui en manquent absolument, comme l'Andaloufie, l'Estramadure, la majeure partie des deux Castilles, de la Galice, de l'Arragon &c... je vous l'accorde.

MILORD SPITEAL.

Bagatelle! .... ces provinces seules formant plus de la moitié de ce vaste royaume; & dans les trois quarts d'elles, leurs habitans & ceux de Madrid même, font obligés de faire cuire leur pain & presque tout leur ménage au feu du crotin des chevaux; ... ce qui donne un goût, une odeur aux viandes rôties ou grillées, des plus désagréables.

VAN MAGDEBOURG.

Hé bien! Cosmopolite, ... est-ce par un excès de sensualité ou par un rafinement de goût, que vos célèbres Espagnols font leurs cuisines au feu de ces nouveaux parfums de leur Arabie?

LE COSMOPOLITE.

Van Magdebourg, il ne faut jamais humilier des hommes que leur gouvernement seul rend malheureux. — Si l'Espagne manque de bois, si ses campagnes font désertes, déshabillées, stériles dans beaucoup de provinces, ... ce n'est point la faute des sujets; — c'est la faute du gouvernement qui n'a jamais surveillé en père de famille, fa population, fon agriculture & fes campagnes, ayant toujours laiffé perdre les eaux, les bois, les engrais &c.

MILORD SPITEAL.

Mais, mon ami, avec vous, c'eft toujours la faute du gouvernement & jamais celle des fujets : ... dites-moi un peu fi ce n'eft pas la faute des fujets, dès qu'ils font feuls proprietaires de toutes les terres, fi les campagnes de la monarchie, font dépourvues d'arbres, de forêts & de nombre de denrées abfolues. .....

LE COSMOPOLITE.

Non encore, vous dis-je, c'eft la faute du gouvernement. — Si fon adminiftration avoit été prévoyante, active, réflechie, il auroit fait attention que toutes les guerres inteftines de l'Efpagne contre les infidèles, avoient conftamment faccagé toutes leurs campagnes ; & que de cette dévaftation, elle avoit perdu fes bois, fes prairies, nombre de denrées premières d'une culture trop lente & trop tardive, pour fixer l'attention des fujets. — En conféquence, un gouvernement fage fe feroit appliqué de réparer tous ces défavantages ; & loin de les rendre plus graves par des impofitions onéreufes à l'agriculture, telles que les millons, les quatre droits additionnels, les alcavales, les dixmes &c..... il les auroit éteint par des franchifes, des gratifications ou des récompenfes qui auroient engagés les propriétaires des terres, de renouveller les bois, les prairies, les arbres fruitiers &c. au lieu que l'opinion contraire ou la négligence de l'autorité, ont perpétué le défordre, en accumulant les défavantages.

ST. ALBIN.

Il eft conftant que l'Efpagne n'a pas affez donné

d'attention à cette partie effentielle de fon adminiftration ; .... qu'elle l'a trop abandonnée au
libre arbitre des fujets, & qu'elle auroit dû s'établir, comme en France, le confervateur des eaux
& forêts de la métropole.

Le Cosmopolite.

Si l'Efpagne avoit eu cette fageffe, fes campagnes fe feroient recouvertes de bois ; & les
engrais que les habitans ont été forcés d'enlever
à l'agriculture, auroient conftamment fervi à féconder toutes fes productions, au lieu que la
négligence de l'adminiftration a augmenté l'épuifement & la difette des objets les plus néceffaires.

Van Magdebourg.

Mais, mon ami, moi, particulier, qui ai un
arpent de terre à cultiver pour fubvenir à mes
befoins, fi le gouvernement ne réfléchit pas à fes
obligations, aux foins qu'il doit prendre de fes
peuples, ... je dois au moins penfer à moi. —
En conféquence, fi je ne trouve point du bois à
acheter ou à échanger contre le fuperflus de mes
denrées, je planterai chez moi des arbres, parce
qu'il me faut du bois pour chauffer mon ménage.

Milord Spiteal.

Van Magdebourg, l'Efpagnol s'occupe fi peu
du préfent & de l'avenir ; ... il réfléchit fi peu
à fes appétits, à fes néceffités, à fes befoins mêmes, que vous n'avez point de pays au monde
plus fertile que l'Efpagne, & où l'on trouve fi
peu de diverfités de fruits & de légumes. — Il
eft de fait que les premières afperges domeftiques
qui fe font mangées à Madrid, y ont été appor-
tées par Philippe V. — Jufqu'alors elles y ont été
inconnues, avec grand tort, ... car elles y font
excellentes. — Il en eft de même pour les lai-
tues romaines, le creffon alanois, les mâches,

plufieurs efpèces de choux , de carottes , de ra-
dis &c. — Ils n'avoient prefque point de pêches,
de poires & de pommes fous Charles II. ; &
encore aujourd'hui , à peine trouve-t-on à Madrid deux ou trois fortes de pommes affez ordinaires , quelques poires beurrés & blanquettes en
poires d'été , quelques bergamotes & meffirejean
en poires d'hyver ; — très-peu de pêches.....
Voilà tous les fruits recherchés que j'ai vu à Madrid en quatre ans de réfidence. . . .

LE COSMOPOLITE.

Tout ce que vous dites là , eft à la lettre ; &
tout cela eft toujours à la honte du gouvernement. — Comme il eft de fait que c'eft le foleil
qui féconde la terre par fa chaleur & fon élévation , ... il en auroit été de même pour la nation efpagnole , fi l'adminiftration s'étoit plus occupée de cette bienfaifance qui doit régner de
claffe en claffe , depuis le fouverain jufqu'au
moindre de fes fujets. — Mais en Efpagne , le
gouvernement n'ayant jamais manifefté à fes peuples que beaucoup d'empire & beaucoup d'intérêt , ... les fujets , (pour ainfi dire ,) fe font
enveloppés dans leurs manteaux , comme Céfar
au Capitole , & fe font laiffés poignarder par le
découragement & la misère. — Cette vérité fan-
glante eft très-bien démontrée par la décadence
de l'Efpagne dans le temps de fa plus forte opulence ; (*a*) très-bien prouvée par le défavantage
de fes rentes provinciales , perpétué de règne en
règne , depuis Ferdinand & Ifabelle jufqu'à Charles III. ; ... encore mieux établie par tous les

_____

(*a*) Qui eft celle depuis la découverte de l'Amérique ;
en ayant retiré en 276 ans 70 milliards en or & argent , fans
20 milliards en fruits &c.

péculats pratiqués fur toutes les monnoies de l'état, dans tous les bureaux de fes douanes, depuis plus de trois fiècles. — Mais elle va acquérir une plus grande force dans la connoiffance des raifons particulières qu'a donné le miniftère pour fe refufer aux propofitions ci-après, qui lui ont été faites en divers temps par diverfes fociétés très-argentées. — En 1690 il fe préfenta une compagnie de Hollandois, avec un fonds trèsconfidérable pour deffécher tous les marais falins qui occupent plus de vingt lieues de pays au fond de la baie de Cadix, depuis Port-Royal à Chyclane, Conil, Sti Petri & l'ifle de Léon, ... ne demandant au gouvernement ni avance, ni autre propriété, (pour fe remplir de leurs dépenfes,) que la jouiffance libre d'impofition pendant 30 années, de tous les produits agricoles de ces défrichemens, & celle de 30 années de plus avec toutes les charges des autres terres de la monarchie;... après quel temps, ou après quels 60 ans de jouiffance expirés,... , les terres defféchées ou mifes en valeur, devoient tomber au profit du gouvernement qui les auroit vendues à qui il auroit jugé à propos.

Van Magdebourg.

J'ai connoiffance de cette propofition,... car un de mes parens étoit de cette fociété : — la demande fut rejettée.

Le Cosmopolite.

Cela eft vrai. — Je vous en donne cent mille de deviner quel fut le prétexte qui la fit rejetter.

Van Magdebourg.

J'en ai entendu parler dans mon enfance,... mais je ne me le remets pas.

Le Cosmopolite.

Que les Hollandois de ce temps-là étoient les

petits-fils de Flamands révoltés contre l'Espagne, & que toute proposition de leur part devoit être suspecte ; — qu'il falloit la rejetter.

Van Magdebourg.

Quelle absurdité ! ... traiter des hommes raisonnables, (qui ne se font réunis en corps de nation, que pour se souftraire à la tyrannie d'un gouvernement barbare,) de sujets rebelles, ... c'est être bien bête ! — il faut être Espagnol, pour s'exprimer ainsi ; ... sur-tout quand depuis près de 150 ans, on reconnoît cette nouvelle nation pour état souverain, & que l'on envoye des ambassadeurs chez elle.

Milord Spiteal.

Tel est des Castillans le sublime génie, — mon cher ami, (*au Cosmopolite*) vos Espagnols se disent tous descendus du fameux Pélage, & moi je les crois bien plutôt descendans du charpentier d'Horace ; ... leurs idées se ressemblent assez ; l'un passa les trois quarts de sa vie à contempler le tronc d'un arbre, incertain s'il en feroit un Dieu ou un banc pour s'asseoir, & les autres ne s'étudiant qu'à faire des bêtises.

Le Cosmopolite.

Si par une idée aussi extravagante, le ministère de l'Espagne a eu la mal - adresse de priver sa métropole de l'accroissement d'une richesse aussi solide & aussi nécessaire que celle de l'agriculture, ... que voulez-vous que fassent des hommes, sujets d'un tel gouvernement ?

Van Magdebourg.

Il n'y a que des Espagnols, mon cher ami, qui puissent penser de la sorte. Les Maures qu'ils ont chassé étoient plus raisonnables qu'eux : ... ils protégeoient l'agriculture : ... le seul canal d'ar-

rofage qu'il y ait dans toute l'Efpagne, a été
fait par leurs mains ; — c'eft celui de Valence.

L E C O S M O P O L I T E.

Voilà pourtant ce que répondit le grave cabinet de Caftille. — Si à des propofitions auffi
avantageufes, auffi utiles & auffi abfolues à une
nation, un gouvernement oppofe des raifons auffi
infenfées, doit-on être furpris du découragement
des fujets ? . . . .

V A N M A G D E B O U R G.

Non : . . . mais je voudrois qu'une telle nation
prit fur elle de fortir de fon abattement & de
fa mifère ; . . . & que pouffée d'indignation & de
mépris pour de tels miniftres, ils fiffent ce qu'ont
fait les Hollandois, — qu'ils fe gouvernaffent par
eux - mêmes.

L E C O S M O P O L I T E.

Ce qui a été bon dans un temps, ne convient
pas toujours dans un autre. — Il étoit de l'intérêt
de la France que vous exiftaffiez en état fouverain, & vous exiftez. — Il a convenu également
à cette monarchie qu'il y eût un Roi de Pruffe
& un Roi de Portugal, & elle les a fait. — Mais
aujourd'hui il n'eft pas de fon intérêt ni de celui
de l'Europe, qu'il s'y faffe de nouvelles révolutions;
ces fcenes de fang entraînent toujours après elles
des fuites qu'il eft très-prudent de prévenir.

M I L O R D S P I T E A L.

Quelle fut la feconde propofition des quatre
qui ont été rejettées auffi judicieufement par les
prudens & fages miniftres de l'Efpagne ?

L E C O S M O P O L I T E.

Vous avez entendu parler de la Sierra-Morena.

M I L O R D S P I T E A L.

Oui : . . . je connois même fa fituation. — C'eft
une chaîne de colines en rond de plus de 30 lieues

de circuit qui féparent l'Andaloufie de la nouvelle Caftille.

LE COSMOPOLITE.

Hé bien ! cette chaîne de collines entrecoupées
de vallées très-fertiles & très-fufceptibles d'agriculture, depuis la retraite des Maures, font reftées inhabitées. — En 1725 la province de Catalogne offrit au miniftère de l'Efpagne d'y établir une colonie de 25,000 Catalans, afin de la
peupler & de la défricher ; — demandant pour
toute grace au gouvernement la propriété des
terres mifes en valeur pour fes colons, fans aucune fervitude ni impofition quelconque fur les
denrées de leur agriculture pendant vingt - cinq
ans.

VAN MAGDEBOURG.

Hé bien ! que répondit ce docte cabinet de
Caftille à une fi fage propofition ?

LE COSMOPOLITE.

Que les Catalans ayant été des fujets rebelles,
comme les Andalous, il ne falloit pas rapprocher
les uns des autres, des hommes de ce caractère,
ni les mêler avec ceux d'une province qui s'eft
autant illuftrée que Caftille-la-neuve ; — tous fes
habitans, de même que ceux de la vieille-Caftil-
le, s'étant fignalés dans la guerre de la fucceffion, par leur attachement & leur refpect pour
leur fouverain. — En conféquence, la Sierra-
Morena eft reftée inculte, déshabitée jufqu'en
1766, que le miniftère prit alors des arrangemens pour la faire peupler & défricher par des
Allemands.

VAN MAGDEBOURG.

Je m'attendois bien à une auffi fage réponfe.—
Grand Dieu ! & de tels hommes mangent du
pain !

LE COSMOPOLITE.

Vous voyez donc bien par toutes ces ignorances dans la perſonne des miniſtres, que ce n'eſt point par la faute des ſujets que s'eſt arriérée l'Eſpagne, mais bien par les préventions vicieuſes du gouvernement : — 3ᵉ. propoſition. — En 1730 une ſeconde compagnie de Hollandois ſe propoſa pour entreprendre de rendre le Tage navigable, depuis Lisbonne juſqu'à 50 lieues en-delà d'Aranjues & après juſqu'à Madrid, par un canal de communication du Tage au Manſanare.

VAN MAGDEBOURG.

Encore des Hollandois ! . . . . ils ſont donc foux ! — hé bien ! mon cher ami, ... une ſi belle propoſition quel ſort eut-elle ? . . . car il ne faut être étonné de rien avec vos Eſpagnols.

LE COSMOPOLITE.

Hélas ! . . . elle eut le ſort de tant d'autres propoſitions auſſi utiles que néceſſaires à l'Eſpagne.— Comme cette compagnie demandoit pendant 30 ans la jouiſſance de tous les péages, douanes & droits forins ſur tout le courant des deux rives de la rivière, depuis Lisbonne juſqu'à Madrid, ... le miniſtère de Caſtille objeća que ce ſeroit ouvrir une carrière ſûre à la contrebande, plutôt que de faciliter au commerce les exportations & importations de la métropole.

VAN MAGDEBOURG.

Ha têtes à perruque ! . . . quand cela ſeroit, ... faut-il pour un préjudice de paſſage, priver votre royaume d'une navigation intérieure, qui vous reſtera toujours en propriété, & dont les avantages doivent être pour vous & pour vos ſujets de un comme à mille ou de un ſur mille, vis-à-vis de tous les déſavantages que vous en craignez ?

MILORD SPITEAL.

Plus je réfléchis aux observations de Van Magdebourg, plus j'applaudis à la comparaison judicieuse que fit de l'Espagne un de nos célèbres ministres après la conclusion du triste traité d'Aranjues entre la Grande-Bretagne & la cour de Madrid en 1755 ou 1756 : — il faut que je vous fasse part de son discours. — Dans le conseil d'état qui se tint à Fitz-James à l'occasion de ce traité, où tous les ministres dudit conseil s'applaudissoient de voir la Grande-Bretagne à la fin parvenue à délier l'Espagne de son alliance avec la France, ce vertueux patriote prit la parole & dit : « Vous vous félicitez, Messieurs, d'une opé-
» ration qui donne de la force à vos ennemis
» & du désavantage à votre patrie. — L'Espagne
» n'est point une de ces puissances, dont la
» Grande-Bretagne doive rechercher l'alliance,
» ni même ambitionner de se lier trop étroite-
» ment d'intérêt avec elle : ... son amitié n'est
» point une amitié qui puisse nous être utile ; ...
» sans nerf, sans vigueur, sans activité dans sa
» constitution politique, elle ne peut offrir à ses
» alliés que des ressources médiocres ; . . . . si
» toutefois on peut appeller ressources, des for-
» ces militaires, aussi limitées & aussi peu suffi-
» santes que celles de cette monarchie, pour la
» défense de tous les vastes domaines qu'elle pos-
» séde en Europe, en Amérique, en Asie & en
» Afrique. — Aussi éclairé que moi sur cette vé-
» rité, ... aussi zélé que nous le sommes tous
» pour les intérêts de notre chère patrie, vous
» paroissez oublier que la puissance de l'Espagne,
» (dans la spéculation politique des cabinets de
» la Grande - Bretagne, de la France & de la
» Hollande,) n'est considérée que comme une

» puiffance précaire, tolérée par ces trois na-
» tions, qui ne la laiffent fubfifter, depuis tant
» de fiècles, que pour n'être conftamment que
» la geolière des tréfors momentanés de l'Amé-
» rique, parce que de l'appas de tous ces tréfors
» s'établiffant toute la richeffe de leur commer-
» ce, elles fe font confervé par ce moyen la
» jouiffance des productions de l'Amérique, fans
» être tenues des dépenfes de fa confervation.—
» Delà, le motif de toutes les prévenances & de
» toutes les démonftrations de la part de la
» Grande-Bretagne, de la France, de la Hol-
» lande, de la Suede, du Dannemarc pour cette
» puiffance ; … mais ne vous y trompez pas, …
» leurs empreffemens font fans confiance, fans
» eftime pour elle : tout y eft intérêt. — C'eft à
» l'or, c'eft à l'argent, c'eft aux tréfors de l'A-
» mérique à qui elles rendent hommage ; & fi
» l'Efpagne ceffoit un jour de les poffléder, vous
» verriez toutes les nations qui la courtifent au-
» jourd'hui, l'abandonner pour tourner leurs
» careffes vers celle qui auroit pris fa place dans
» la fauve - garde de tous ces tréfors. — Per-
» fuadé de cette vérité, je vois avec douleur votre
» contentement. — La Grande-Bretagne, dites-
» vous, vient de conclure un traité d'alliance
» avec l'Efpagne, & vous vous applaudiffez
» d'avoir interrompu fes intimités avec la cour
» de Verfailles : … ô Anglois ! quelle folie ! …
» avez-vous oublié que c'eft cette Monarchie,
» (depuis un fiècle,) qui a caufé tous les mal-
» heurs de la France ? … que c'eft elle qui l'a
» ruinée dans la guerre de la fucceffion ; … qui
» lui a fait perdre, (par le traité d'Utrecht,)
» Terre-Neuve, l'Acadie, la baie de Hudfon, le
» port de Dunkerque, Jerfey & Quernefey ; …

» qui l'a précipitée dans le défaftre affreux des
» billets de banque, & dans les fucceffives révo-
» lutions de fes monnoies jufqu'en 1730 : —
» après toutes ces époques malheureufes, qu'elle
» a été forcée de prendre part à la guerre de
» Naples, à celle de Parme, des Pays-Bas ; &
» qu'elle s'eft trouvée entraînée, malgré elle en
» 1744, dans une guerre perfonnelle contre la
» Grande-Bretagne, où nous avons détruit toute
» fa marine royale ; ... ruiné tout le commerce
» maritime de fes fujets, conquis plufieurs de
» fes colonies, ... fans autre avantage pour elle,
» que d'avoir obéré pour long-temps la profpé-
» rité de fes finances, & d'avoir été le don Gui-
» chotte de l'Efpagne, comme un galant hom-
» me pourroit l'être d'une femme coquette que
» l'on lui infulteroit fous le bras. — Après tous
» ces faits immortels, confacrés à la poftérité par
» les faftes de l'hiftoire de notre chère patrie, ...
» vous vous applaudiffez, Anglois, de ce que la
» Grande-Bretagne a ravi à notre rival une maî-
» treffe qui le ruinoit, & dont nous jouiffions des
» faveurs, fans avoir à en effuyer les caprices ; ...
» hé ! qu'en obtiendrons - nous de plus à l'ave-
» nir ? ... penfez-vous que nos commerces avec
» elle feront plus confidérables que par le paffé ?...
» non : ... notre rival eft encore affez puiffant
» pour nous en empêcher ; qu'ils feront plus lu-
» cratifs ? ... non : .... je dis plus, ils feront
» plus contrariés par les chicanes réitérées que
» la France ne ceffera de nous faire ; ... que
» nos efcadres feront moins expofées, plus in-
» vincibles ? ... non : .... le péril & la gloire
» font notre devife. ... Donc, il ne reftera d'au-
» tre avantage à la Grande - Bretagne, que la
» fauffe gloire de s'être chargée d'un allié éphé-

» mère, qui nous mettra dans la dure néceſſité
» d'épouſer toutes ſes querelles , ſans pouvoir
» prendre part dans aucune des nôtres :.... ô
» Anglois ! où eſt la patrie ? ... où eſt cette ſa-
» geſſe qui vous a toujours fait regarder la France
» comme votre ennemi & l'Eſpagne comme l'ob-
» jet de toutes ſes écoles ? — Pourquoi vouloir
» donner à cet ennemi terrible plus de priſe ſur
» nous que par le paſſé , en le débarraſſant d'une
» alliance onéreuſe & en lui fourniſſant de plus
» amples moyens de nous attaquer avec plus
» d'avantages ? — Contemplez aujourd'hui tou-
» tes vos colonies & toutes celles de votre allié
» ouvertes à ſon ambition ? ... voyez une mé-
» tropole ſans force & ſans barrière , de plein
» pied avec celle de ce redoutable rival , attaquée
» avec ſuccès par des armées très-nombreuſes ,
» & que vous êtes engagés de défendre de tou-
» tes vos forces ? — Quel avantage eſpérez-vous
» de cette alliance ? — avez-vous oublié que c'eſt
» ſur elle que vous avez acquis la Jamaïque ,
» Port - Mahon & Gibraltar ? ... que c'eſt dans
» toutes vos guerres avec elle , que vous avez fait
» les plus riches priſes , les plus riches conquêtes,
» les plus riches commerces ; & que c'eſt en ne
» la traitant ni d'amie , ni d'alliée , que vous
» vous êtes procuré la jouiſſance chez elle de
» l'Aſſiento , de la vente des Negres & de la
» coupe du bois de Campêche ? — Pourquoi né-
» gliger d'auſſi ſolides avantages ? & pourquoi ,
» au mépris de vos peuples , contraƈter une al-
» liance onéreuſe , qui gênera toutes vos diſpo-
» ſitions politiques , en gênant l'accroiſſement de
» vos richeſſes réelles ? — Oui , Meſſieurs , l'Eſ-
» pagne par ſon alliance n'eſt point notre fait.—
» Cette monarchie eſt placée pour n'être conſ-

» tamment, aux yeux de tous les Anglois, de
» tous les hommes d'état, de tous les miniſtres,
» que notre ennemie, de même que la France;
» & ſon exiſtence, ſa conſtitution & ſes forces
» vous donnent le portrait vivant de la ſtatue
» dont parlent les Saintes Ecritures : . . . ſa tête
» eſt d'or & ſon ventre d'argent ; . . . mais ſes
» cuiſſes ſont de fer & ſes pieds d'argille. — Il
» faut qu'un tel coloſſe s'écroule par la foibleſſe
» de ſes fondemens : . . . pourquoi chercher de
» nous en faire écraſer ? »

VAN MAGDEBOURG.

Votre miniſtre, mon cher milord, penſoit
plus juſte que tout votre conſeil d'état aſſem-
blé : . . . . remerciez la Divine Providence de ce
qu'il lui a plû de dévancer les jours de Ferdinand
VI. — Sans cet évenement, . . . ma foi, vous
aviez la charge de défendre cette monarchie contre la France & le Portugal. — Vous n'auriez
pas eu auſſi beau jeu que vous l'avez eu ; & vous
n'auriez jamais eu occaſion en 10 mois de rupture, (dans votre plaiſante guerre de 1762,) de
prendre ſur elle la frégate l'Hermione venant de
la mer du Sud avec 5 millions de piaſtres fortes
en or & en argent, & un million en marchandiſes : . . . . 30 millions de liv. tourn. — les deux
galions des Philippines avec 2,500,000p. f. en argent, &200,000 en marchandiſes : ... 13,500,000
liv. tour. — 4 vaiſſeaux marchands d'entrée en
Amérique, riches à 3 millions de p. courantes :
11,150,000 liv. t. ; — 6 vaiſ. marchands dans la
Havane, de retour de Carthagene, de Honduras &
de Campêche, riches à trois millions de piaſtres
fortes en argent & quatre en marchandiſes : 7
millions en tout, ... ou 35 millions de livres
tournois ; — la capitulation de la Havane & des

Philippines 4 millions de piaftres fortes, 20 millions de liv. — en tout bien additionné 109,750,000 liv. fans douze vaiffeaux de guerre de 70 canons, tout armés ; .... 20 millions de piaftres au moins de dégât dans les arfenaux, chantiers, magafins & fortifications de la Havane ; & fans peut-être plus de 10 millions de liv. fterl. de commerce que vous avez fait avec cette Ifle, & par ricochet avec le Mexique, Campêche, Honduras & Carthagene. — Ce n'eft pas être fi malheureux, mon cher milord, dans une guerre de dix mois : .... à bon jeu je parierai prefque, dans toute votre guerre de 1756, que vous n'avez pas acquis fur la France autant de richeffes phyfiques. — La nation angloife devroit faire élever une ftatue à ce vertueux miniftre, lui feul ayant mieux connu ce qui convenoit à la Grande-Bretagne, que tout fon confeil d'état affemblé.

ST. ALBIN.

Il eft conftant que l'Efpagne a furieufement perdu dans la dernière guerre : foit en Portugal, foit en Amérique, rien ne lui a réuffi. . . .

LE COSMOPOLITE.

Hé encore ! ne perdit-elle pas ce qu'elle devoit perdre. — Dans l'état d'abandon, d'épuifement & de diferte (des chofes les plus abfolues) où l'on avoit laiffé tous fes arfenaux de terre & de mer, depuis la paix de 1748, fes villes de guerre & toutes fes colonies ; ... l'Efpagne dans cette guerre pouvoit être ruinée de fond en comble, fans pouvoir jamais s'en relever. . . .

MILORD SPITEAL.

Auffi, qu'avoit-elle à faire de vouloir époufer la querelle de la France, dans l'état d'épuifement où nous l'avions réduite ? ... elle qui ne peut rien étant feule. . . .

VAN

Van Magdebourg.

Sans - doute qu'elle voulut donner un fecond exemple de la guerre de Don quichotte contre les géans, ou des Titans contre Jupiter.

Le Cosmopolite.

Plaifanterie à part : ... le plan du confeil de Caftille n'étoit point mauvais ni à contre temps... Tout auroit réuffi au gré des cours refpectives de Verfailles & de Madrid, fi le Roi d'Efpagne n'avoit point été trompé par fes miniftres qui lui préfenterent des états faux de fes forces de terre & de mer, & des approvifionnemens militaires de fes villes de guerre en Europe & en Amérique. — C'eft fur cesdits états, que le Roi d'Efpagne prit la réfolution de fe déclarer en faveur de fon allié.

Van Magdebourg.

Si j'avois été Roi d'Efpagne, à la première connoiffance de ces infidélités, j'aurois fait pendre tout de fuite tous les miniftres coupables, & j'en aurois fait garder la peau farcie de paille dans la falle du confeil, afin qu'elle apprît à ceux qui me trahiroient, quelle feroit pour eux la récompenfe de leurs perfidies. — Voyez quelles ont été les fuites malheureufes d'une telle infolence ?

Le Cosmopolite.

Des fuites des plus fâcheufes & pour elle & pour la France ; ... mais tel eft le trifte fort des Rois : ... nés pour le bonheur du monde, leurs miniftres deffervent leurs bienfaits ; & les peuples font toujours la victime des ingratitudes & des infidélités des miniftres.

Van Magdebourg.

Dans ce malheureux monde, dans ce monde de mifère, mon cher ami, les innocens payent

toujours pour les coupables ; . . . ce font les méchans, les fcélérats, les vrais gibiers de potence
qui jouiffent : . . . . l'homme honnête, les vrais
citoyens, les fujets fideles font les feuls opprimés.

LE COSMOPOLITE.

Tel a toujours été le fort de la nation efpagnole depuis Ferdinand & Ifabelle ; les miniftres
n'ayant jamais eu pour elle cette bienfaifance ,
ce fonds d'attachement qui conftitue toutes leurs
obligations ; & le gouvernement n'ayant pas affez
redreffé les miniftres. . . .

VAN MAGDEBOURG.

Puifque vous en êtes fur la thefe de ces Mrs.
fur quoi rouloit la quatrième propofition dont
vous nous avez parlé ? . . . . fut-elle auffi favora-
blement accueillie que les trois autres ? . . .

LE COSMOPOLITE.

La même chofe. — En 1500 il fut commencé
en Arragon un canal d'arrofage qui devoit prendre fes eaux de l'Ebre , parcourir fur des hau-
teurs un fer à cheval de plus de 30 lieues en plufieurs collines, (qui enferment une plaine très-confidérable,) & venir une autre fois reverfer fes eaux
dans l'Ebre, après avoir arrofé cette même plaine.
Ce canal commencé fous Charles V. fut abandonné fous Philippe II. — Les travaux commen-
cés fous ce premier règne, furent bientôt recom-
blés par les éboulemens des terres , & ont de-
meurés enfevelis, oubliés jufqu'en 1768, où un
François , (qui a établi avec fuccès une fabrique
de jus de régliffe dans ces cantons,) fut folli-
cité par les habitans du pays de fe mettre à la
tête de l'entreprife de ce même canal , s'étant
tous cotifés pour établir le fonds néceffaire à
cette dépenfe. — A cet effet, il n'étoit plus néceffaire que de la permiffion de la cour de Ma-

drid ; & ce même François fut encore chargé de
la folliciter, à quoi il fe préta de fort bonne
grace. — Etant arrivé à Madrid, il fut faire part
de fa miffion au Sgr. miniftre des finances, en lui
expofant les efforts & le zèle des habitans pour
une entreprife auffi utile, lui détaillant tous les
avantages qu'il en reviendroit aux finances de
l'état, à la nation, à l'agriculture. — Après plufieurs objections auffi déplacées que mal réfléchies, ce miniftre, pour toute folution, répondit à ce François, qu'il falloit qu'il donnât caution pour l'emploi des fonds néceffaires au travail de ce canal, & lui tourna le dos. ...

St. Albin.

Peut-être ce François demandoit-il que le Roi,
pour encourager l'entreprife, fit quelques avances
de fes deniers ? ...

Le Cosmopolite.

Non, on ne demandoit au Roi que fa protection & la propriété des eaux.

Van Magdebourg.

Non, il eft dans le cerveau de ces gens-là, de
penfer au rebours des autres hommes.

Milord Spiteal.

En effet, ... que peuvent defirer de plus les
vrais miniftres, fi ce n'eft de rencontrer des citoyens bien intentionnés, qui pour fe rendre
utiles, cherchent de mettre en valeur des établiffemens ou des propriétés, qui puiffent être
& refter conftamment à l'avantage de la nation,
fans aucun débours de la part du gouvernement?...
rien de plus agréable pour un adminiftrateur.

Van Magdebourg.

Tout cela fe préfente en Efpagne, & un miniftre difcute encore fur des mots :... ha têtes

en léthargie ! faites-vous appliquer des mouches
cantarides ! ...

LE COSMOPOLITE.

Convenez donc que ce n'eſt que le découragement qui a abruti la nation eſpagnole ; & que ce
découragement, depuis près de trois ſiècles, ne
s'eſt perpétué de père en fils, que par les ignorances conſtantes des adminiſtrateurs.

MILORD SPITEAL.

Des braves Caſtillans tel eſt le caractère : ... ils
ſont braves & prudens contre tous les principes...

VAN MAGDEBOURG.

Hé ! dites auſſi contre la ſaine raiſon ? ...

LE COSMOPOLITE.

Tels qu'ils ſont cependant, Meſſieurs, ils vous
ont fait trembler ſous Philippe II.... ils vous ont
tenus en reſpect ſous Charles V. ; & ils vous ont
fait reculer ſous la branche des Bourbons.

MILORD SPITEAL.

Joliment reculer , mon cher ami , ... joliment ! ... c'eſt ſous cette branche que la Grande-
Bretagne a acquit ſur l'Eſpagne la Jamaïque ,
Port-Mahon & Gibraltar ; & qu'elle a fait pendant plus de vingt ans les trois quarts du commerce de ſes colonies. — Si vous appellez cela
faire reculer les gens, nous en acceptons la plai-
ſanterie.

LE COSMOPOLITE.

Oui , vous avez acquis la Jamaïque , Mahon
& Gibraltar & le commerce de l'Aſſiento ſous le
premier des Rois Bourbons ; ... mais vous ne
dites pas que ce règne commença ſur les ruines
de ceux de la maiſon d'Autriche ; & que c'eſt à
l'appui de cette décadence , que vous avez acquis tous ces avantages. — Mais une fois que
Philippe V. a été bien aſſis ſur ſon trône ; ... qu'il

a eu un peu raffermi fes états, fa puiffance, qu'a-vez-vous gagné avec l'Efpagne ? — La guerre de 1738 ne vous a-t-elle pas fait perdre votre vaiffeau d'Affiento & la traite des Negres, qui étoient deux mines inépuifables de richeffes pour l'Angleterre ? — A la paix de 1748, n'avez-vous pas été forcés d'abandonner tous vos commerces clandeftins avec l'Amérique efpagnole ? — Depuis celle de 1763, la cour de Madrid n'a-t-elle pas anéanti tous les privilèges de votre navigation dans fes ports & dans fes rivières ? — Vos vaiffeaux de guerre peuvent-ils aujourd'hui mouiller impunément dans toutes les baies, rades & havres de cette monarchie ; y embarquer furtivement 8 à 900,000 p. f. comme par le paffé ?... Vos vaiffeaux marchands y font-ils comme autrefois exempts de vifites ? ... Vos articles d'induftrie y ont-ils auffi généralement cours qu'avant toutes ces époques ? — Il faut être jufte, quoique le gouvernement efpagnol fe néglige en beaucoup d'objets, il fe reveille pourtant dans beaucoup d'autres : — tout ne peut pas fe faire à la fois....

S_T. A_{LBIN}.

Certainement, ... quand les chofes font tombées dans une certaine décadence, il faut plus de temps & de moyens pour les réparer, que quand l'on fait fe prévenir contre les événemens, & que l'on a la fageffe de ne pas méfufer de fes avantages. — Mais l'on ne peut difconvenir que l'Efpagne ne fe foit très-bien réparée depuis la mort de Charles II. ; & il eft de fait, que fi elle mettoit à profit tous les moyens, toutes les connoiffances que nombre de gens inftruits ont cherché de lui procurer, ... que dans 10 ans cette monarchie ne feroit pas reconnoiffable.

VAN MAGDEBOURG.

Mon cher ami, de la queue d'un cochon, vous n'en ferez jamais une belle aigrette : … il en est de même de vos Espagnols. — Vous avez beau vous égosiller pour leur trouver des bonnes qualités ; … vous avez beau vouloir les excuser, les civiliser, leur donner la façon de penser que doivent avoir des hommes, … non ! … ils seront toujours des Espagnols. …

MILORD SPITEAL.

C'est-à-dire, des ignorans, des fainéans, des paresseux, ou un mélange de superstition, d'orgueil & de vices. …

VAN MAGDEBOURG.

Hé ! mettez-y aussi de crimes ? … car ils n'effaceront jamais de l'histoire du monde les horreurs & les abominations qu'ils ont commises en Amérique sous le manteau de la Religion.

LE COSMOPOLITE.

Van Magdebourg, *Dieu juste en sa colère, ne punit point le fils de l'impiété du père.* — Pourquoi faire un crime aux Espagnols d'aujourd'hui, des extrêmités où ont été forcés de se porter leurs ancêtres ? — Fouillez dans l'histoire de toutes les nations, vous y verrez à-peu-près les mêmes barbaries ? — Par tout où l'ambition a pris en main le glaive de la justice, la vie des hommes a été en compromis. — Voyez les Israélites, (ce peuple chéri de Dieu,) quittant les lieux paisibles de leurs résidences, pour massacrer tous les peuples de la Mésopotamie : — voyez Mitridate dans le Pont faire égorger dans une nuit plus de deux cent mille Romains : — voyez ces mêmes Romains dévaster, pendant plusieurs siècles, les trois parties du monde les plus connues, y anéantir des nations entières : — voyez à Naples les Vê-

pres Siciliennes, en France la St. Barthelemi, en
Angleterre la Rofe Blanche & la Rofe Rouge &c.
Dans toutes les hiftoires quelconques, vous trouverez les mêmes moyens, les mêmes extrêmités ;...
mais cela ne réjaillit point fur les héritiers des
auteurs de tous ces crimes. — Pourquoi vouloir
rendre les Efpagnols d'aujourd'hui plus refponfa-
bles des forfaits de leur hiftoire, que les peuples
de Naples ne le font de ceuxdes Vêpres Siciliennes ;... que les François ne le font de ceux de la
St Barthelemi ;.... que les Anglois ne le font de
ceux de la Rofe Blanche & de la Rofe Rouge:—
en tout il faut être jufte. — Si vous excufez les If-
raélites, les Béotiens, les Romains, les François, les Anglois & les Siciliens,... excufez auffi
les Efpagnols ; & en exagérant leurs imperfections, rendez juftice à leurs bonnes qualités :
dites naïvement qu'ils font de très-bons foldats,...
de fideles fujets,... & de braves citoyens....
Voyez les efforts qu'ont fait les Caftillans en faveur de Philippe V. dans la guerre de la fucceffion.

ST. ALBIN.

Certainement, on ne peut leur refufer toutes
ces bonnes qualités. — Nous voyons dans toutes
les hiftoires que leur infanterie a réfifté à des fa-
tigues terribles.

VAN MAGDEBOURG.

Hé ! comment voudriez-vous que des hommes
qui ne font accoutumés à ne manger que des
oignons & à ne coucher que fur la platte terre,
ne fuffent pas endurcis à la fatigue ?

ST. ALBIN.

Non feulement endurcis à la fatigue, mais
encore c'eft qu'ils fe battent bien. — Lifez l'hiftoire de toutes les guerres de Charles V. & de
Philippe II ;... celles de Philippe V. en Efpagne

& en Italie ? eſt-il rien de plus terrible que les batailles de Pavie, de St. Quentin & de Rocroi;... que celles de Salamanque, de Saragoſſe, de Campo-Santo, de Parme &c.?

MILORD SPITEAL.

Si une nation qui date depuis plus de 800 ans, n'avoit pas quelque trait de valeur, quelque lueur d'éclat, quel rôle joueroit-elle dans l'hiſtoire ?

LE COSMOPOLITE.

Si avec toute la mauvaiſe opinion que vous avez des Eſpagnols,... cette nation s'eſt maintenue juſqu'à préſent, (malgré l'ambition de tant de puiſſances rivales,) dans le degré de puiſſance que nous lui connoiſſons; ... & même depuis un ſiècle vous ayant tenu tête dans toutes les rencontres, ... que penſeriez - vous d'elle, milord, ... ſi le gouvernement revenant de toutes ſes préventions, de tous ſes préjugés, (au lieu de perpétuer les gênes abuſives qui le tyranniſent,) engageoit ſes ſujets de ſe livrer à cet eſprit de ſpéculation & de travail qui ont fait votre proſpérité; ... qu'il les encourageât de mettre en vigueur l'induſtrie de la nation, ſon agriculture, ſon commerce maritime, & qu'il ouvrît à tous ſes ports de la métropole la libre fréquentation de ceux de l'Amérique ? ...

VAN MAGDEBOURG.

Tant mieux, mon ami, tant mieux! — cette liberté rempliroit la meſure des maux de l'Eſpagne : — ce feroit un bien pour notre commerce.

LE COSMOPOLITE.

En quoi s'il vous plaît ?

VAN MAGDEBOURG.

En ce que tous ſes ſujets, comme en 1500, s'empreſſeroient de s'embarquer pour l'Amérique pour y faire fortune, & que perſonne n'en reviendroit : . . . par conséquent, moins de population en Europe & plus de consommation en Amérique, nous ferions les maîtres de tout le commerce de ce continent par nos interlopes.

LE COSMOPOLITE.

Défabufez - vous, Van Magdebourg, l'on ne quitte plus le certain pour l'incertain ; . . . . & croyez que l'expérience a prouvé aux fujets efpagnols, que la vraie richeffe étoit celle qui fe réalifoit par le travail. — Ces peuples font revenus des folies du temps paffé ; & dix mille particuliers revenus du nouveau - Monde plus miférables qu'ils n'y avoient été, font des leçons vivantes pour tous les vifionnaires qui feroient encore dominés de cette frénéfie : — fans paffion & fans intérêt, nous pouvons nous - mêmes expliquer cette queftion. — Suppofons que dans la *première ardeur de cette nouveauté, il s'expatrie* des treize ou quatorze ports que nous avons cité de 3 à 400 perfonnes de chacun, pour aller chercher fortune en Amérique, . . . nous aurons dans la totalité 5,6000 perfonnes : . . . fur une population de 11,500,000 ames , c'eft bien peu de chofe. — Ces 5 ou 6000 perfonnes laifferont peut-être quelques parens ou quelques amis en Europe : . . . hé bien, par les avis qu'ils donneront à ces mêmes parens & à ces mêmes amis, on fera vîte inftruit que la vie eft auffi pénible en Amérique qu'en Europe ; & que par tout ce n'eft que le travail qui enrichit l'homme. — Or , laiffant à part toutes les idées de prévention que vous vous êtes forgées ; . . . . confidérant les Efpagnols tels qu'ils doivent l'être, comme des hommes , . . . penfez-vous que fi cette nation fe conduifoit fuivant toutes les règles & toutes les maximes de la politique moderne, que le gouver-

nement épousât les mêmes systêmes de spéculation & d'économie politique ; . . . . qu'il portât
dans l'avenir ce coup d'œil de prévoyance & d'intérêt qui constitue la vraie puissance des monarchies , . . . croyez-vous , milord , qu'une telle nation , qu'un tel gouvernement pût être déprécié
aussi indignement, que vous & Van Magdebourg
vilipendez les braves Espagnols ?

Milord Spiteal.

Mon cher Cosmopolite , ne vous échauffez
pas : — ce que je vous dis de vos Espagnols, je
le sens, je l'ai vu & j'en suis convaincu. — A
présent, si vous leur faites trouver des ministres
actifs, ingénieux, appliqués , qui bousculent
bien les peuples , qui les encouragent constamment au travail , aux occupations utiles ; . . . cette
nation pourra réhabiliter une partie de sa réputation, de ses désavantages; — mais jusqu'alors ;...
jusqu'à cette heureuse métamorphose ;. . . en tout
& par tout vos Espagnols ne feront jamais qu'un
mélange affreux d'orgueil, d'hypocrisie & de
paresse.

Le Cosmopolite.

Mais admettant que ces temps d'erreur & de
découragement se passent; . . . que le gouvernement revenant de ses préventions , adopte ces
plans nerveux qui vont au devant des évenemens,
& qui facilitent les grandes entreprises , — croyez-
vous qu'il fût difficile à l'Espagne de mettre en
exécution la guerre de confédération dont nous
avons parlé ?

Milord Spiteal.

Oui & non : — 1°. avant que l'Espagne puisse
être en état par elle seule d'entreprendre une telle
guerre, il lui faut plus de deux siècles d'encouragement & de tranquillité.

Le Cosmopolite.

Mais unie avec la France , eft-elle praticable ?

Milord Spiteal.

Oui & non encore : .... *trop de haine fépare Andromaque & Pirrhus.* — Les Efpagnols d'aujourd'hui fe fouviennent trop bien du mal que les François ont fait à leur monarchie fous Henri IV. Louis XIII. & Louis XIV., pour que ces deux nations puiffent jamais s'entendre avec la confiance néceffaire dans une opération de cette importance. — D'ailleurs , pour une entreprife de cette force , ... 2°. il faut de l'argent : ... il faut des vaiffeaux : .... il faut par tout des hommes pour les commander , & ni l'une ni l'autre monarchie n'en ont actuellement , ni n'en auront de long-temps.

Le Cosmopolite.

Je viens de vous démontrer que l'Efpagne aura des hommes & de l'argent quand elle voudra en avoir. — Il me refte à vous prouver que la France en a & qu'elle en aura plus qu'elle n'en aura de befoin ; & que fi fa pofition vous paroît gênée , incommode dans ce moment , ... fongez qu'il n'exiftât jamais d'indigence réelle dans un royaume peuplé de 20 millions de fujets, d'un caractère brave , appliqués , laborieux & guerriers de père en fils depuis trente générations avant Pharamon. — Si les erreurs du miniftère de l'Efpagne ont fait le mal de la nation efpagnole, les mêmes erreurs ont fait les mêmes ravages dans l'intérieur de la France , depuis 1697 jufqu'en 1730 & depuis 1744 jufqu'en 1774 : .... mais toutes ces erreurs n'établiffent point que leurs maux ne puiffent être bientôt réparés. — Voyez le retour qu'a eu la France fous le miniftère de Mr. de Fleury.

MILORD SPITEAL.

Il s'établiroit par votre opinion, que tous les avantages que la Grande-Bretagne a acquits sur la France & l'Espagne, depuis un siècle, ne seroient que des avantages dûs plutôt au hasard des évenemens, qu'aux sages dispositions du cabinet de la cour Britannique.

LE COSMOPOLITE.

Hé ! en doutez-vous ? ... Comme il est de fait que vos pirateries exercées en 1755 sur la marine marchande de la France, ont été plus profitables à la Grande-Bretagne, que tous les manifestes répandus contre vous par cette puissance n'ont été utiles à la France, ... il est de fait aussi, que vous avez sçu mettre à profit l'inapplication des deux ministères de Versailles & de Madrid, & que vous avez réussi : — vous avez bien fait ; en politique il vaut mieux une faute qu'un beau jeu.— Mais cela ne détruit pas que si la France & l'Espagne avoient été aussi prévoyantes & aussi avisées que vous l'avez été ; ... que si elles en avoient toujours imposé à la Grande-Bretagne par leur contenance, par leur position, par le bon ordre de leurs affaires, ... que vous n'auriez jamais osé tenter, (aussi témérairement que vous l'avez fait,) tout ce que vous avez tenté vis-à-vis de l'une & de l'autre puissance, avant & pendant tout le cours de la guerre de 1756 jusqu'en 1763. — Je vous ai fait appercevoir cette vérité dans notre dernière conversation sur l'Angleterre. — Je viens de vous démontrer, (autant qu'il me l'a été possible,) que vous êtes dans l'erreur au sujet de la nation espagnole, & que vous connoissez mal son caractère ; ... l'esprit de son gouvernement ; ... l'étendue de ses ressources. — Demain je vous ferai voir combien vous êtes erré encore sur l'opinion

que vous vous êtes forgé de la France : ... cette
monarchie, malgré fon épuifement & toutes fes
détreffes, ne doit jamais être méconnue ; & per-
fuadez-vous bien que les plus grands politiques ne
l'ont jamais confidérée, dans fes plus forts embarras, que comme le ferpent engourdi par le
froid, mais à qui la chaleur rend toute fa fou-
pleffe. — Jugez-en par ce paffage d'un mémoire
de Mr. de Pelliffery. (*a*)

« Dans les mémoires anglois d'un voyageur
» politique de cette nation, j'ai lu que la France,
» pour fe refaire des défavantages de la guerre la
» plus onéreufe, n'avoit befoin que de 7 ans de
» paix ; ... qu'il en falloit 10 à l'Angleterre ; ...
» 12 à la Hollande ; ... & 15 à l'Empire ou à
» l'Autriche. — L'explication phyfique de cette
» queftion étoit affife fur un examen détaillé des
» charges particulières de chaque gouvernement,
» & dans les avantages & défavantages de leurs
» pofitions locales, de leurs commerces utiles &
» politiques & dans l'activité & la poffibilité de
» leurs reffources. — Pour la France, difoit ce
» calculateur, fes charges particulières ou dé-
» penfes publiques, ne s'étendent point au dehors
» de fes états ; ... fes commerces font des plus
» accrédités, des plus lucratifs, des plus répandus
» foit par terre, foit par mer avec toutes les na-
» tions de l'Europe, de l'Afie, de l'Afrique & de
» l'Amérique ; ... & fes reffources font des plus
» actives par le crédit ou les avances conftantes
» que peuvent faire au gouvernement les fermes
» générales de l'état, fa compagnie des Indes &
» fon banquier de la cour. — Pour l'Angleterre,
» que fes charges étoient très-coûteufes, exté-

____

(*a*) 1770.

» rieures & chères , le gouvernement ayant à
» garder auſſi rigoureuſement en temps de paix
» comme en temps de guerre Mahon , Gibraltar,
» Jerſey , Querneſey & l'Irlande , (domaines
» éloignés & détachés de la métropole); ... que
» ſon commerce étoit très-répandu, mais lent ,
» volumineux & généralement pauvre; — & que
» ſes richeſſes étoient très-caſuelles & très-mono-
» tones , n'étant aſſiſés que dans l'union des par-
» lemens avec le miniſtère, ou dans les ſuccès de
» ſes opérations militaires : ſans tous ces con-
» cours, les peuples ſe mutinent , les parlemens
» prennent parti ; & le miniſtère peut ſe trouver
» iſolé, privé de ſecours dans le quart d'heure le
» plus funeſte à la nation. — Pour la Hollande,
» que ſes charges étoient exorbitantes & très-
» coûteuſes , ſans agriculture & ſans induſtrie,
» avec un tiers de la population de l'Angleterre,
» ſes peuples ſupportant plus de taxes publiques
» que les ſujets de la Grande-Bretagne; — que
» toutes ſes reſſources étoient fondées ſur ſon
» commerce maritime, qui étoit plutôt un trafic
» de capotage qu'un commercé, étant obligée de
» tirer tous ſes articles d'exportation & d'impor-
» tation de chez les nations étrangères ; .... ce
» qui expoſoit cette république dans une guerre
» générale , à ne poſſéder ni commerce, ni re-
» venu. — Pour l'Allemagne ou l'Autriche , que
» les charges n'étoient pas bien conſidérables ;
» & que ſes reſſources y étoient auſſi pauvres &
» auſſi médiocres que ſes commerces ; ... n'ayant
» qu'une circulation intérieure , très-limitée, qui
» ne pouvoit point être portée dans l'activité dont
» elle feroit ſuſceptible par ſon manque de na-
» vigation & de commerce politique. — Si cet
» obſervateur vivoit aujourd'hui , & qu'il balançât

» notre fituation préfente avec celle de fes ob-
» fervations politiques, ... quelle eftime prendroit-
» il de notre miniftère ? — pourroit-il appliquer
» notre décadence depuis 1763 à l'ouvrage des
» temps, des circonftances ? ... non : ... étant
» en pleine paix depuis plus de huit ans ; ... à
» l'inapplication, au découragement des fujets ?...
» non : ... les peuples redoublant tous les jours
» leurs efforts pour pouvoir fatisfaire aux taxes
» publiques ; ... à la difparition des fermes gé-
» nérales de la compagnie des Indes, du banquier
» de la cour ? ... non encore : ... tous ces éta-
» bliffemens exiftent toujours. — Il ne pourroit
» donc l'appliquer qu'à la déprédation ou à l'in-
» capacité des adminiftrateurs : ... fait malheu-
» reufement trop démontré &c. » — En attendant, je replie mes paperaffes, .puifque paperaffes les baptife Van Magdebourg, & demain je
viendrai vous rejoindre avec toutes ces bucoliques : ... elles vous feront peut-être autant du
plaifir que du mal au cœur ; ... y ayant nombre
de chofes qui pourroient bien tourner au défavantage des anti-Efpagnols.

VAN MAGDEBOURG.

Ma foi, fi elles font auffi bien entendues que
le plan de la banque de Caftille & que tous les
redreffemens propofés au miniftère de l'Efpagne,
on pourra ne pas perdre fon temps à vous écouter ; fi toutefois c'eft le perdre, que d'écouter un
ami auffi inftruit que vous.

ST. ALBIN.

Meffieurs, perdre ou écouter, ... favez-vous qu'il
eft plus de neuf heures, & que vous trouverez le
fouper froid ?

LE COSMOPOLITE.

Froid ou chaud, ... il eft toujours bon quand
c'eft le cœur qui le donne.

MILORD SPITEAL.

Je ne pourrai pas avoir le plaisir d'être des vôtres.

ST. ALBIN.

Hé ! pourquoi cela ?

MILORD SPITEAL.

J'ai à travailler, & quand l'on est chez vous, l'on n'en sort jamais.

VAN MAGDEBOURG.

Tant mieux ! mon cher ami, tant mieux !... c'est une preuve que l'on s'y trouve bien. — Pour moi, j'attends toujours que St. Albin me mette à la porte :... l'on est si agréablement chez lui, que l'on ne voudroit jamais le quitter.

ST. ALBIN.

Vous êtes bien obligeant, Van Magdebourg :... sans doute vous considérez, en disant cela, que depuis plus de 5 ans je suis en Hollande avec tous les agrémens possibles, & que je tâche de vous prouver que je fais faire usage de vos bons exemples.

MILORD SPITEAL.

Sentez-vous, Van Magdebourg, tout le parfait de ce compliment ?

VAN MAGDEBOUBG.

Je sens ce que nous éprouvons tous, depuis que nous avons le plaisir de le connoître : ... toujours des choses honnêtes ; — il faut que je l'embrasse en lui donnant le bras :... partons mes amis.

LE COSMOPOLITE.

Partons, & je me charge du milord, pour qu'il ne nous échappe pas.

MILORD SPITEAL.

Ainsi soit fait qu'il est requis.

Fin du Tome premier.

www.ingramcontent.com/pod-product-compliance
Ingram Content Group UK Ltd.
Pitfield, Milton Keynes, MK11 3LW, UK
UKHW020117130726
13696UKWH00001B/93